国家古籍整理出版专项经营资助项目

宋版古籍佚存书录（四）

刻工卷

夏其峰 编著

山西出版传媒集团
三晋出版社

補刻有《儀禮疏》嚴州本十五行，行二十七字。

洪來匋　南宋初期浙江建德地區刻工。刻有《儀禮疏》嚴州本。十五行，行二十七字。

洪坦　南宋初期浙江地區刻工。刻有

《春秋經傳集解》十三行，行二十四字。

《論語注疏解經》宋紹熙兩浙東路茶鹽司刻本。八行，行十六字。

《孟子注疏解經》宋嘉泰兩浙東路茶鹽司刻本。八行，行十六字。

《韻補》六行，小字行十八字。

《史記集解索隱》宋淳熙三年張杅桐川郡齋刻淳熙八年耿秉補刻本。十二行，行二十五字。

《宋書》、《魏書》均九行，行十八字。

《通典》宋紹興間刻本。十五行，行二十五至二十九字。

《大唐六典》宋紹興四年溫州州學刻本。十行，行二十字。

《徐公文集》宋紹興十九年明州刻本。十行，行十九字。

《東坡集》宋乾道刻本。十行，行二十字。

洪昌　南宋绍兴间浙江地区刻工。刻有

《集韵》明州本。十一行，行二十三字。

《景德传灯录》宋绍兴台州刻本。十五行，行二十六至三十字。

《景德传灯录》十三行，行二十三字。

《宗门统要集》宋淳熙刻本。十行，行十九、二十字。

《文选注》宋绍兴二十八年明州补修本。十行，行二十至二十二字。

洪明　南宋绍兴间杭州地区刻工。刻有

《集韵》明州本。十一行，行二十三字。

《陶渊明集》十行，行十六字。

《文选注》宋绍兴二十八年明州补修本。十行，行二十至二十二字。

洪祖　南宋淳熙间安徽广德地区刻工。刻有

《史记集解索隐》宋淳熙三年張行桐川郡斋刻淳熙八年耿秉补修本。十二行，行二十五字。

洪美　南宋绍熙间浙江绍兴地区刻工。刻有

《尚书正义》宋绍熙三年两浙东路茶盐司刻本。八行，行十九字。

洪武　南宋紹興間南京地區刻工。刻有《漢書注》宋紹興江南東路轉運司刻本。九行，行十九字。

洪珍　南宋紹定間浙江寧波地區刻工。刻有《四明志》宋紹定二年刻本。十行，行十八字。

洪春　南宋紹定間浙江寧波地區刻工。刻有《四明志》宋紹定二年刻本。十行，行十八字。

洪政　北宋治平間刻工。刻有《類篇》八行，行十六字。

洪茂　南宋紹興間杭州地區刻工。刻有《尚書正義》宋紹興間刻本。十五行，行二十四字。《毛詩正義》宋紹興九年紹興府刻本。十五行，行二十四至二十六字。《爾雅注》宋紹興間刻本。十行，行二十字。《廣韻》十行，行二十字。《集韻》明州本。十一行，行二十三字。《漢書注》南宋初年杭州刻本。十行，行十九字。《漢書注》宋紹興江南東路轉運司刻本。九行，行十六字。

《舊唐書》宋紹興兩浙東路茶鹽司刻本。十四行，行二十五字。

《水經注》十一行，行二十字。

《新序》十一行，行二十字。

《說苑》十一行，行二十字。

《白氏六帖事類集》十三行，行二十六至二十七字。

《事類賦注》宋紹興十六年兩浙東路茶鹽司刻本。八行，行十四至十六字。

《陶淵明集》十行，行十六字。

《杜工部集》蘇州本。十行，行十八至二十一字。

《徐公文集》宋紹興十九年明州刻本。十行，行十九字。

補刻《新唐書》十四行，行二十四至二十七字。

洪乘　南宋初期杭州地區刻工。刻有

《尚書正義》宋紹熙三年兩浙東路茶鹽司刻本。八行，行十九字。

《周禮疏》宋兩浙東路茶鹽司刻本。八行，行十五至十七字。

《集韻》十一行，行二十字。

《水經注》十一行，行二十字。
《文選注》宋紹興二十八年明州補修本。十行，行二十至二十二字。
洪悦　南宋初期浙江地區刻工。刻有
《集韻》明州本。十一行，行二十字。
《韻補》六行，小字行十八字。
《諸史提要》宋乾道紹興府刻本。九行，行十四字。
《漢雋》宋淳熙五年滁州刻本。九行，三十字。每大字一當小字二。
《論衡》宋乾道三年紹興府刻本。十行，行二十至二十二字。
《景德傳燈録》宋紹興台州刻本。十五行，行二十六至三十字。
《景德傳燈録》十三行，行二十三字。
洪恩　南宋寶慶間廣州地區刻工。刻有
《九家校定集注杜詩》宋寶慶元年廣東漕司刻本。九行，行十六字。
洪深　金皇統間刻工。刻有
《金藏》金皇統九年至大定十三年刻。每版

二十三行，行十四字。

洪萃　南宋開禧间浙江寧波地區刻工。刻有

《四明續志》宋開禧元年刻本。十行，行十八字。

洪新　南宋初期杭州地區刻工。刻有

《周易注疏》宋紹熙兩浙東路茶盐司刻本。八行，

行十五至十七字。

《周官講義》宋乾道刻本。九行，行十八字。

《周禮疏》宋兩浙東路茶盐司刻本。八行，

十五至十七字。

《史記集解索隱》宋淳熙八年耿秉補修本。

十二行，行二十五字。

《漢書注》宋紹興江南東路轉運司刻本。九

行，行十六字。

《北齊書》九行，行十八字。

《水經注》十一行，行二十字。

《諸史提要》宋乾道紹興府刻本。九行，行

十四字。

《新序》十一行，行二十字。

《說苑》十一行，行二十字。

《論衡》宋乾道三年紹興府刻本。十行，行

二十至二十二字。

《白氏六帖事類集》十三行，行二十六至二十七字。

《文選注》宋紹興二十八年明州修補本。十行，行二十至二十二字。

《三蘇先生文集》宋乾道婺州吴宅桂堂刻本。十四行，行二十六字。

《集韻》明州本。十一行，行二十三字。

《韻補》六行，小字行十八字。

《漢書注》南宋初年杭州刻本。十行，行十九字。

洪福　南宋紹興間杭州地區刻工。刻有

《尚書正義》宋紹熙三年兩浙東路茶鹽司刻本。八行，行十九字。

《周禮疏》宋兩浙東路茶鹽司刻本。八行，行十五至十七字。

《春秋左傳正義》宋慶元六年紹興府刻本。八行，行十六字。

《經典釋文》十一行，行十七字。

《後漢書注》宋紹興江南東路轉運司刻本。九行，行十六字。

《三國志注》十行，行十九字。

《宋書》、《魏書》均九行，行十八字。

《國語解》十行，行二十字。

洪發　南宋紹興間杭州地區刻工。刻有

《爾雅注》十行，行二十字。

洪說　南宋乾道間刻工。刻有

《聖宋文選》宋乾道刻本。十六行，行二十八字。

《漢雋》宋淳熙五年滁州刻本。九行，小字行三十字。

洪澤　南宋初期杭州地區刻工。刻有

《漢書注》南宋初年杭州刻本。九行，行十九字。

《漢書注》宋紹興江南東路轉運司刻本。九行，行十六字。

《後漢書注》宋紹興江南東路轉運司刻本。九行，行十六字。

《宋書》、《魏書》均九行，行十八字。

席忠　南宋中期浙江地區刻工。刻有

《資治通鑑考異》十行，行二十二字。

宫昌　南宋後期福建建甌地區刻工。刻有

《龜山先生語録》宋福建漕治刻本。十行，

行十八字。

宣忠　南宋嘉泰间安徽地区刻工。刻有《皇朝文鑑》宋嘉泰四年新安郡斋刻本。十行，行十九字。

奕之（翁姓）南宋咸淳间杭州地区刻工。刻有《昌黎先生集》宋咸淳廖氏世綵堂刻本。九行，行十七字。

奕之　南宋後期刻工。刻有《資治通鑑》十一行，行二十一字。

美玉　南宋中期福建地区刻工。刻有《监本附釋音春秋穀梁傳流疏》十行，行十七字。

兹仲　南宋慶元间四川地区刻工。刻有《太平御覽》宋慶元五年成都府學刻本。十三行，行二十二至二十四字不等。

兹昌　南宋慶元间四川地区刻工。刻有《太平御覽》宋慶元五年成都府學刻本。十三行，行二十二至二十四不等。

彦文　南宋中期浙江地区刻工。刻有《南史》九行，行十八字。

彥中　南宋中期杭州地區刻工。補刻有《宋書》慶元六年補、《魏書》均九行，行十八字。

彥中（劉姓）南宋淳熙間安徽貴池地區刻工。刻有《文選注》宋淳熙八年池陽郡齋刻本。十行，行二十一字。

彥珍　南宋中期浙江地區刻工。刻有《歐公本末》宋刻元修本。九行，行十八字。

彥章　南宋嘉定間湖北武昌地區刻工。刻有《春秋經傳集解》宋嘉定九年興國軍學刻本。八行，行十七字。

彥通　南宋乾道間福建地區刻工。刻有《周禮注》宋乾道刻本。十行，行十九字。

祖二　南宋乾道間四川地區刻工。刻有《嘉祐集》十四行，行二十五字。

祖乃　南宋乾道間四川地區刻工。刻有《新刊唐昌黎先生論語筆解》十行，行十七字。

祖五　南宋乾道間四川地區刻工。刻有《新刊唐昌黎先生論語筆解》十行，行十七字。

祖四　南宋乾道間四川地區刻工。刻有《新刊唐昌黎先生論語筆解》十行，行十七字。

祖祥　南宋開慶间四川地區刻工。刻有《六家文選》宋廣都裴氏刻本。十一行，行十八字。

祝士正　南宋淳熙间江西撫州地區刻工。刻有《春秋经傳集解》宋淳熙撫州公使庫刻本。九行，行十六字。

《周益文忠公全集》宋開禧二年刻本。十行，行十六字。

祝文　南宋绍興间浙江衢縣地區刻工。刻有《三國志注》宋衢州本。十行，行十九字。

祝友　南宋绍興间刻工。刻有《坡門酬唱集》九行，行十六字。

祝允　南宋绍興间江西贛州地區刻工。刻有《古靈先生文集》宋绍興重刻本。十行，行十八字。

《文選注》宋贛州州學刻本。九行，行十五字。

祝明　南宋绍熙间浙江绍興地區刻工。刻有《禮記正義》宋绍熙三年兩浙東路茶鹽司刻本。八行，行十六字。

《論語注疏解经》宋绍熙三年兩浙東路茶鹽

司刻本。八行，行十六字。

《孟子注疏解經》宋嘉泰兩浙東路茶鹽司刻本。八行，行十六字

補刻有：

《周禮疏》十五行，行十五至十七字。

《國語解》十行，行二十字。

祝奎　南宋淳熙間江西撫州地區刻工。刻有

《春秋經傳集解》宋淳熙撫州公使庫刻本。十行，行十六字。

郎六十二　北宋治平間刻工。刻有

《類篇》八行，行十六字。

郎和　南宋初期江西地區刻工。刻有

《五代史記》十二行，行二十二字。

郎松　南宋淳熙間安徽廣德地區刻工。刻有

《史記集解索隱》宋淳熙三年張杅桐川郡齋刻淳熙八年耿秉補刻本。十二行，行二十五字。

郎政　北宋景祐間刻工。刻有

《史記集解》北宋刻遞修本。十行，行十九字。

《漢書注》北宋刻遞修本。十行，行十九字。

郎遜　北宋治平間刻工。刻有《類篇》八行，行十六字。

姜一　南宋山西臨汾刻工。刻有《重修政和經史證類備要本草》晦明軒本。當淳祐九年刻。

姜文　南宋紹興間浙江寧波地區刻工。刻有《文選注》宋紹興二十八年明州修補本。十行，行二十至二十二字。《文選注》宋贛州州學刻本。九行，行十五字。

姜公惜　南宋紹興間杭州地區刻工。刻有《魏書》九行，行十八字。

姜仲　南宋淳熙間浙江地區刻工。刻有《禮記正義》宋紹熙三年兩浙東路茶鹽司刻本。八行，行十六字。《南史》九行，行十八字。

姜明　北宋治平間刻工。刻有《類篇》八行，行十六字。

姜保　北宋治平間刻工。刻有《類篇》八行，行十六字。

爲印　南宋刻工。刻有

《資治通鑑綱目》行款字數不詳。

施二旦　南宋初期杭州地區刻工。刻有

《陶淵明集》十行，行十六字。

施方辟　南宋嘉定間福建福清地區刻工。刻有

《列子鬳齋口義》九行，行十八字。

施元　北宋景祐間杭州地區刻工。刻有

《史記集解》十行，行十九字。

《漢書注》十行，行十九字。

施仁　南宋後期杭州地區刻工。刻有

《碧雲集》宋臨安府陳道人書籍鋪刻本。

施主　南宋紹興間杭州地區刻工。刻有

《爾雅注》十行，行二十字。

施光　南宋初期刻工。刻有

《史記集解》宋紹興淮南路轉運司刻本。九行，行十六字。

《增廣司馬溫公全集》南宋初刻本。十二行，行二十字。

《青山集》十行，行二十字。

《王文公文集》宋紹興龍舒本。十行，行十七字。

《豫章黄先生文集》宋乾道刻本。九行，行十八字。江西本。

施宏　南宋初期杭州地區刻工。刻有

《水經注》十一行，行二十字。

《妙法蓮華經》南宋杭州刻本。六行，行十七字。

施明　北宋景祐間刻工。刻有

《漢書注》北宋刻遞修本。十行，行十九字。

施昌　南宋淳熙間杭州地區刻工。刻有

《史記集解索隱》宋淳熙三年張杅桐川郡齋刻淳熙八年耿秉補刻本。十二行，行二十五字。

《武經七書》十行，行十九字。

《寒山子詩集》十一行，行十八字。

補刻有：

《周禮疏》宋兩浙東路茶鹽司刻本。八行，行十五至十七字。

《宋書》、《陳書》、《魏書》、《北齊書》均九行，行十八字。

施政（或署施正）南宋淳熙間安徽地區刻工。刻有

《史記集解索隱》宋淳熙三年張杅桐川郡齋刻淳熙八年耿秉補刻本。十二行，行二十五字。

施珍　南宋淳熙間浙江地區刻工。刻有

《禮記正義》宋紹熙三年兩浙東路茶鹽司刻本。八行，行十六字。

《史記集解索隱》宋淳熙三年張杅桐川郡齋刻淳熙八年耿秉補刻本。十二行，行二十五字。

《漢書注》宋紹興湖北提舉茶鹽司刻淳熙、紹熙、慶元修本。十四行，行二十六至二十九字。

補刻有：

《陳書》九行，行十八字。

《大唐六典注》宋紹興四年溫州州學刻遞修本。十五行，行二十五至二十九字。

施俊　南宋紹興間浙江地區刻工。刻有

《禮記正義》宋紹熙三年兩浙東路茶鹽司刻本。八行，行十六字。

《白氏六帖事類集》十三行，行二十六、二十七字。

《陶淵明集》十行，行十六字。

《文選注》宋紹興二十八年明州補修本。十行，行二十至二十二字。

施珣　南宋紹興間浙江吳興地區刻工。刻有

《新唐書》宋紹興刻宋元遞修本。十四行，二十四至二十七字。

施章　南宋初期浙江地區刻工。刻有
《尚書正義》十五行，行二十四字。
《爾雅注》宋紹興間刻本。十行，行二十字。
《集韻》明州本。十一行，二十三字。
《舊唐書》宋紹興兩浙東路茶鹽司刻本。十四行，行二十五字。
《陶淵明集》十行，行十六字。
《杜工部集》十行，行十八至二十一字。
《徐公文集》宋紹興十九年明州刻本。十行，行十九字。
《文選注》宋紹興二十八年明州補修本。十行，行二十至二十二字。

施華　南宋寶慶間寧波地區刻工。刻有
《四明志》十行，行十八字。

施寔　南宋初期浙江地區刻工。刻有
《史記集解索隱》宋淳熙三年張杅桐川郡齋刻淳熙八年耿秉補刻本。十二行，行二十五字。
《陳書》九行，行十八字。

《資治通鑑》宋紹興三年兩浙東路茶鹽司刻本。十二行，行二十四字。

《通典》宋紹興間刻本。十五行，行二十五至二十九字。

~~《新刊~~

施童　南宋寶慶廣東地區刻工。刻有

《新刊校定集注杜詩》宋寶慶元年廣東漕司刻本。九行，行十六字。

施琳　北宋嘉祐間刻工。刻有

《新唐書》十四行，行二十三至二十六字。

施詢　南宋乾道間刻工。刻有

《新唐書》宋紹興刻宋元遞修本。十四行，行二十七或二十八字。

《中興館閣録》九行，行十八字。

《北山小集》十行，行二十字。

施詳（或署施祥）南宋紹興間浙江地區刻工。刻有

《諸史提要》宋乾道間紹興府刻本。九行，行十四字。

《陶淵明集》十行，行十六字。

施瑞　南宋紹興間浙江地區刻工。刻有

《漢雋》宋淳熙五年滁州刻本。九行，注雙行三十字。

《文選注》宋紹興二十八年明州補修本。十行，行二十至二十二字。

施萬祥　南宋後期福建福清地區刻工。刻有

《列子鬳齋口義》九行，行十八字。

施端　南宋紹興間浙江地區刻工。刻有

《集韻》明州本。十一行，行二十三字。

《漢雋》宋淳熙五年滁州刻本。九行約十五字。

《景德傳燈錄》宋紹興台州刻本。十五行，行二十六至三十字。

《景德傳燈錄》十三行，行二十三字。

《宗門統要錄》宋淳熙刻本。十行，行二十字。

《徐公文集》宋紹興十九年明州刻本。十行，行十九字。

《文選注》宋紹興二十八年明州補修本。十行，行二十至二十二字。

施澤　南宋紹興間杭州地區刻工。刻有

《漢書注》南宋初年杭州刻本。十行，行十九字。

《漢書注》宋紹興江南東路轉運司刻本。九

行，行十六字。

《東坡集》宋乾道刻本。十行，行二十字。

《臨川先生文集》宋紹興二十一年兩浙西路轉運司王珏刻本。十二行，行二十字。

《北山小集》湖州本。十行，行二十字。

補刻有《新唐書》十四行，行二十四至二十七字。

施澤文　南宋後期刻工。補刻有

《史記集解》十行，行十九字。

《後漢書注》十行，行十九字。

施蘊　南宋初期杭州地區刻工。刻有

《集韻》明州本。十一行，行二十三字。

《舊唐書》宋紹興兩浙東路茶鹽司刻本。十四行，行二十五字。

《水經注》十一行，行二十字。

《白氏六帖事類集》十三行，行二十六至二十七字。

《事類賦注》宋紹興十六年兩浙東路茶鹽司刻本。八行，行十四至十六字。

《徐文公集》宋紹興十九年明州刻本。十行，行十九字。

《文選注》宋紹興二十八年明州補修本。十

行，行二十至二十二字。

施贇　南宋淳熙间江西抚州地区刻工。刻有
《周易注》宋淳熙抚州公使库刻本。十行，
行十六字。
《经典釋文》宋淳熙四年抚州公使库刻本。
十行，行十六字。

~~胡元　南宋嘉泰间江西吉安地区刻工。刻有~~
~~《放翁先生劍南詩稿》十行，行二十字。~~

胡山　南宋绍兴间浙江地区刻工。刻有
《龍龕手鑑》十行，小字雙行不等。

胡文　南宋嘉泰间刻工。刻有
《皇朝文鑑》宋嘉泰四年新安郡斋刻本。十
行，行十九字。
《自警编》十行，行二十字。

胡文夫　南宋绍兴间福建地区刻工。刻有
《資治通鑑》十一行，行二十一字。

胡卞　北宋治平间刻工。刻有
《類篇》十行，行十六字。

胡元　南宋淳熙间江西吉安地区刻工。刻有
《帝王经世圖譜》十五行，行二十八字。

《呂氏家塾讀詩記》宋淳熙九年江西漕台刻本。九行，行十九字。
《清波雜志》十二行，行二十字。
《白氏六帖事類集》十三行，行二十六、二十七字。
《昌黎先生集》十一行，行二十字。
《歐陽文忠公集》宋慶元二年周必大刻本。十行，行十六字。
《周益文忠公集》宋開禧二年刻本。十行，行十六字。
《放翁先生劍南詩稿》十行，行二十字。
《文選注》宋贛州州學刻本。九行，行十五字。

胡仁　南宋淳祐間福州地區刻工。刻有
《國朝諸臣奏議》宋淳祐十年史季溫福州刻本。十一行，行二十三字。

胡允　南宋乾道間江西地區刻工。刻有
《白氏六帖事類集》十三行，行二十四至二十七字。
《豫章黄先生文集》宋乾道刻本。九行，行十八字。
《放翁先生劍南詩稿》十行，行二十字。
《文選注》宋贛州州學刻本。九行，行十五字。

胡永　南宋嘉泰間刻工。刻有

《皇朝文鑑》宋嘉泰四年新安郡斋刻本。十行，行十九字。

胡必誠　南宋淳熙间江西吉安地區刻工。刻有《放翁先生劍南詩槁》十行，行二十字。

胡正　北宋治平間刻工。刻有《類篇》八行，行十六字。

胡正　南宋绍興间浙江地區刻工。刻有《集韻》明州本。十一行，行二十三字。

《白氏六帖事類集》十三行，行二十四至二十七字。

《徐公文集》宋绍興十九年明州刻本。十行，行十九字。

《文選注》宋绍興二十八年明州補刻本。十行，行二十至二十二字。

胡正文　北宋治平間刻工。刻有《類篇》八行，行十六字。

胡右　南宋绍興安徽舒城地區刻工。刻有《大易粹言》宋淳熙三年舒州公使庫刻本。十行，行二十字。

《王文公文集》宋绍興龍舒本。十行，行十七字。

胡生　南宋淳熙间江西吉安地區刻工。刻有

《放翁先生劍南詩稿》十行，行二十字。

胡生　南宋淳祐間福州地區刻工。刻有《國朝諸臣奏議》宋淳祐十年史季溫福州刻本。十一行，行二十三字。

胡仕明　南宋端平間江西吉安地區刻工。《誠齋集》十行，行十六字。

胡印　南宋紹興間杭州地區刻工。刻有《龍龕手鑑》十行，小字雙行不等。《資治通鑑》宋紹興三年兩浙東路茶鹽司刻本。十二行，行二十四字。

胡良臣　南宋慶元間浙江紹興地區刻工。刻有《春秋左傳正義》宋慶元六年紹興府刻本。八行，行十六字。

胡言　南宋杭州地區刻工。刻有《景德傳燈録》十一行，行二十字。

胡辛　南宋慶元間江西吉安地區刻工。刻有《漢書集注》宋嘉定十七年白鷺洲書院刻本。八行，行十六字。《歐陽文忠公集》宋慶元二年周必大刻本。十行，行十六字。

胡辛甫　南宋嘉定間江西吉安地區刻工。刻有

《漢書集注》宋嘉定十七年白鷺洲書院刻本。
八行，行十六字。
胡序　北宋治平間刻工。刻有
《類篇》八行，行十六字。
胡定　南宋嘉定間江西吉安地區刻工，刻有
《漢書集注》宋嘉定十七年白鷺洲書院刻本。
八行，行十六字。
胡定夫　南宋紹興間福州地區刻工。刻有
《資治通鑑》十一行，行二十一字。
胡杏　南宋紹興間杭州地區刻工。刻有
《龍龕手鑑》十行，小字雙行不等。
《漢官儀》宋紹興九年臨安府刻本。十行，
行十七字。
《昭明文集》臨安本。十五行，行二十四至
二十七字。
《資治通鑑》宋紹興三年兩浙東路茶鹽司刻
本。十二行，行二十四字。
《徐公文集》宋紹興十九年明州刻本。十行，
行十九字。
《唐文粹》宋紹興九年臨安府刻本。十五行，
二十四至三十字。

《樂府詩集》十三行，行二十三字。
補刻有《儀禮疏》十五行，行二十七字。

胡克俊　南宋開禧間江西吉安地區刻工。刻有
《周益文忠公集》宋開禧二年刻本。十行，
行十六字。

胡市　南宋嘉定間湖北武昌地區刻工。刻有
《春秋經傳集解》宋嘉定九年興國軍學刻本。
八行，行十七字。

胡佑　南宋初期安徽舒城地區刻工。刻有
《王文公文集》宋紹興龍舒本。十行，行十
七字。

胡宗　南宋嘉定間江西地區刻工。刻有
《儀禮經傳通解》宋嘉定十年南康道院刻本。
七行，行十五字。

胡彥　南宋乾道間安徽當塗地區刻工。刻有
《兩漢博聞》宋乾道八年胡元質姑孰郡齋刻
本。十行，行十九字。

胡彥　南宋淳熙間江西地區刻工。刻有
《詩本義》十行，行二十字。
《帝王經世圖譜》十五行，行二十八字。

《容齋隨筆》宋嘉定五年章貢郡齋刻本。十行，行二十一字。

《清波雜志》宋紹熙間刻本。十二行，行二十字。

《歐陽文忠公集》宋慶元二年周必大刻本。十行，行十六字。

《周益文忠公集》宋開禧二年刻本。十行，行十六字。

《文苑英華》宋嘉泰元年至四年周必大刻本。十三行，行二十二字。

胡明　南宋寶慶間福建地區刻工。刻有

《東漢會要》宋寶慶二年建寧郡齋刻本。十一行，行二十字。

胡明　南宋端平間江西吉安地區刻工。刻有

《誠齋集》宋端平二年刻本。十行，行十六字。

胡昌　南宋淳熙間江西吉安地區刻工。刻有

《詩本義》十行，行二十字。

《清波雜志》宋紹熙間刻本。十二行，行二十字。

《歐陽文忠公集》宋慶元二年周必大刻本。十行，行十六字。

《周益文忠公集》宋開禧二年刻本。十行，
行十六字。
《文苑英華》宋嘉泰元年至四年周必大刻本。
十三行，行二十二字。
胡果　南宋紹興间安徽宣城地區刻工。刻有
《宛陵集》宋紹興宣州軍州學刻本，嘉定十
七年修。十行，行十九字。
胡果　南宋嘉定间江西地區刻工。刻有
《儀禮經傳通解》宋嘉定十年南康道院刻本。
七行，行十五字。
胡果　南宋淳熙间江西地區刻工。刻有
《放翁先生劍南詩稿》十行，行二十字。
胡禹　南宋慶元间江西吉安地區刻工。刻有
《歐陽文忠公集》宋慶元二年周必大刻本。
十行，行十六字。
胡季明　南宋嘉定间江西吉安地區刻工。刻有
《漢書集注》宋嘉定十七年白鷺洲書院刻本。
八行，行十六字。
胡亮　南宋紹興间浙江寧波地區刻工。刻有
《文選注》宋紹興二十八年明州補刻本。十

行，行二十至二十二字。

《文選注》宋贛州州學刻本。九行，行十五字。

胡度　南宋中期浙江地區刻工。補刻有

《三國志注》十行，行十九字。

胡昶　南宋中期杭州地區刻工。刻有

《皇朝文鑑》宋嘉泰四年新安郡齋刻本。十行，行十九字。

《佛祖統紀》宋咸淳五年刻本。十一行，行二十二字。

補刻有

《禮記正義》宋紹熙三年兩浙東路茶鹽司本。八行，行十六字。

《史記集解》宋紹興淮南路轉運司刻宋元修本。九行，行十六字。

《漢書注》宋紹興江南東路轉運司刻宋元修本。九行，行十六字。

《後漢書注》宋紹興江南東路轉運司刻宋元修本。九行，行十六字。

《宋書》、《南齊書》、《魏書》、《陳書》均九行，行十八字。

胡祐　南宋紹興間杭州地區刻工。刻有
《通典》北宋刻本。十五行，行二十六至三
十一字。
《王文公文集》宋紹興龍舒本。十行，行十七字。
胡珏　南宋淳熙間安徽舒城地區刻工。刻有
《大易粹言》宋淳熙三年舒州公使庫刻本。
十行，行二十字。
《金石錄》宋淳熙龍舒郡齋刻本。十行，行
二十一字。
~~胡正文　南宋紹興間刻工。刻有~~
~~《類篇》八行，行十六字。~~
胡俊　南宋嘉泰間江西吉安地區刻工。刻有
《春秋繁露》宋嘉定四年江右計臺刻本。十
行，行十八字。
《周益文忠公集》宋開禧二年刻本。十行，
行十六字。
《文苑英華》宋嘉泰元年至四年周必大刻本。
十三行，行二十二字。
胡高　南宋慶元間四川地區刻工。刻有
《太平御覽》宋慶元五年成都府學刻本。十

三行，行二十二至二十四字。

胡祥　南宋绍定间江西吉安地區刻工。刻有《朱文公编昌黎先生傳》七行，行十五字。《誠齋集》宋端平二年刻本。十行，行十六字。

胡祥中　南宋寶慶间刻工。刻有《朱文公校昌黎先生集》宋朱書淫刻大字本。七行，行十五字。

胡桂　南宋嘉定间江西地區刻工。刻有《儀禮經傳通解》宋嘉定十年南康道院刻本。七行，行十五字。《宛陵先生文集》宋绍興宣州軍州學刻嘉定十七年修本。十行，行十九字。《放翁先生劍南詩稿》十行，行二十字。

胡桂　南宋嘉定间湖北武昌地區刻工。刻有《春秋經傳集解》宋嘉定九年興國軍學刻本。八行，行十七字。

胡恭　北宋景德间刻工。刻有《史記集解》北宋刻遞修本。十行，行十九字。《漢書注》北宋刻遞修本。十行，行十九字。

胡時　南宋绍興间江西地區刻工。刻有

《陶渊明集》曾集本。十行，行十六字。

胡刚　南宋淳熙间安徽舒城地區刻工。刻有《大易粹言》宋淳熙三年舒州公使庫刻本。十行，行二十字。《金石録》宋淳熙龍舒郡斋刻本。十行，行二十一字。

胡瑞　南宋绍興间杭州地區刻工。刻有《水經注》十一行，行二十字。

胡景　南宋嘉定间江西地區刻工。刻有《儀禮經傳通解》宋嘉定十年南康道院刻本。七行，行十五字。

胡慶　南宋绍興间杭州地區刻工。刻有《史記集解》~~宋绍興龍本~~。十行，行十九字。《漢書注》宋绍興江南東路轉運司刻本。九行，行十六字。《後漢書注》宋绍興江南東路轉運司刻本。九行，行十六字。《宋書》、《南齊書》、《陳書》、《魏書》。九行，行十八字。《王文公文集》宋绍興龍舒本。十行，行十七字。

《文選注》宋紹興二十八年明州補修本。十
行，行二十至二十二字。
胡慶十四　南宋後期杭州地區刻工。補刻有
《後漢書注》宋紹興江東路轉運司刻宋元遞
修本。九行，行十六字。
《魏書》、《陳書》均九行，行十八字。
胡滂　南宋紹興間浙江地區刻工。刻有
《舊唐書》宋紹興兩浙東路茶鹽司刻本。十
四行，行二十五字。
補刻有《史記集解》北宋刻遞修本。十行，
行十九字。
胡遂　北宋杭州地區刻工。刻有
《通典》北宋刻本。十五行，行二十六至三
十一字。
胡睦　南宋淳熙間江西吉安地區刻工。刻有
《放翁先生劍南詩稿》十行，行二十字。
胡寧　北宋四川地區刻工。刻有
《資治通鑑》覆龍爪本。南宋鄂州孟太師三
安撫位鵠山書院刻。十一行，行十九字。
胡端　南宋紹興間杭州地區刻工。刻有

《水經注》十一行，行二十字。

《陶淵明集》十行，行十六字。

《文選注》宋紹興二十八年明州補修本。十行，行二十至二十二字。

胡賓　南宋淳熙間浙江地區刻工。刻有

《史記集解索隱》宋淳熙三年張杅桐川郡齋刻淳熙八年耿秉補刻本。十二行，行二十五字。

《北山小集》湖州本。十行，行二十字。

補刻有《新唐書》宋紹興刻宋元遞修本。十四行，行二十四至二十七字。

胡襄　南宋淳熙間安徽舒城地區刻工。刻有

《金石録》宋淳熙龍舒郡齋刻本。十行，行二十一字。

胡東　北宋治平間刻工。刻有

《類篇》八行，行十六字。

胡遵　南宋紹興間刻工。刻有

《漢書注》宋紹興湖北提舉茶鹽司刻淳熙、紹熙、慶元修本。十四行，行二十六至二十九字。

《李衛公文集》十行，行十八字。

胡頊　北宋治平間刻工。刻有
《類篇》八行，行十六字。
胡興　南宋嘉定間江西地區刻工。刻有
《儀禮經傳通解》宋嘉定十年南康道院刻本。
七行，行十五字。
《朱文公編昌黎先生傳》七行，行十五字。
胡顥　北宋治平間刻工。刻有
《類篇》八行，行十六字。
胡顯　南宋慶元間江西吉安地區刻工。刻有
《周益文忠公集》宋開禧二年刻本。十行，
行十六字。
胡觀仁　南宋紹興間福建地區刻工。刻有
《資治通鑑》十一行，行二十一字。
括林　南宋紹定間安徽貴池地區刻工。刻有
《昌黎先生集考異》宋紹定二年張洽刻本。
十行，行二十字。
陋文　南宋初期刻工。刻有
《南華真經注疏》八行，行十五字。
章五　南宋中期江西九江地區刻工。刻有
《自警編》十行，行二十字。

韋珍　南宋淳熙間安徽廣德地區刻工。刻有《史記集解索隱》宋淳熙八年耿秉補刻本。十二行，行二十五字。

韋珍中　南宋乾道間浙江地區刻工。刻有《十一家注孫子》十行，行十七字。

韋祥甫　南宋後期江西地區刻工。刻有《隋書》九行，行十九字。

韋裕　南宋嘉泰間浙江地區刻工。刻有《麗澤論説集録》宋嘉泰四年吕喬年刻本。十行，行二十字。

韋駒　南宋初期杭州地區刻工。刻有《後漢書注》南宋初年杭州刻明修本。十行，行十九字。

郁仁　南宋初期浙江地區刻工。刻有《三國志注》衢州本。十行，行十九字。補刻有：《史記集解》、《魏書》九行，行十八字。

柯文　南宋淳熙間刻工。刻有《五朝名臣言行録》、《三朝名臣言行録》十行，行十七字。

《漢雋》宋淳熙十年象山縣學刻本。九行，大小字相間，小字雙行三十字。《文選注》宋淳熙八年池陽郡齋刻本。十行，行二十一字。

柯呈　南宋紹興間浙江建德地區刻工。刻有《劉賓客文集》宋紹興八年嚴州刻本。十二行，行二十一字。外集十三行，行二十二字。

柯思　南宋紹興間浙江建德地區刻工。刻有《劉賓客文集》宋紹興八年嚴州刻本。十二行，行二十一字。外集十三行，行二十二字。

南仁　南宋中期四川眉山地區刻工。刻有《淮海先生文集》九行，行十五字。

范子學　南宋紹興間浙江地區刻工。刻有《龍龕手鑑》十行，小字雙行字不等。

范于　南宋嘉泰間安徽地區刻工。刻有《皇朝文鑑》宋嘉泰四年新安郡齋刻本。十行，行十九字。

范才　南宋中期福建地區刻工。刻有《河南程氏文集》八行，行十二字。

范才　南宋淳祐間浙江地區刻工。刻有

《晦庵先生文集》宋淳祐五年刻本。十行，行十九字

范山甫　南宋景定間福建地區刻工。刻有

《妙法蓮華經》宋景定二年安吉州歸安陸道源刻本。

范文　南宋嘉定間浙江地區刻工。刻有

《愧郯録》宋嘉定刻本。九行，行十七字。

《晦庵先生文集》宋淳祐五年刻本。十行，行十九字。

《致堂讀史管見》宋寶祐二年宛陵刻本。十二行，行二十三字。

補刻有《説文解字》十行，行二十字。

范文一　南宋紹興間杭州地區刻工。刻有

《史記集解》十行，行十九字。

范方　南宋咸淳間杭州地區刻工。刻有

《河東先生集》宋咸淳廖氏世綵堂刻本。九行，行十七字。

范王聖　南宋乾道間江西撫州地區刻工。刻有

《文選注》宋贛州州學刻本。九行，行十五字。

范元　南宋紹興間浙江地區刻工。刻有

《南齊書》、《魏書》均九行，行十八字。

《大唐六典注》宋绍興四年温州州學刻本。
十行，行二十字
范元　南宋端平间刻工。刻有
《楚辭集注》宋端平二年朱鑑刻本。九行，
行十八字。
《晦庵先生文集》宋淳祐五年刻本。十行，
行十九字。
范中　南宋嘉定间浙江嘉興地區刻工。刻有
《愧郯録》宋嘉定刻本。九行，行十七字。
范中賓　南宋淳祐间浙江地區刻工。刻有
《通鑑纪事本末》宋寶祐五年趙與篡刻本。
十一行，行十九字。
《臨安志》宋咸淳臨安府刻本。十行，行二十字。
范仁　南宋中期刻工。刻有
《儀禮经傳通解》宋嘉定十年南康道院刻本。
七行，行十五字。
《資治通鑑》宋廬陵刻本。八行，行十五字。
《碧雲集》陳道人書籍鋪刻本。十行，十八字。
《夷堅志》宋建寧本。九行，行十八字。
范午　南宋中期刻工。刻有
《記纂淵海》十三行，行二十二字。

《碧雲集》十行，行十八字。

范允　南宋初期杭州地區刻工。刻有

《說文解字》十行，行二十字。

范生　南宋中期浙江地區刻工。刻有

《記纂淵海》十三行，行二十二字。

《碧雲集》陳道人書籍鋪本。十行，行十八字。

《磧砂藏》六行，行十七字。

范生　南宋紹興間福州地區刻工。刻有

《續高僧傳》宋紹興十八年刻毗盧大藏本。

六行，行十七字。

范生　南宋景定間福建地區刻工。刻有

《妙法蓮華經》宋景定二年安吉州歸安陸道源刻本。

范仙村　南宋後期杭州地區刻工。刻有

《杜審言詩》宋臨安府陳宅書籍鋪刻本。十行，行十八字。

范圭　南宋嘉定間江西地區刻工。刻有

《儀禮經傳通解》宋嘉定十年南康道院刻本。七行，行十五字。

范先　南宋嘉泰間江蘇揚州地區刻工。刻有

《注東坡先生詩》宋嘉泰淮南倉曹刻景定三

年鄭羽補刻本。九行，行十八字。

范仲　南宋淳熙间刻工。刻有

《東坡先生奏議》十行，行十八字。

《通鑑紀事本末》宋寶祐五年趙與篡刻本。

十一行，行十九字。

范仲夫　南宋中期福建地區刻工。刻有

《河南程氏文集》八行，行十四字。

范廷　南宋浙江衢縣地區刻工。刻有

《三國志注》衢州本。十行，行十九字。

范良　南宋紹興间杭州地區刻工。刻有

《南齊書》九行，行十八字。

范志　南宋嘉定间福建地區刻工。刻有

《西漢會要》宋嘉定建寧郡斋刻本。十一行，

行二十字。

范宜　南宋紹興间浙江衢縣地區刻工。刻有

《居士集》宋紹興间衢州刻本。七行，行十四字。

范宗海　南宋紹興间安徽宣城地區刻工。刻有

《宛陵先生文集》宋紹興宣州軍州學刻嘉定

十七年修本。十行，行十九字。

范庚　南宋嘉定间福建泉州地區刻工。刻有

《資治通鑑綱目》宋嘉定十二年温陵郡斋刻

本。八行，行十七字。

范明　南宋慶元間四川地區刻工。刻有《太平御覽》宋慶元五年成都府學刻本。十三行，行二十二至二十四字。

范明　南宋紹定間浙江寧波地區刻工。刻有《四明志》宋紹定二年刻本。十行，行十八字。

范明遠　南宋淳熙間江西南昌地區刻工。刻有《本草衍義》宋淳熙十二年江西轉運司刻慶元元年重修本。十一行，行二十一字。

范詮　北宋治平間刻工。刻有《重廣會史》北宋刊巾箱本。十五行，行二十五至二十六字。

范亮　南宋初期浙江地區刻工。補刻有《三國志注吴志》宋咸平三年刻本。十四行，行二十五字。

范宣　南宋紹興間江西地區刻工。刻有《廬山記》九行，行十八字。

范浛　南宋咸淳間福建建甌地區刻工。刻有《龜山先生語録》宋福建漕治刻本。十行，行十八字。

范彦從　南宋後期江西吉安地區刻工。刻有

《慈溪黄氏日抄分類》十行，行二十字。

范孝榮　南宋中期浙江地區刻工。補刻有《魏書》九行，行十八字。

范重　南宋淳熙間江西撫州地區刻工。刻有《春秋經傳集解》宋撫州公使庫刻本。十行，行十六字。

范肖　南宋景定間刻工。刻有《妙法蓮華經》五行，行十七字。

范寅　南宋嘉定間刻工。刻有《資治通鑑綱目》宋浙刻大字本。八行，行十七字。

《資治通鑑綱目》宋嘉定十二年溫陵郡齋刻本。八行，行十七字。

范堅　南宋紹興間杭州地區刻工。刻有《周易注疏》宋兩浙東路茶鹽司刻本。八行，行十九字。

《尚書正義》宋紹熙三年兩浙東路茶鹽司刻本。八行，行十九字。

《周禮疏》宋兩浙東路茶鹽司刻本。八行，行十六字。

《禮記正義》宋紹熙三年兩浙東路茶鹽司刻

刻。八行，行十六字。
《説文解字》十行，行二十字。
《爾雅疏》十五行，行二十一字
《後漢書注》宋紹興江南東路轉運司刻本。
九行，行十六字。
《宋書》、《魏書》均九行，行十八字。
《皇朝文鑑》宋嘉泰四年新安郡斋刻本。十
行，行十九字。

范通　南宋後期江西吉安地區刻工。刻有
《慈溪黄氏日抄分類》十行，行二十字。

范尭　南宋紹熙間浙江地區刻工。刻有
《尚書正義》宋紹熙三年兩浙東路茶盐司刻
本。八行，行十九字。

范開　南宋慶元間四川地區刻工。刻有
《太平御覽》宋慶元五年成都府學刻本。十
三行，行二十二至二十四字。

范崇　南宋中期杭州地區刻工。刻有
《記纂淵海》十三行，行二十二字。
《碧雲集》陳道人書籍鋪刻本。十行，行十八字。

范華　南宋紹興間杭州地區刻工。刻有

《尚書正義》宋兩浙東路茶鹽司刻本。八行，行十九字。

《周禮疏》宋兩浙東路茶鹽司刻本。八行，行十五至十七字。

《禮記正義》宋紹熙三年兩浙東路茶鹽司刻本。八行，行十六字。

《孟子注疏解經》宋嘉泰兩浙東路茶鹽司刻本。八行，行十六字。

《後漢書注》宋紹興江南東路轉運司刻本。九行，行十六字。

《宋書》、《南齊書》、《梁書》、《魏書》，均九行，行十八字。

范敏　南宋紹興間杭州地區刻工。刻有

《史記集解》十行，行十九字。

《漢書注》十行，行十九字。

范從　南宋淳熙間江西撫州地區刻工。刻有

《呂氏家塾讀詩記》宋淳熙九年江西漕台刻本。九行，行十九字。

《春秋經傳集解》宋淳熙撫州公使庫刻本。十行，行十六字。

《春秋公羊经傳解詁》宋淳熙撫州公使庫刻本，绍熙四年重修。十行，行十六字。

《春秋公羊傳釋文》宋撫州刻绍熙四年重修本。十行，行十六字。

范雲　南宋绍興间杭州地區刻工。刻有

《史記集解》十行，行十九字。

范雲　南宋嘉定间福建地區刻工。刻有

《西漢會要》宋嘉定建寧郡齋刻本。十一行，行二十字。

范惠老　南宋绍興间杭州地區刻工。刻有

《宋書》九行，行十八字。

范貴　南宋寶慶间廣東地區刻工。刻有

《新刊校定集注杜詩》宋寶慶元年廣東漕司刻本。九行，行十六字。

范勝　南宋咸淳福建地區刻工。刻有

《張子語録》宋福建漕治刻本。十行，行十八字。

《龜山先生語録》宋福建漕治刻本。十行，行十八字。

范椿　南宋後期刻工。刻有

《磧砂藏》宋平江府磧砂延聖院募刻本。六行，行十七字。

范棨　南宋後期杭州地區刻工。刻有
《碧雲集》宋臨安陳氏書籍鋪刻本。十行，行十八字。

范賓賢　南宋咸淳間杭州地區刻工。刻有
《臨安志》宋咸淳臨安府刻本。十行行二十字。

范贇　南宋淳祐間福州地區刻工。刻有
《國朝諸臣奏議》宋淳祐十年史季溫福州刻本。十一行，行二十三字。

范興　南宋中期江西地區刻工。刻有
《唐書》十行，行十九字。

范謙　南宋乾道間江西地區刻工。刻有
《東坡集》宋孝宗間刻。十行，行十八字。

范歸　南宋寶慶間福建地區刻工。刻有
《東漢會要》宋寶慶二年建寧郡齋刻本。十一行，行二十字。

英玉（王姓）南宋中期福建地區刻工。刻有
《監本附音春秋公羊注疏》十行，行十七字。

英玉　南宋中期江西地區刻工。刻有

《唐書》十行，行十九字。

茂卿　南宋中期江西地區刻工。刻有

《唐書》十行，行十九字。

茂卿　南宋中期福建地區刻工。刻有

《監本附音春秋公羊注疏》十行，行十七字。

《監本附釋音春秋穀梁傳注疏》十行，行十七字。

茂五　南宋後期浙江地區刻工。補刻有

《孟子注疏解經》宋嘉泰兩浙東路茶鹽司刻本。八行，行十六字。

茂實（林姓）南宋中期浙江地區刻工。補刻有

《宋書》慶元六年補版。《魏書》均九行行十八字。

苗慶　南宋初期刻工。刻有

《李衛公文集》十行，行十八字。

茅七　南宋紹興間刻工。刻有

《漢書注》宋紹興江南東路轉運司刻本。九行，行十六字。

茅化　南宋紹興間浙江紹興地區刻工。刻有

《尚書正義》宋紹興三年兩浙東路茶鹽司刻本。八行，行十九字。

《禮記正義》宋紹熙三年兩浙東路茶鹽司刻本。八行，行十六字。

補刻有《說文解字》十行，二十字。

第公輸　南宋浙江建德地區刻工。刻有《儀禮疏》十五行，行二十七字。

第夢龍　南宋咸淳間刻工。刻有《佛祖統紀》宋咸淳五年刻本。十一行，行二十字。

笱道民　南宋中期江西九江地區刻工。刻有《自警編》十行，行二十字。

符考　南宋中期杭州地區刻工。刻有《武經七書》十行，行二十字。

思中　南宋淳祐間安徽地區刻工。刻有《禮記要義》宋淳祐十二年魏克愚刻本。九行，行十八字。

《儀禮要義》宋淳祐十二年魏克愚刻本。九行，行十八字。

《致堂讀史管見》宋寶慶二年宛陵刻本。十二行，行二十三字。

思宋　南宋紹興間浙江衢縣刻工。刻有

《居士集》宋绍兴衢州刻本。七行，行十四字。
思明　南宋淳熙间江西抚州地区刻工。刻有
《经典释文》宋淳熙四年抚州公使库刻本。
十行，行十九、二十字。（此为淳熙十五年）
思贤　南宋淳熙间江西抚州地区刻工。刻有
《经典释文》宋淳熙四年抚州公使库刻本。
十行，行十九、二十字。（此为淳熙十五年）
俞千　南宋淳祐间浙江地区刻工。刻有
《晦庵先生文集》宋淳祐五年刻本。十行，
行十九字。
俞文　南宋乾道间杭州地区刻工。刻有
《史记集解》十行，行十九字。
俞文　南宋福建地区刻工。刻有
《夷坚志》宋建宁刻本。十一行，行十八字。
《西山先生真文忠公读书记》宋开庆元年福
州学官刻元明修本。九行，行十六字。
俞文俊　南宋嘉泰间刻工。刻有
《于湖居士文集》宋嘉泰元年刻本。十行，
行十六字。
俞元　南宋初期浙江地区刻工。刻有

《資治通鑑目錄》宋紹興二年兩浙東路茶鹽司刻本。行字不等。

俞元　南宋嘉泰間刻工。刻有

《皇朝文鑑》宋嘉泰四年新安郡齋刻本。十行，行十九字。

俞元　南宋福建地區刻工。刻有

《夷堅志》宋建寧刻本。九行，行十八字。

俞壬　南宋淳祐間浙江地區刻工。刻有

《晦庵先生文集》宋淳祐五年刻本。十行，行十九字。

俞允　南宋紹興間浙江紹興地區刻工。刻有

《資治通鑑》宋紹興三年兩浙東路茶鹽司刻本。十二行，行二十四字。

俞升　南宋紹興間杭州地區刻工。刻有

《宋書》、《魏書》均九行，行十八字。

俞永　南宋嘉泰間浙東地區刻工。刻有

《于湖居士文集》宋嘉泰元年刻本。十行，行十六字。

《皇朝文鑑》宋嘉泰四年新安郡齋刻本。十行，行十九字。

俞正（或署俞政）南宋福建地區刻工。刻有

《國朝諸臣奏議》宋淳祐十年史季溫福州刻本。十一行，行二十三字。

《河南程氏經説》十一行，行二十字。

《河南程氏外書》十一行，行二十字。

《夷堅志》宋建寧刻元印本。九行，行十八字。

俞平　南宋初期湖北地區刻工。刻有

《南華真經注》十行，行十五字。

俞左　南宋嘉定間福建長汀地區刻工。刻有

《夏侯陽算經》宋嘉定六年鮑澣之刻本。九行，行十八字。

俞生　南宋中期杭州地區刻工。刻有

《記纂淵海》十三行，行二十二字。

《碧雲集》宋臨安府陳道人書籍鋪刻本。十行，行十八字。

俞吉　南宋初期杭州地區刻工。刻有

《宋書》九行，行十八字。

俞光　南宋後期福州地區刻工。刻有

《西山先生真文忠公讀書記》宋福州學官刻九行，行十六字。

俞允　南宋紹興間浙江地區刻工。刻有

《戰國策注》宋紹興刻本。十一行，行二十字。

俞允　南宋淳熙間江西撫州地區刻工。刻有

《禮記注》宋淳熙四年撫州公使庫刻本。十行，行十六字。

《春秋經傳集解》宋撫州公使庫刻本。十行，行十六字。

俞仲成　南宋嘉定間福建長汀地區刻工。刻有

《張丘建算經》宋嘉定六年鮑澣之刻本。九行，行十八字。

俞任　南宋淳祐間浙江地區刻工。刻有

《晦庵先生文集》宋淳祐五年刻本。十行，行十九字。

俞甫　南宋後期刻工。刻有

《磧砂藏》宋平江府磧砂延聖院募刻本。六行，行十七字。

俞克　南宋寶慶福建建甌地區刻工。刻有

《東漢會要》宋寶慶二年建寧郡齋刻本。十一行，行二十字。

俞克中　南宋嘉定間福建建甌地區刻工。刻有

《西漢會要》宋嘉定建寧郡斋刻本。十一行，行二十字。

《東漢會要》宋寶慶二年建寧郡斋刻本。十一行，行二十字。

俞邦　南宋绍興间湖北江陵地區刻工。刻有

《建康實録》宋绍興十八年荆湖北路安撫使司刻本。十一行，行二十字。

《南華真經注》十行，行十五字。

俞诜　南宋绍興间杭州地區刻工。刻有

《新雕重校戰國策》宋绍興间本。十一行，行二十字。

俞高　南宋绍興间刻工。刻有

《史記集解》宋绍興淮南路轉運司刻本。九行，行十六字。

俞忠　南宋初期浙江地區刻工。刻有

《資治通鑑》宋绍興三年兩浙東路茶鹽司刻本。十二行，行二十四字。

《資治通鑑目録》宋绍興二年兩浙東路茶鹽司刻本，行字不等。

《漢官儀》宋绍興九年臨安府刻本。十行，

行十七字。

《文選注》宋紹興二十八年明州補修本。十行，行二十至二十二字。

補刻有《史記集解》北宋刻遞修本。十行，行十九字。

俞昌　南宋紹興間杭州地區刻工。刻有

《通典》十五行，行二十五至二十九字。

俞琦　南宋紹興間浙江地區刻工。刻有

《東坡集》宋乾道刻本。十行，行二十字。

《文選注》宋紹興二十八年明州補修本。十行，行二十至二十二字。

《三蘇文粹》宋乾道婺州吳宅桂堂刻本。十四行，行二十六字。

俞英　南宋嘉泰間安徽地區刻工。刻有

《皇朝文選》宋嘉泰四年新安郡齋刻本。十行，行十九字。

俞寅　南宋淳祐間刻工。刻有

《大學章句》宋淳祐當塗郡齋刻本。八行，行十五字。

《論語》泳澤書院本。

俞富　南宋淳祐間福州地區刻工。刻有

《國朝諸臣奏議》宋淳祐十年史季溫福州刻本。十二行，行二十三字。

俞雲　南宋嘉定間福建建甌地區刻工。刻有

《西漢會要》宋嘉定建寧郡齋刻本。十一行，行二十字。

俞義俊　南宋嘉泰間南京地區刻工。刻有

《于湖居士集》宋嘉泰元年刻本。十行，行十六字

俞榮　南宋紹興間杭州地區刻工。刻有

《周禮疏》宋兩浙東路茶鹽司刻本。八行，行十五至十七字。

《漢書注》宋紹興江南東路轉運司刻本。九行，行十六字。

《後漢書注》宋紹興江南東路轉運司刻本。九行，行十六字。

《宋書》、《南齊書》、《梁書》、《魏書》均九行，行十八字。

俞榮　南宋後期浙江地區刻工。刻有

《磧砂藏》宋平江府延聖院募刻本。六行，行十七字。

補刻有：

《周禮疏》宋兩浙東路茶鹽司刻本。八行，行十五至十七字。

《禮記正義》宋紹熙三年兩浙東路茶鹽司刻本。八行，行十六字。

《論語注疏解經》宋紹熙兩浙東路司鹽司刻本。八行，行十六字。

《史記集解》十行，行十九字。

侯玉　北宋景祐間刻工。刻有

《儀禮疏》十五行，行二十七字。

侯東　南宋嘉定間江西吉安地區刻工。刻有

《漢書集注》宋嘉定十七年白鷺洲書院刻本。八行，行十六字。

侯伯　南宋紹熙間浙江紹興地區刻工。刻有

《尚書正義》宋紹熙三年兩浙東路茶鹽司刻本。八行，行十九字。

侯熾　金皇統間刻工。刻有

《金藏》金皇統九年至大定十三年刻。每版二十三行，行十四字。

侯珠　南宋淳熙間長沙地區刻工。刻有

《集韻》十行，行大小字不等。

侯奇　南宋中期安徽地區刻工。刻有

《晦庵朱文公語録》十行，行二十字。

《謝宣城詩集》宋嘉定刻本。十行，行十八字。

《宛陵先生文集》宋紹興宣州軍州學刻嘉定十七年修本。

信中　南宋後期江西地區刻工。刻有

《隋書》九行，行二十字。

信發　南宋嘉定間江西地區刻工。刻有

《儀禮經傳通解》宋嘉定十年南康道院刻本。七行，行十五字。

俊英　南宋中期刻工。刻有

《本草集方》十行，行十六字。

俊義（張姓）北宋四川地區刻工。刻有

《資治通鑑》（覆龍爪本）南宋鄂州孟太師府三安撫位鵠山書院刻。十一行，行十九字。

皇甫景　北宋治平間刻工。刻有

《類篇》八行，行十六字。

重一（王姓）南宋慶元間四川地區刻工。刻有

《太平御覽》宋慶元五年成都府學刻本。十

三行，行二十二至二十四字不等。

重二（王姓）南宋慶元間四川地區刻工。刻有《太平御覽》宋慶元五年成都府學刻本。十三行，行二十二至二十四字不等。

重姚　南宋初期江西贛州地區刻工。刻有《文選注》宋贛州州學刻本。九行，行十五字。

姚才　南宋紹興間福州地區刻工。刻有《天聖廣燈録》宋福州開元寺毗盧大藏本。六行，行十七字。

姚重寶　南宋淳祐間福州地區刻工。刻有《國朝諸臣奏議》宋淳祐十年史季温福州刻本。十一行，行二十三字。

姚宏　南宋紹興間杭州地區刻工。刻有《水經注》十一行，行二十字。

姚明　南宋慶元間四川眉山地區刻工。刻有《新刊經進詳注昌黎先生文集》十行，行十八字。

姚孝　南宋嘉泰間浙江建德地區刻工。刻有《麗澤論説集録》宋嘉泰四年呂喬年刻本。十行，行二十字。

《東萊呂太史文集》宋嘉泰四年呂喬年刻本。十行，行二十字。

姚恭　北宋治平間刻工，刻有

《類篇》八行，行十六字。

姚臻　南宋紹興間杭州地區刻工。刻有

《禮記注》十行，行十六字、十七字。

《春秋經傳集解》宋嘉定九年興國軍學刻本。八行，行十七字。

《廣韻》十行，行字不定。

《舊唐書》宋紹興兩浙東路茶鹽司刻本。十四行，行二十五字。

《樂府詩集》宋紹興刻本。十三行，行二十三字。

段尺　南宋慶元間江西地區刻工。刻有

《漢書集注》宋嘉定十七年白鷺洲書院刻本。八行，行十六字。

《本草衍義》宋淳熙十二年江西轉運司刻慶元元年重修本。十一行，行二十一字。

段圍瑞　北宋天聖間刻工。刻有

《故唐律疏議》九行，行十八字。

段寅　北宋景祐間刻工。刻有

《儀禮疏》十五行，行二十七字。

鄒希鑑　南宋中期浙江地區刻工。刻有《資治通鑑考異》十行，行二十二字。

十畫

高二　南宋淳熙間四川地區刻工。刻有《新刊唐昌黎先生論語筆解》十行，行十七字。

高二禮　南宋紹熙間江西贛州地區刻工。刻有《坡門酬唱集》九行，行十六字。

高三　南宋初期浙江金華地區刻工。刻有《周禮注》宋婺州市門巷唐宅刻本。十三行，行二十五字。

高子皐　南宋後期福州地區刻工。刻有《監本纂圖春秋經傳集解》十行，行十九字。

高大全　南宋紹熙間四川眉山地區刻工。刻有《東都事略》宋紹熙五峰閣刻本。十二行，行二十四字。

高才　宋淳祐間浙江地區刻工。刻有《晦庵先生文集》宋淳祐五年刻本。十行，行十九字。

《倚松老人詩集》宋慶元五年黃汝嘉刻本。

十行，行二十字。

《碛砂藏》宋平江府碛沙延圣院募刻本。六行，行十七字。

高山甫　南宋嘉定间湖北武昌地区刻工。刻有

《春秋经傳集解》宋嘉定九年興國軍學刻本。八行，行十七字。

高文　南宋中期浙江地区刻工。刻有

《禮記正義》宋绍熙三年两浙東路茶盐司刻本。八行，行十六字。

《附釋文互注禮部韻略》宋绍定三年藏書閣刻本。十行，小字雙行不等。

《愧郯録》宋嘉定刻本。九行，行十七字。

《陸士龍文集》宋慶元六年華亭縣學刻本。十一行，行二十字。

《重校添注音辯唐柳先生文集》九行，行十七字。

補刻有：

《尚書正義》宋绍熙三年两浙東路茶鹽司刻本。八行，行十九字。

《儀禮疏》十五行，行二十七字。

《宋書》、《南齊書》、《梁書》、《陳書》、
《魏書》、《北周書》均九行，行十八字。
《冲虛至德真經》十四行，行二十五至二十六字。

高文定　南宋紹興間江西地區刻工。刻有
《坡門酬唱集》九行，行十六字。

高文顯　南宋紹興間江西撫州地區刻工。刻有
《呂氏家塾讀詩記》宋淳熙九年江西漕台刻
本。九行，行十九字。
《禮記注》宋淳熙四年撫州公使庫刻本。十
行，行十六字。
《春秋經傳集解》宋撫州公使庫刻本。十行，
行十六字。
《春秋公羊經傳解詁》宋淳熙撫州公使庫刻
宋紹熙四年重修本十行，行十六字。
《王荆公唐百家詩選》十行，行十八字。

高元　北宋宣和間福州地區刻工。刻有
《法苑珠林》宋福州開元寺毗盧大藏本。每
開六行，行十七字

高友成　南宋紹興間江西地區刻工。刻有
《坡門酬唱集》九行，行十六字。

高中　南宋慶元間南昌地區刻工。刻有
《本草衍義》宋淳熙十二年江西轉運司刻慶元元年重修本。十一行，行二十一字。

高永年　南宋嘉泰間揚州地區刻工。刻有
《注東坡先生詩》宋嘉泰淮東倉司刻本。九行，行十六字。

高正　南宋慶元間江蘇華亭地區刻工。刻有
《陸士龍文集》宋慶元六年華亭縣學刻本。十一行，行二十字。

高安　南宋紹興間江西地區刻工。刻有
《坡門酬唱集》九行，行十六字。

高安平　南宋淳熙間江西撫州地區刻工。刻有
《白氏六帖事類集》十三行，行二十四至二十七字。
《豫章先生文集》宋乾道刻本。九行，行十八字。
《王荊公唐百家詩選》十行，行十八字。

高安國　南宋淳熙間江西撫州地區刻工。刻有
《周易注》宋撫州公使庫刻本。十行，行十六字。
《呂氏家塾讀詩記》宋淳熙九年江西漕台刻

本。九行，行十九字。

《禮記注》宋淳熙四年撫州公使庫刻本。十行，行十六字。

《春秋經傳集解》宋撫州公使庫刻本。十行，行十六字。

《春秋公羊經傳解詁》宋淳熙撫州公使庫刻紹熙四年重修本。十行，行十六字。

《經典釋文》宋淳熙四年撫州公使庫刻本。十行，行十六字。

《侍郎葛公歸愚集》十二行，行二十二字。

《王荆公唐百家詩選》十行，行十八字。

高安道　南宋淳熙間江西撫州地區刻工。刻有

《周易注》宋撫州公使庫刻本。十行，行十六字。

《禮記注》宋淳熙四年撫州公使庫刻本。十行，行十六字。

《春秋經傳集解》宋撫州公使庫刻本。十行，行十六字。

《春秋傳》宋乾道四年刻慶元五年黄汝嘉修補本。十行，行二十字。

《春秋公羊經傳解詁》宋淳熙撫州公使庫刻

绍熙四重修本。十行，行十六字。

《吕氏家塾讀詩記》宋淳熙九年江西漕台刻本。九行，行十九字。

《五代史記》十二行，行二十二字。

《五朝名臣言行録》《三朝名臣言行録》宋淳熙刻本。十行，行十七字。

《謝幼槃文集》宋绍興二十二年撫州刻本。十行，行十八字。

《侍郎葛公歸愚集》十二行，行二十二字。

《王荆公唐百家詩選》十行，行十八字。

高安禮　南宋淳熙间江西撫州地區刻工。刻有

《吕氏家塾讀詩記》宋淳熙九年江西漕台刻本。九行，行十九字。

《春秋傳》宋乾道四年刻慶元五年黄汝嘉修補本。十行，行二十字。

《五代史記》十二行，行二十二字。

《坡門酬唱集》九行，行十六字。

高安寧　南宋淳熙间江西南昌地區刻工。刻有

《吕氏家塾讀詩記》宋淳熙九年江西漕台刻本。九行，行十九字。

高仲　南宋慶元间江西南昌地區刻工。刻有《春秋傳》宋乾道四年刻慶元五年黄汝嘉修補本。十行，行二十字。

《東萊先生詩集》宋慶元五年黄汝嘉刻本。十行，行二十字。

高用　南宋淳熙间安徽廣德地區刻工。刻有《史記集解索隱》宋淳熙三年刻淳熙八年耿秉補修本。十二行，行二十五字。

高宏　南宋初期福州地區刻工。刻有《後漢書注》十行，行十九字。

《續高僧傳》宋紹興十八年刻福州開元寺毗盧大藏本。六行，行十七字。

高辛　南宋嘉泰间安徽歙縣地區刻工。刻有《皇朝文鑑》宋嘉泰四年新安郡斋刻本。十行，行十九字。

高彦　南宋紹興间浙江地區刻工。刻有《禮記正義》宋紹熙三年兩浙東路茶鹽司刻本。八行，行十六字。

《史記集解索隱》宋淳熙三年張杅桐川郡斋刻淳熙八年耿秉補修本。十二行，行二十五字

《東坡集》宋乾道刻本。十行，行二十字。
《北山小集》十行，行二十字。
《樂府詩集》宋紹興間刻本。十三行，行二十三字。
補刻《新唐書》十四行，行二十四至二十七字。

高宣　南宋嘉定間浙江地區刻工。刻有
《資治通鑑綱目》浙刻本。八行，行十七字。
補刻有《吳志》十四行，行二十五字。

高宥　南宋刻工。刻有
《本草集方》十行，行十六字。

高政　南宋紹興間浙江地區刻工。刻有
《禮記正義》宋紹興三年兩浙東路茶鹽司刻本。八行，行十六字。

高珍　南宋紹興間杭州地區刻工。刻有
《樂府詩集》宋紹興刻本。十三行，行二十三字。

高春　南宋嘉定間浙江嘉興地區刻工。刻有
《重校添注音辯唐柳先生文集》九行十七字。

高俊　南宋中期浙江地區刻工。刻有
《中興館閣錄》九行，行十八字。
《揚子法言》十行，行十八字。

補刻有《論衡》宋乾道三年紹興府刻本。十行，行二十至二十二字。

高涼　南宋紹興間浙江地區刻工。刻有《尚書正義》宋紹興三年兩浙東路茶鹽司刻本。八行，行十九字。
補刻有《後漢書注》宋紹興江南東路轉運司刻本。九行，行十六字。

高桂　南宋嘉興間江蘇蘇州地區刻工。刻有《磧砂藏》宋平江府磧砂延聖院募刻本。六行，行十七字

高起　南宋紹興間浙江紹興地區刻工。刻有《資治通鑑》宋紹興三年兩浙東路茶鹽司刻本。十二行，行二十四字。
《資治通鑑目錄》宋紹興二年兩浙東路茶鹽司刻本。行字不等。
《文選注》宋紹興二十八年明州補修本。十行，行二十至二十二字。

高松年　南宋慶元間紹興地區刻工。刻有《春秋左傳正義》宋慶元六年紹興府刻本。八行，行十六字。

高走　南宋淳熙間江西撫州地區刻工。刻有
《春秋經傳集解》宋撫州公使庫刻本。十行，
行十六字。
《春秋公羊經傳解詁》宋淳熙撫州公使庫刻
紹熙四重修本。十行，行十六字。
《坡門酬唱集》九行，行十六字。

高宗二　南宋後期浙江地區刻工。補刻有
《禮記正義》宋紹熙三年兩浙東路茶鹽司刻
本。八行，行十六字。

高明　南宋紹熙間浙江紹興地區刻工。刻有
《周易注疏》宋紹熙兩浙東路茶鹽司刻本。
八行，行十九字。

高昇　南宋咸淳間杭州地區刻工。刻有
《分門纂類唐歌詩》十行，行十八字。

高旼　南宋紹興間杭州地區刻工。刻有
《新雕重校戰國策》宋紹興間刻本。十一行，
行二十字。

高秀　南宋淳熙間刻工。刻有
《史記集解索隱》宋淳熙三年張杅桐川郡齋
刻淳熙八年耿秉補修本。十二行，行二十五字

補刻有《新唐書》十四行，行二十四至二十七字。

高寅　南宋嘉定間浙江地區刻工。刻有《重校添注音辯唐柳先生文集》九行，行十七字。

補刻有：

《儀禮疏》十五行，行二十七字。

《南齊書》、《陳書》、《魏書》均九行，行十八字。

高異　南宋中期杭州地區刻工。刻有

《禮記正義》宋紹熙三年兩浙東路茶鹽司刻本，八行，行十六字。

《春秋左傳正義》宋慶元六年紹興府刻本。八行，行十六字。

《大廣益會玉篇》十行，行二十七至二十八字。

《大宋重修廣韻》十行，行二十字。

《律》附音義九行，行十八字。

《歷代故事》宋嘉定刻本，八行，行十六字。

《武經七書》十行，行二十字。

《嘉泰普燈錄》宋嘉定四年淨慈寺刻本，十

行，行二十字。

《晦庵先生集》宋淳祐五年刻本。十行，行十九字。

補刻有：

《周易注疏》宋紹熙兩浙東路茶鹽司刻本。八行，行十九字。

《周禮疏》宋兩浙東路茶鹽司刻本。八行，行十五至十七字。

《儀禮疏》嚴州本。十五行，行二十七字。

《春秋經傳集解》十三行，行二十四字。

《後漢書》宋紹興江南東路轉運司刻本。九行，行十六字。

《南齊書》、《陳書》、《魏書》、《北齊書》、《周書》均九行，行十八字。

《通典》宋紹興間刻本。十五行，行二十五至二十九字。

《文選注》宋贛州州學刻本。九行，行十五字。

高萬　南宋嘉定間武昌地區刻工。刻有：

《春秋經傳集解》宋嘉定九年興國軍學刻本。八行，行十七字。

高道 南宋淳熙间江西地區刻工。刻有
《五朝名臣言行録》《三朝名臣言行録》宋
淳熙刻本。十行，行十七字。
高雲 北宋治平间刻工。刻有
《類篇》八行，行十六字。
高異 南宋乾道间杭州地區刻工。刻有
《武經七書》十行，行二十字。
高惠 南宋慶元间江蘇華亭地區刻工。刻有
《陸士龍文集》宋慶元六年華亭縣學刻本。
十一行，行二十字。
高智 南宋绍興间江西撫州地區刻工。刻有
《五代史記》十二行，行二十二字。
高智立 南宋绍興间江西撫州地區刻工。刻有
《春秋傳》宋乾道四年刻慶元五年黄汝嘉補
修本。十行，行二十字。
《五代史記》十二行，行二十二字。
高智平 南宋绍興间江西撫州地區刻工。刻有
《白氏六帖事類集》十三行，行二十四至二
十七字。
《豫章黄先生文集》宋乾道刻本。九行，十八字。

《謝幼槃文集》宋紹興二十二年撫州刻本。十行，行十八字。
《王荊公唐百家詩選》十行，行十八字。

高智慶　南宋紹興間江西撫州地區刻工。刻有
《春秋傳》宋乾道四年刻慶元五年黃汝嘉補修本。十行，行二十字。
《五代史記》十行，行二十二字。
《謝幼槃文集》宋紹興二十二年撫州軍州學刻本。十行，行十八字。
《王荊公唐百家詩選》八行，行十八字。

高寧　南宋淳熙間江西撫州地區刻工。刻有
《周易注》宋淳熙撫州公使庫刻本。十行，行十六字。
《春秋經傳集解》宋撫州公使庫刻本。十行，行十六字。
《春秋公羊經傳解詁》宋淳熙撫州公使庫刻紹熙四年重修本。十行，行十六字。

高榮　南宋淳熙間江西撫州地區刻工。刻有
《周易注》宋淳熙撫州公使庫刻本。十行，行十六字。

《春秋經傳集解》宋撫州公使庫刻本。十行，
行十六字。
高蘇五　南宋紹興間杭州地區刻工。刻有
《史記集解》十行，行十九字。
高諒　南宋初期杭州地區刻工。刻有
《禮記正義》宋紹熙三年兩浙東路茶鹽司刻
本。八行，行十六字。
《春秋左傳正義》宋慶元六年紹興府刻本。
八行，行十六字。
《經典釋文》十一行，行十七字。
《史記集解》十行，行十九字。
《漢書注》宋紹興江南東路轉運司刻本。九
行，行十六字。
《後漢書注》宋紹興江南東路轉運司刻本。
九行，行十六字。
《宋書》、《南齊書》、《魏書》均九行，十八字。
《文選注》宋贛州州學刻本。九行，行十五字。
補刻有《儀禮疏》嚴州本。十五行，行二十七字。
高選　南宋初期刻工。刻有
《福州開元寺毗盧大藏》六行，行十七字。

《景德傳燈錄》十一行，行二十字。

高興　南宋淳熙間刻工。刻有

《六韜》十行，行二十字。

《本草衍義》宋淳熙十二年江西轉運司刻慶元元年重修本。十一行，行二十一字。

高興世　南宋淳熙間江西南昌地區刻工。刻有

《本草衍義》宋淳熙十二年江西轉運司刻慶元元年重修本。十一行，行二十一字。

高顯　南宋淳熙間江西地區刻工。刻有

《東坡集》宋紹熙間刻本。十行，行十八字。

高聰　南宋慶元間江蘇華亭地區刻工。刻有

《陸士龍文集》宋慶元六年華亭縣學刻本。十一行，行二十字。

高顯祖　南宋紹興間刻工。刻有

《春秋經傳集解》宋嘉定九年興國軍學刻本。八行，行十七字

《史記集解》十行，行十九字。

《史記集解》宋紹興淮南路轉運司刻本。九行，行十六字。

唐才　南宋紹興間安徽宣城地區刻工。刻有

《宛陵先生文集》宋紹興十年宣州刻本。十行，行十九字。
《文選注》宋淳熙八年池陽郡齋刻本。十行，行十八至二十一字。

唐六良　南宋初期江西贛州地區刻工。刻有
《文選注》宋贛州州學刻本。九行，行十五字。

唐文　南宋紹興間四川眉山地區刻工。刻有
《東都事略》宋紹興五峰閣刻本。十二行，行二十四字。

唐元　南宋紹興間杭州地區刻工。刻有
《白氏六帖事類集》十三行，行二十四至二十七字。

唐中　北宋景祐間刻工。刻有
《儀禮疏》十五行，行二十七字。

唐允　南宋紹興間杭州地區刻工。刻有
《史記集解》十行，行十九字。

唐正　南宋紹興間四川眉山地區刻工。刻有
《東都事略》宋紹興五峰閣刻本。十二行，行二十四字。

唐用　南宋淳熙間江西贛州地區刻工。刻有

《豫章黄先生文集》宋贛州州學刻本。九行，行十八字。

補刻《南華真經》北宋刻。十行，行十六、十七字

唐閏　北宋刻工。刻有

《李賀歌詩編》北宋刻南宋印本。九行，行十八、十九字。

唐宏　南宋乾道間湖北零陵地區刻工。刻有

《唐柳先生文集》宋乾道元年零陵郡庠刻本。九行，行十八字。

唐昌　南宋乾道間湖北零陵地區刻工。刻有

《唐柳先生外集》宋乾道元年零陵郡庠刻本。九行，行十八字。

唐亮　南宋嘉定間浙江嘉興地區刻工。刻有

《愧郯録》宋嘉定刻本。九行，行十七字。

唐彦　南宋紹興間安徽地區刻工。刻有

《西漢博聞》宋乾道八年姑孰郡齋胡元質刻本。十行，行十九字。

《宛陵先生文集》宋紹興宣州軍州學刻嘉定十七年修本。十行，行十八至二十字。

唐思恭　南宋绍兴间安徽宣城地区刻工。刻有《宛陵先生文集》宋绍兴十年宣州刻嘉定十七年修本。十行，行十九字。

唐信　南宋绍兴间浙江温州地区刻工。刻有《大唐六典注》宋绍兴四年温州州学刻本。十行，行二十字。

唐悦　南宋中期安徽地区刻工。刻有《晦庵先生朱文公语録》池州本。十行，二十字。

唐恭　南宋淳熙间安徽贵池地区刻工。刻有《晋书》宋嘉泰四年至开禧元年秋浦郡斋刻本。九行，行十六字。《文選注》宋淳熙八年池陽郡斋刻本。十行，行二十一字。

唐恭　南宋绍興浙江温州地区刻工。刻有《大唐六典注》宋绍興四年温州州学刻本。十行，行十九至二十字。

唐时　南宋淳熙间江西赣州地区刻工。刻有《李贺歌詩编》北宋刻南宋印本。九行，行十八至十九字。《豫章黄先生文集》九行，行十八字。

唐彬　南宋淳熙间安徽贵池地区刻工。刻有《晋书》宋嘉泰四年至开禧元年秋浦郡斋刻本。九行，行十六字。

《山海经传》宋淳熙七年池阳郡斋刻本。十行，行二十一字。

《宛陵先生文集》宋绍兴十年宣州军州学刻嘉定十七年修本。十行，行十九字。

《文选注》宋淳熙八年池阳郡斋刻本，十行二十一字。

唐發　南宋淳祐间安徽歙县地区刻工。刻有《仪礼要义》宋淳祐十二年魏克愚刻本。九行，行十八字。

唐贵　南宋嘉定间浙江嘉兴地区刻工。刻有《愧郯录》宋嘉定刻本。九行，行十七字。

唐週　南宋咸淳间杭州地区刻工。刻有《临安志》宋咸淳临安府刻本。十行，二十字。

唐興　南宋初期浙江地区刻工。刻有《白氏六帖事类集》十三行，行二十四至二十七字。

唐甫　北宋治平间刻工。刻有

《類篇》八行，行十七字。

席忠　南宋中期刻工。刻有

《資治通鑑綱目》十行，行二十二字。

凌二　南宋紹興間杭州地區刻工。刻有

《經典釋文》十一行，行十七字。

凌安　北宋景祐間刻工。刻有

《史記集解》十行，行十九字。

《漢書注》十行，行十九字。

凌宗　南宋中期杭州地區刻工。刻有

《資治通鑑綱目》宋浙刻本。八行，行十七字。

《古史》十一行，行二十二字。

《後漢書注》南宋初年刻明修本。十行十九字。

《武經七書》十行，行十九字。

《晦庵先生文集》宋淳祐五年刻本。十行，行十九字。

補刻有：

《周易注疏》宋兩浙東路茶鹽司刻本。八行，行十九字。

《經典釋文》十二行，行十七字。

《說文解字》十行，行二十字。

《史記集解》宋紹興淮南路轉運司刻本。九行，行十六字。

《後漢書注》宋紹興江南東路轉運司刻本。九行，行十六字。

《南齊書》、《魏書》、《北齊書》均九行，行十八字。

《通典》十五行，行二十五至二十八字。

凌桂　南宋後期蘇州地區刻工。刻有

《磧砂藏》宋平江府磧砂延聖院刻本。六行，行十七字。

凌章　南宋杭州地區刻工。刻有

《妙法蓮華經》宋臨安府賈官人經書鋪刻本。十二行，行二十九字。

凌顯　北宋景祐間刻工。刻有

《儀禮疏》十五行，行二十七字。

家宗　南宋紹興間四川地區刻工。刻有

《劉夢得文集》十行，行十八字。

涂徐　北宋末刻工。刻有

《禮部韻略》北宋末刻本。十一行。

祥郁　南宋嘉定間福建建陽地區刻工。刻有

《漢書注》宋嘉定元年建安蔡琪純父一經堂刻本。八行，行十六字。

記舉　南宋後期福建建陽地區刻工。刻有

《纂圖互注荀子》十一行，行二十一至二十三字。

孫乂　北宋治平間刻工。刻有

《類篇》八行，行十六字。

孫元　南宋中期杭州地區刻工。補刻有

《後漢書注》宋紹興江南東路轉運司刻本。九行，行十六字。

孫中　南宋紹興間杭州地區刻工。刻有

《周易注疏》宋紹興兩浙東路茶鹽司刻本。八行，行十九字。

《尚書正義》宋紹興兩浙東路茶鹽司刻本。八行，行十九字。

《周禮疏》宋兩浙東路茶鹽司刻本。八行，行十五至十七字。

《新雕重校戰國策》宋紹興間刻本。十一行，行二十字。

孫日新　南宋紹興間杭州地區刻工。刻有

《尚書正義》宋紹熙三年兩浙東路茶鹽司刻本。八行，行十九字。
《春秋左傳正義》宋慶元六年紹興府刻本。八行，行十六字。
《古史》十一行，行二十二字。
《資治通鑑綱目》八行，行十七字。
《律》附音義九行，行十八字。
《揚子法言》十行，行十八字。
《六韜》武經七書本。十行，行二十字。
《晦庵先生文集》宋淳祐五年刻本。十行，行十九字。
補刻有：
《儀禮疏》十五行，行二十七字。
《經典釋文》十一行，行十七字。
《説文解字》十行，行二十字。
《宋書》、《魏書》、《北齊書》均九行，行十八字。
《國語解》十行，行二十字。
《沖虚至德真經注》十四行，行二十五、二十六字。

孫仁　南宋嘉定間浙江建德地區刻工。刻有《禮記集說》宋嘉定四年新定郡齋刻本。十三行，行二十四至二十六字。

孫升　北宋景祐間刻工。刻有《漢書注》十行，行十九字。

孫永　南宋淳熙間杭州地區刻工。刻有《景德傳燈錄》十二行，行二十字。

孫正　南宋紹熙間四川眉山地區刻工。刻有《東都事略》宋眉山程氏五峰閣刻本。十二行，行二十四字。

孫右　南宋紹興間浙江地區刻工。刻有《增廣司馬溫公全集》十二行，行二十字。《王文公文集》宋紹興龍舒本。十行，行十七字。

孫付　南宋初期杭州地區刻工。刻有《宋書》、《魏書》、《北齊書》均九行，行十八字。

孫用　南宋初期浙江地區刻工。刻有《三國志注》十行，行十九字。

孫史　南宋紹熙間浙江紹興地區刻工。刻有

《尚書正義》宋紹興三年兩浙東路茶鹽司刻本。八行，行十九字。

孫生　南宋紹興間福州地區刻工。刻有《天聖廣燈錄》宋紹興十八年刻福州開元寺毗盧大藏本。六行，行十七字。補刻有《漢書注》十行，行十九字。

孫安　北宋景祐間刻工。刻有《史記集解》十行，行十九字；《漢書注》十行，行十九字。

孫守節　遼重熙間北京地區刻工。刻有《法華經玄贊會古通今新鈔》每葉三十二行，行二十至二十二字。

孫成　北宋景祐間杭州地區刻工。《漢書注》十行，行十九字。

孫有成　南宋淳祐間安徽歙縣地區刻工。刻有《儀禮要義》宋淳祐十二年魏克愚刻本。九行，行十八字。

孫再　南宋初期杭州地區刻工。刻有《後漢書注》宋紹興江南東路轉運司刻本。九行，行十六字。

《三国志注》衢州本十行，行十九字。
《宋书》、《陈书》、《魏书》均九行，行十八字。
孙老　北宋咸平间刻工。刻有
《吴志》十四行，行二十五字。
孙仲　南宋中期浙江地区刻工。刻有
《中兴馆阁录》九行，行十八字。
孙先　北宋咸平间刻工。刻有
《吴志》十四行，行二十四字。
孙沅　南宋咸淳间杭州地区刻工。刻有
《昌黎先生文集》宋咸淳廖氏世綵堂刻本。
九行，行十七字。
孙佐　北宋咸平间刻工。刻有
《吴志》十四行，行二十五字。
孙昇　南宋初期杭州地区刻工。刻有
《汉书注》南宋初杭州刻本。十行，十九字。
《汉书注》宋绍兴江南东路转运司刻本。九
行，行十六字。
《國語解》十行，行二十字。
孙受　南宋绍兴间福州地区刻工。刻有
《天圣广灯录》宋绍兴十八年刻福州開元寺

毗盧大藏本。六行，行十七字。

孫受　北宋咸平間刻工。刻有

《吴志》十四行，行二十五字。

孫牧　南宋紹興間浙江衢縣地區刻工。刻有

《三國志注》衢州本。十行，行十九字。

孫彦　南宋紹興間杭州地區刻工。刻有

《史記集解》宋紹興淮南路轉運司刻本。九行，行十六字。

《後漢書注》宋紹興江南東路轉運司刻本。九行，行十六字。

《後漢書注》南宋初杭州刻本。十行，行十九字。

《景德傳燈録》宋紹興四年釋思鑑刻本。十五行，行二十六至三十字。

《景德傳燈録》十三行，行二十三字。

孫寺　南宋初期湖北地區刻工。刻有

《南華真經注》十行，行十五字。

孫佑　北宋後期福建福州地區刻工。刻有

《福州開元寺毗盧大藏》六行，行十七字。

孫春　南宋紹興間杭州地區刻工。刻有

《尚書正義》宋紹熙三年兩浙東路茶鹽司刻本。九行，行十九字。

《經典釋文》十行，行二十字。

《説文解字》十行，行二十字。

《史記集解》宋紹興淮南路轉運司刻本。九行，行十六字。

《漢書注》宋紹興江南東路轉運司刻本。九行，行十六字。

《後漢書注》宋紹興江南東路轉運司刻本。九行，行十六字。

《古史》十一行，行二十二字。

《宋書》、《南齊書》、《梁書》、《陳書》、《魏書》、《北齊書》均九行，行十八字。

《武經七書》十行，行二十字。

孫春　南宋淳祐間浙江地區刻工。刻有

《滕庵先生文集》宋淳祐五年刻本。十行，行十九字。

孫茂　南宋咸淳間杭州地區刻工。刻有

《河東先生集》宋咸淳廖氏世綵堂刻本。九行，行十七字。

孫康　南宋紹興間浙江衢州地區刻工。刻有《三國志注》衢州本。十行，行十九字。

孫容　南宋紹興浙江嘉興地區刻工。刻有《新唐書》宋紹興刻宋元遞修本。十四行，行二十四至二十七字。

孫祥　南宋紹興間刻工。補刻有《史記集解》十行，行十九字。《漢書注》十行，行十九字。

孫格　南宋紹興間杭州地區刻工。刻有《漢書注》南宋初年杭州刻本。十行，行十九字。《漢書注》宋紹興江南東路轉運司刻本。九行，行十六字。

孫晃　南宋中期浙江地區刻工。刻有《武經七書》十行，行二十字。

孫勉　南宋初期杭州地區刻工。刻有《毛詩正義》宋紹興九年紹興府刻本。十五行，行二十四至二十六字。《禮記注》杭州本十行，行十六、十七字。《經典釋文》十一行，行十七字。

《廣韻》十行，行二十字。

《水經注》十一行，行二十字。

《事類賦注》宋紹興十六年兩浙東路茶鹽司刻本。八行，行十六至十八字。

《樂府詩集》十三行，行二十三字。

孫清　南宋淳熙間安徽滁縣地區刻工。刻有

《漢雋》宋淳熙五年滁陽郡齋刻本。九行大字一約小字四，小字三十、三十一字。

孫涯　南宋嘉泰間江蘇揚州地區刻工。刻有

《注東坡先生詩》宋嘉泰淮東倉曹刻景定三年鄭羽補刻本。九行，行十六字。

孫通　南宋慶元間吉安地區刻工。刻有

《歐陽文忠公集》宋慶元二年周必大刻本。十行，行十六字。

孫通邦　南宋慶元間江西吉安地區刻工。刻有

《歐陽文忠公集》宋慶元二年周必大刻本。十行，行十六字。

孫開　宋紹興間杭州地區刻工。刻有

《後漢書注》宋紹興江南東路轉運司刻本。九行，行十六字。

《梁書》、《南齊書》、《陳書》、《魏書》均九行，行十八字。

補刻有《儀禮疏》十五行，行二十七字。

孫閏　南宋後期浙江地區刻工。補刻有《儀禮疏》十五行，行二十七字。

《春秋左傳正義》宋慶元六年紹興府刻本。八行，行十六字。

《爾雅注》十行，行二十字。

孫湛　南宋淳熙間安徽滁縣地區刻工。刻有《漢雋》宋淳熙五年滁陽郡齋刻本。九行，行十五字，小字雙行三十字。

孫善　南宋淳熙間安徽滁縣地區刻工。刻有《漢雋》宋淳熙五年滁陽郡齋刻本。九行，行約十五字。

孫斌　南宋紹興間杭州地區刻工。刻有《周禮疏》宋紹熙兩浙東路茶鹽司刻本。八行，行十五至十七字。

《禮記正義》宋紹熙三年兩浙東路茶鹽司刻本。八行，行十六字。

《春秋左傳正義》宋慶元六年紹興府刻本。

八行，行十六字。

《史記集解》宋紹興淮南路轉運司刻本。九行，行十六字。

《後漢書注》宋紹興江南東路轉運司刻本。九行，行十六字。

《宋書》、《陳書》、《魏書》均九行，十八字。

《武經七書》十行，行二十字。

《皇朝文鑑》宋嘉泰四年新安郡齋刻本。十行，行十九字。

補刻有《儀禮疏》十五行，行二十七字。

孫椅　南宋紹興間杭州地區刻工。刻有

《尚書正義》宋紹興三年兩浙東路茶鹽司刻本。九行，行十九字。

《周禮疏》宋紹興兩浙東路茶鹽司刻本。八行，行十五至十七字。

《宋書》、《南齊書》、《梁書》、《魏書》均九行，行十八字。

補刻有《新唐書》、《宋書》、《梁書》、《魏書》。

孫剩　南宋慶元間四川地區刻工。刻有

《太平御覽》宋慶元五年成都府學刻本。十三行，行二十二至二十四字。

孫新　南宋中期浙江地區刻工。刻有《禮記正義》宋紹熙三年兩浙東路茶鹽司刻本。八行，行十六字。

《春秋左傳正義》宋慶元六年紹興府刻本。八行，行十六字。

孫誠　南宋後期杭州地區刻工。補刻有《後漢書》宋紹興江南東路轉運司刻本。九行，行十六字。

孫壽益　遼太平間北京地區刻工。刻有《妙法蓮華經》遼太平五年刻本。每紙二十六行，行十六字。

孫福　南宋紹興間杭州地區刻工。刻有《漢書注》南宋初年杭州刻本。十行，行十九字。

《漢書注》宋紹興江南東路茶鹽司刻本。九

行，行十六字。

孫實　南宋中期浙江地區刻工。補刻有《史記集解》宋紹興淮南路轉運司刻本，九行，行十六字。

孫賦　南宋中期杭州地區刻工。補刻有《陳書》九行，行十八字。

孫德顯　南宋淳祐間安徽歙縣地區刻工。刻有《儀禮要義》宋淳祐十二年魏克愚刻本。九行，行十八字。

孫濟　南宋淳熙間安徽滁縣地區刻工。刻有《漢雋》宋嘉定四年滁陽郡齋刻本。九行，行約十五字。

孫顯　南宋嘉泰間浙江地區刻工。刻有《東萊呂太史文集》宋嘉泰四年呂喬年刻本。十行，行二十字。

馬士龍　南宋咸淳間杭州地區刻工。刻有《咸淳臨安志》宋臨安府刻本。十行，行二十字。

馬三十七　北宋治平間刻工。刻有《類篇》八行，行十六字。

馬才　南宋淳熙間安徽廣德地區刻工。刻有

《文選注》宋淳熙八年池陽郡齋刻本。十行，行十八至二十一字。

馬文　南宋嘉定間浙江嘉興地區刻工。刻有《重校添注音辯唐柳先生集》九行，行十七字。

馬中　南宋淳熙間浙江金華地區刻工。刻有《精騎》宋婺州永康清渭陳宅刻本。十三行，行二十三字。

馬正　南宋乾道間浙江建德地區刻工。刻有《春秋胡氏傳》十四行，行二十六字。《通鑑紀事本末》宋淳熙二年嚴陵郡庠刻本。十三行，行二十四或二十五字。

馬用　南宋中期浙江地區刻工。刻有《資治通鑑考異》十行，行二十二字。

馬圭　南宋咸淳間浙江地區刻工。刻有《佛祖統紀》宋咸淳元年至六年刻本。十一行，行二十二字。

馬良　南宋中期杭州地區刻工。刻有《周易本義》七行，行十五字。《詩集傳》湖州本。七行，行十五字。《論語纂疏》九行，行二十字。

《通鑑紀事本末》宋寶祐五年趙與篡刻本。
十一行，行十九字。
《吳郡志》宋紹定二年刻本。九行，行十八字。
《棠陰比事》宋端平元年刻本。十行，十八字。
《心經》《政經》十行，行十八字。
《韋蘇州集》宋紹興刻大字本。十行，十八字。
《重校添注音辯唐柳先生文集》九行，十七字。
《注東坡先生詩》宋嘉泰淮東倉曹刻景定三
年鄭羽補刻本。九行，行十六字。
《北磵文集》宋崔尚書宅刻本。十四行，行
二十四字。
《北磵詩集》十四行，行二十四字。
《渭南文集》宋嘉定十三年陸子遹溧陽學宮
刻本。十行，行二十字。
《分門纂類唐歌詩》宋咸淳元年刻本。十行，
行十八字。

馬良甫　南宋咸淳間江蘇地區刻工。刻有
《說苑》宋咸淳元年鎮江府學刻本。九行，
行十八字。

馬良臣　南宋紹定間蘇州地區刻工。刻有

《紹定吳郡志》宋紹定二年刻本。九行，十八字。
《營造法式》十一行，行二十二字。
《磧砂藏》六行，行十七字。

馬林　南宋紹熙間浙江紹興地區刻工。刻有
《禮記正義》宋紹熙三年兩浙東路茶鹽司刻
本。八行，行十六字。

馬松　南宋中期杭州地區刻工。刻有
《禮記正義》宋紹熙三年兩浙東路茶鹽司刻
本。八行，行十六字。
《春秋左傳正義》宋慶元六年紹興府刻本。
八行，行十六字。
《古史》十一行，行二十二字。
《資治通鑑綱目》八行，行十七字。
《紹定吳郡志》宋紹定二年刻本。九行，十八字。
《律》附音義九行，行十八字。
《荀子注》宋淳熙八年台州刻本。八行，十六字。
《金壺記》十一行，行二十字。
補刻有：
《周易注疏》宋紹熙間兩浙東路茶鹽司刻本。

八行，行十九字。
《經典釋文》十一行，行十七字。
《後漢書注》宋紹興江南東路轉運司刻本。
九行，行十六字。
《南齊書》九行，行十八字。
《國語解》十行，行二十字。

馬忠　南宋紹興間浙江地區刻工。刻有
《儀禮鄭注》宋紹興間嚴州刻本。十四行，
行二十五字。
《儀禮經傳通釋》宋嘉定十年南康道院刻本。
七行，行十五字。

馬昇　南宋乾道間浙江地區刻工。刻有
《禮記正義》宋紹熙三年兩浙東路茶鹽司刻
本。八行，行十六字。
《三蘇先生文粹》宋乾道婺州王宅桂堂刻本。
十四行，行二十六字。

馬祐　南宋紹熙間浙江紹興地區刻工。刻有
《禮記正義》宋紹熙三年兩浙東路茶鹽司刻
本。八行，行十六字。

馬祖　南宋中期杭州地區刻工。刻有

《禮記正義》宋紹興三年兩浙東路茶鹽司刻本。八行，行十六字。
《古史》十一行，行二十二字。
《資治通鑑綱目》八行，行十七字。
《律》附音義九行，行十八字。
《愧郯錄》宋嘉定刻本。九行，行十七字。
《注東坡先生詩》宋嘉泰淮東倉司刻景定三年鄭羽補刻本。九行，行十六字。
《渭南文集》宋嘉定十三年陸子遹溧陽學宫刻本。十行，行十七字。
《攻媿先生文集》宋四明樓氏家刻本。十行，行十八字。
《北磵詩集》十四行，行二十四字。
補刻有：
《周易注疏》宋紹興兩浙東路茶鹽司刻本。八行，行十九字。
《儀禮疏》十五行，行二十七字。
《後漢書注》宋紹興江南東路茶鹽司刻本。九行，行十六字。
《南齊書》、《梁書》、《魏書》均九行，

行十八字。

《冲虛至德真經注》十四行，二十五至二十六字。

馬政　北宋治平間刻工。刻有

《類篇》八行，行十六字。

馬春　南宋紹熙間浙江地區刻工。刻有

《禮記正義》宋紹熙三年兩浙東路茶鹽司刻本。八行，行十六字。

《晦庵先生文集》宋淳祐五年刻本。十行，行十九字。

馬俊　南宋紹興間浙江紹興地區刻工。刻有

《舊唐書》宋紹興兩浙東路茶鹽司刻本。十四行，行二十五字。

馬祥　南宋中期杭州地區刻工。刻有

《公是先生七經小傳》十行，行二十字。

《三蘇先生文粹》十行，行十八字。

馬烈　南宋嘉定間浙江嘉興地區刻工。刻有

《愧郯錄》宋嘉定間刻本。九行，行十七字。

馬梲　南宋紹熙間浙江紹興地區刻工。刻有

《尚書正義》宋紹熙三年兩浙東路茶鹽司刻本。八行，行十九字。

馬通　南宋紹興間杭州地區刻工。刻有《臨川先生文集》宋紹興二十一年兩浙西路轉運司王珏刻本。

馬弼　南宋紹熙間安徽貴池地區刻工。刻有《文選注》宋淳熙八年池陽郡齋刻本。十行，十八至二十一字。

馬椿　南宋淳祐間浙江地區刻工。刻有《晦庵先生文集》宋淳祐五年刻本。十行，行十九字。

馬興　南宋寶祐間湖北江陵地區刻工。刻有《大方廣佛華嚴經》宋寶祐三年江陵府先鋒隘李安檜刻本。五行，行十七字。

馬顯祖　南宋中期杭州地區刻工。補刻有《宋書》、《魏書》均九行，行十八字。

袁玉　南宋後期蘇州地區刻工。刻有《磧砂藏》平江府磧砂延聖院募刻本。六行，行十七字。

袁中　南宋嘉定間浙江地區刻工。刻有《儀禮經傳通解續祭禮》宋嘉定十年南康道院刻本。七行，行十五字。

袁民　南宋紹興間杭州地區刻工，刻有《梁書》、《陳書》、《魏書》、《北齊書》均九行，行十八字。

袁次　南宋慶元間四川地區刻工。刻有《太平御覽》宋慶元五年成都府學刻本。十三行，行二十二至二十四字。《蘇文定公文集》宋乾道刻眉山刻大字本。九行，行十五字。

袁仲珍　南宋嘉定間江西地區刻工。刻有《儀禮經傳通解續》宋嘉定十年南康道院刻本：七行，行十五字。

袁宜　南宋慶元間四川地區刻工。刻有《太平御覽》宋慶元五年成都府學刻本。十三行，行二十二至二十四字。

袁定　南宋慶元間四川地區刻工。刻有《太平御覽》宋慶元五年成都府學刻本。十三行，行二十二至二十四字。

袁阿二　南宋慶元間四川地區刻工。刻有《太平御覽》宋慶元五年成都府學刻本。十三行，行二十二至二十四字。

袁阿子　南宋慶元間四川地區刻工。刻有《太平御覽》宋慶元五年成都府學刻本。十三行，行二十二至二十四字。

袁阿五　南宋慶元間四川地區刻工。刻有《太平御覽》宋慶元五年成都府學刻本。十三行，行二十二至二十四字。

袁阿石　南宋慶元間四川地區刻工。刻有《太平御覽》宋慶元五年成都府學刻本。十三行，行二十二至二十四字。

袁侑　南宋紹興間南京地區刻工。刻有《史記集解》宋紹興淮南路轉運司刻本。九行，行十六字。《後漢書注》宋紹興江南東路轉運司刻本。九行，行十六字。

袁和　南宋慶元間四川地區刻工。刻有《東都事略》宋眉山程氏五峰閣刻本。十二行，行二十四字。《太平御覽》宋慶元五年成都府學刻本。十三行，行二十二至二十四字。

袁和一　南宋慶元間四川地區刻工。刻有

《太平御覽》宋慶元五年成都府學刻本。十三行，行二十二至二十四字。

袁思人　南宋嘉泰間浙江建德地區刻工。刻有
《麗澤論說集錄》宋嘉泰四年呂喬年刻本。十行，行二十字。
《東萊呂太史文集》宋嘉泰四年呂喬年刻本。十行，行二十字。

袁俊　南宋紹興間南京地區刻工。刻有
《史記集解》宋紹興淮南路轉運司刻本。九行，行十六字。

袁孟　南宋初期福建地區刻工。刻有
《資治通鑑》十一行，行二十一字。

袁留　南宋慶元間四川地區刻工。刻有
《太平御覽》宋慶元五年成都府學刻本。十三行，行二十二至二十四字。

袁章　南宋紹興間江西地區刻工。刻有
《坡門酬唱集》九行，行十六字。

袁盛　南宋初期福建地區刻工。刻有
《資治通鑑》十一行，行二十一字。

袁滋　南宋開慶間四川地區刻工。刻有

《重校鹤山先生大全文集》宋開慶元年刻本。
十一行，行二十字。

袁新　南宋乾道间江西南昌地区刻工。刻有
《春秋傳》宋乾道四年刻慶元五年黄汝嘉修
補本。十行，行二十字。

袁準　南宋乾道间江西南昌地区刻工。刻有
《春秋傳》宋乾道四年刻慶元五年黄汝嘉修
補本。十行，行二十字。

袁震　南宋開慶间四川地区刻工。刻有
《六家文選》廣都裴氏刻本。十一行，十八字。

夏文　南宋初期杭州地区刻工。刻有
《説文解字》十行，行二十字。

夏天培　南宋中期江西九江地区刻工。刻有
《輿地廣記》宋九江郡齋刻嘉泰四年、淳祐
十年遞修本。十三行，行二十四字。

夏用　南宋绍興间四川地区刻工。刻有
《劉夢得文集》十行，行十八字。

夏芝　北宋四川眉山地区刻工。刻有
《三國志》十三行，行二十五字。

夏旺　南宋淳熙间安徽貴池地区刻工。刻有

《文選注》宋淳熙八年池陽郡齋刻本。十行，行二十一字。
《昌黎先生集考異》宋紹定二年張洽刻本。十行，行二十字。

夏開 南宋紹興间四川地區刻工。刻有
《劉夢得文集》十行，行二十字。

夏棠 南宋乾道间江西地區刻工。刻有
《豫章黃先生文集》宋乾道刻本。九行，十八字。

夏宗 南宋乾道间江西地區刻工。刻有
《豫章黃先生文集》宋乾道刻本。九行，十八字。

夏义 南宋淳熙间浙江地區刻工。刻有
《尚書正義》宋紹興三年兩浙東路茶鹽司刻本。八行，行十九字。
《春秋经傳集解》八行，行十七字。
《廣韻》十行，行字不等。
《三國志注》宋衢州本。十行，行十八至十九字。
《晋書》宋嘉泰四年至開禧元年秋浦郡齋刻本。九行，行十六字。
《律》附音義九行，行十八字。

《攻媿先生文集》宋四明樓氏家刻本。十行，行十八字。

《晦庵先生文集》宋淳祐五年刻本。十行，行十九字。

《文選注》宋淳熙八年池陽郡斋刻本。十行，行二十一字。

《皇朝文鑑》宋嘉泰四年新安郡斋刻本。十行，行十八字。

補刻有：

《說文解字》十行，行二十字。

《南齊書》、《梁書》、《魏書》均九行，行十八字。

夏應　南宋紹熙间安徽貴池地區刻工。補刻有

《文選注》宋紹熙三年重刻工。

秦元一　南宋開慶间四川地區刻工

《六家文選》廣都裴氏刻本。十一行，行十八字。

《蘇文定公文集》九行，行十五字。

秦孟　南宋初期浙江衢州地區刻工。刻有

《春秋經傳集解》宋衢州刻本。十四行，行

二十四字。
秦昌　南宋中期江西地區刻工。刻有《前漢六帖》十行，行二十字。
秦昌　南宋淳祐間浙江地區刻工。刻有《晦庵先生文集》宋淳祐五年刻本。十行，行十九字。
秦忠　南宋紹興間浙江寧波地區刻工。刻有《文選注》宋紹興二十八年明州修補本。十行，行二十至二十二字。
秦岳　南宋乾道間江西地區刻工。刻有《豫章黄先生文集》宋乾道刻本。九行，十八字。
秦淳　南宋嘉定間江西地區刻工。刻有《儀禮經傳通解》宋嘉定十年南康道院刻本。七行，行十五字。
秦暉　南宋中期杭州地區刻工。刻有《大廣益會玉篇》十行，行字不等。《大宋重修廣韻》十行，行二十字。
秦遇　南宋紹興間湖北常德地區刻工。刻有宋紹興湖北提舉茶鹽司刻淳熙、紹熙、慶元修本。十四行，行二十六至二十九字。

秦鋒　北宋治平間刻工。刻有

《類篇》八行，行十六字。

秦顯　南宋中期杭州地區刻工。

《尚書正義》宋紹熙三年兩浙東路茶鹽司刻本。八行，行十九字。

《春秋左傳正義》宋慶元六年紹興府刻本。八行，行十六字。

《大廣益會玉篇》十行，行字不等。

《大宋重修廣韻》十行，行字不等。

《揚子法言注》十行，行十八字。

補刻有：

《周禮疏》宋兩浙東路茶鹽司刻本。八行，行十五至十七字。

《南齊書》、《北齊書》均九行，行十八字。

粟才　南宋開禧間浙江台州地區刻工。刻有

《石林奏議》宋開禧二年刻本。十行，二十五字。

哥祖榮　南宋初期杭州地區刻工。刻有

《沖虛至德真經注》十四行，行二十五至二十六字。

貢卿　南宋咸淳間杭州地區刻工。刻有

《咸淳臨安志》宋咸淳臨安府刻本。十行，
行二十字。

郝成　北宋治平間刻工。刻有
《類篇》八行，行十六字。

鄭良臣　南宋後期杭州地區刻工。刻有
《適安藏拙餘稿》臨安府陳宅書籍鋪刻本。
十行，行十八字。
《漁溪詩稿》臨安府陳宅書籍鋪刻本。十行，
行十八字。
《韋蘇州集》臨安府陳宅書籍鋪刻本。十行，
行十八字。
補刻有《春秋公羊疏》十五行，二十三至二
十八字。

耿立　南宋紹興間浙江紹興地區刻工。刻有
《資治通鑑》宋紹興三年兩浙東路茶鹽司刻
本。十二行，行二十四字。

耿後　南宋紹興間浙江紹興地區刻工。刻有
《資治通鑑》宋紹興三年兩浙東路茶鹽司刻
本。十二行，行二十四字。

原三　南宋咸淳間江蘇鎮江地區刻工。刻有

《說苑》宋咸淳元年鎮江府刻本。九行，十八字。

原良　南宋後期江西吉安地區刻工。刻有《慈溪黃氏日抄分類》十行，行二十字。

振發　南宋紹興間刻工。刻有《溫國文正司馬公文集》宋紹興刻本。十二行，行二十字。

真卿　南宋中期福建地區刻工。刻有《資治通鑑》十一行，行二十一字。

桂二（單姓）南宋慶元間四川地區刻工。刻有《太平御覽》宋慶元五年成都府學刻本。十三行，行二十二至二十四字。

桂堂　南宋後期江西地區刻工。刻有《隋書》九行，行二十字，或十九，多至二十二字。

頓文慶　南宋紹定間江西臨江地區刻工。刻有《朱文公編韓昌黎先生傳》宋紹定六年臨江軍學刻本。七行，行十五字。

時亨（金姓）南宋淳祐間安徽歙縣地區刻工。刻有《周易要義》宋淳祐十二年魏克愚刻本。九行，行十六字。

《儀禮要義》宋淳祐十二年魏克愚刻本。九
行，行十八字。
《禮記要義》宋淳祐十二年魏克愚刻本。九
行，行十八字。
時明　南宋紹興間杭州地區刻工。刻有
《毛詩正義》十五行，行二十四至二十六字。
《經典釋文》十一行，行十七字。
《舊唐書》宋紹興兩浙東路茶鹽司刻本。十
四行，行二十四至二十七字。
《外臺秘要》宋紹興兩浙東路茶鹽司刻本。
十三行，行二十四至二十五字。
《樂府詩集》宋紹興刻本。十三行，行二十三字
時忠　南宋淳祐間安徽歙縣地區刻工。刻有
《周易要義》宋淳祐十二年魏克愚刻本。九
行，行十六字。
《儀禮要義》宋淳祐十二年魏克愚刻本。九
行，行十八字。
《禮記要義》宋淳祐十二年魏克愚刻本。九
行，行十八字。
時茂　南宋慶元間江西吉安地區刻工。刻有

《帝王經世圖譜》宋嘉泰元年趙善鐻刻本。行字不等。《文苑英華》宋嘉泰元年至四年周必大刻本。十三行，行二十二字。

時清　南宋中期浙江地區刻工。刻有《資治通鑑考異》十行，行二十二字。

時舉　南宋紹興間杭州地區刻工。刻有《樂府詩集》宋紹興刻本。十三行，行二十三、二十四字。

柴仲文　南宋嘉定間安徽貴池地區刻工。刻有《晦庵先生朱文公語録》十行，行二十字。

荊偉　南宋紹興間福州地區刻工。刻有《天聖廣燈録》宋紹興十八年刻福州開元寺毗盧大藏本。六行，行十七字。

恩懋　南宋開禧間江西吉安地區刻工。刻有《周益文忠公文集》宋開禧二年刻本。十行，十六字。

茹鎮　南宋寶祐間浙江吳興地區刻工。刻有《通鑑紀事本末》宋寶祐五年趙與䈣刻本。十一行，行十九字。

徐大中　南宋慶元間浙江紹興地區刻工。刻有《春秋左傳正義》宋慶元六年紹興府刻本。八行，行十六字。補刻有《宋書》、《魏書》均九行，行十八字。

徐大有　南宋後期蘇州地區刻工。刻有《磧砂藏》六行，行十七字。

徐大忠　南宋中期浙江建德地區刻工。刻有《南軒先生文集》十行，行十七字。

徐山　南宋福建建甌地區刻工。刻有《夷堅志》九行，行十八字。

徐士　南宋後期杭州地區刻工。刻有《碧雲集》宋臨安陳氏書棚本。十行，行十八字。

徐士秀　南宋中期杭州地區刻工。補刻有《史記集解》十行，行十九字。

徐子成　南宋嘉定間福建長汀地區刻工。刻有《九章算經》宋嘉定六年鮑澣之刻本。九行，行十八字。

徐子明　南宋紹興間浙江紹興地區刻工。刻有《舊唐書》宋紹興兩浙東路茶鹽司刻本。十四行，行二十五字。

徐才　南宋紹興間浙江地區刻工。刻有
《藝文類聚》宋紹興嚴州刻本。十四行，行
二十七、二十八字。
《陶淵明集》宋紹興十年刻本。行款字數不詳
《資治通鑑綱目》宋浙刻本。八行，行十七字。
《記纂淵海》十三行，行二十二字。

徐才　南宋慶元間江西吉安地區刻工。刻有
《歐陽文忠公集》宋慶元二年周必大刻本。
十行，行十六字。

徐文　南宋中期浙江地區刻工。刻有
《律》附音義九行，行十八字。
《陸宣公集》十行，行十七字。
《新雕皇朝文鑑》宋嘉泰四年新安郡齋刻本。
十行，行十九字。
補刻有：
《說文解字》十行，行二十字。
《國語解》十行，行二十字。

徐文　南宋淳熙間江西撫州地區刻工。刻有
《春秋經傳集解》宋撫州公使庫刻本。十行，
行十六字。

《春秋公羊經傳解詁》宋淳熙撫州公使庫刻紹熙四年重修本。十行，行十六字。

《新唐書》十行，行十九字。

徐文中　南宋嘉泰間安徽地區刻工。刻有

《皇朝文鑑》宋嘉泰四年新安郡斋刻本。十行，行十九字。

徐文閏　南宋咸淳間浙江地區刻工。刻有

《鎮州臨濟慧照禪師語録》十一行，行二十字。

徐太　南宋乾道間江西地區刻工。刻有

《文選注》宋贛州州學刻本。九行，行十五字。

徐友益　北宋四川地區刻工。刻有

《資治通鑑》南宋鄂州孟太師府三安撫位鵠山書院刻本。十一行，行十九字。(覆龍爪本)

徐中　南宋紹熙間浙江地區刻工。刻有

《尚書正義》宋紹熙三年兩浙東路茶盐司刻本。八行，行十九字。

《春秋左傳正義》宋慶元六年紹興府刻本。八行，行十六字。

《曹子建文集》宋嘉定六年刻本。補刻有《宋書》、《魏書》均九行，行十八字。

徐中　南宋福建建瓯地区刻工。刻有《夷堅志》九行，行十八字。

徐仁　南宋中期浙江地区刻工。刻有

《尚書正義》宋绍熙三年两浙東路茶盐司刻本。八行，行十九字。

《禮記正義》宋绍熙三年两浙東路茶盐司刻本。八行，行十六字。

《春秋左傳正義》宋慶元六年绍興府刻本。八行，行十六字。

《論語注疏解經》宋绍熙两浙東路茶盐司刻本。八行，行十六字。

《孟子注疏解經》宋嘉泰两浙東路茶盐司刻本。八行，行十六字。

《通鑑纪事本末》宋淳熙二年嚴陵郡庠刻本。十三行，行二十四或二十五字。

《鮑氏國策》宋绍熙二年會稽郡斋刻本。十一行，行二十字。

《游宦纪聞》宋绍定臨安府尹家書籍鋪刻本。

《禮記集說》宋嘉定四年新定郡斋刻本。十

三行，行二十五字。
《皇朝文鑑》宋嘉泰四年新安郡齋刻本。十行，行十九字。
補刻有：
《漢書注》九行，行十六字。
《後漢書注》九行，行十六字。
《南齊書》、《魏書》、《北齊書》均九行，行十八字。

徐仁　南宋後期蘇州地區刻工。刻有
《磧砂藏》平江府磧砂延聖院募刻本。六行，行十七字。

徐化　南宋紹興間浙江紹興地區刻工。刻有
《尚書正義》宋紹興三年兩浙東路茶鹽司刻本。八行，行十九字。

徐介　南宋咸淳間杭州地區刻工。刻有
《昌黎先生集》宋咸淳廖氏世綵堂刻本。九行，行十七字。

徐壬　南宋慶元間四川地區刻工。刻有
《太平御覽》宋慶元五年成都府學刻本。十三行，行二十二至二十四字。

徐永　南宋紹興间杭州地區刻工。刻有

《經典釋文》十行，行十七字。

《龍龕手鑑》十行，行字不等。

《文選注》宋紹興二十八年明州補修本。十行，行二十至二十二字。

徐永　南宋後期杭州地區刻工。刻有

《佛鑑師語録》宋淳祐刻本。十一行，行二十字。

《皇朝文鑑》宋嘉泰四年新安郡斋刻本。十行，行十九字。

補刻有《宋書》九行，行十八字。

徐立　南宋紹興间浙江建德地區刻工。刻有

《劉賓客文集》宋紹興八年嚴州刻本。十二行，行二十一字。外集十三行，行二十二字。

徐正　南宋初期杭州地區刻工。刻有

《春秋經傳集解》十三行，行二十四字。

《苕溪漁隱叢話》後集十一行，行二十二字。

徐成　南宋初期浙江地區刻工。刻有

《經典釋文》十一行，行十七字。

《後漢書注》十行，行十九字。

徐成　南宋嘉定间福建長汀地區刻工。刻有
《九章算經》宋嘉定六年鮑澣之刻本。九行，
行十八字。

徐成　南宋淳祐间浙江地區刻工。刻有
《陸宣公集》十行，行十七字。
《晦庵先生文集》宋淳祐五年刻本。十行，
行十九字。

徐田　南宋紹定间江西吉安地區刻工。刻有
《慈溪黄氏日抄分類》十行，行二十字。

徐仝　南宋紹興间杭州地區刻工。刻有
《周易正義》宋紹興十五至二十一年刻本。
十五行，行二十六字。
《通典》宋紹興刻本。十五行，行二十五至
二十九字。

徐用　南宋初期浙江地區刻工。補刻有
《新唐書》北宋嘉祐本。十四行，行二十四
至二十七字。

徐生　南宋紹興间浙江建德地區刻工。刻有
《藝文類聚》宋紹興间刻本。十行，行二十
七、二十八字。

徐台祖　南宋乾道间江西贛州地區刻工。刻有

《文選注》宋贛州州學刻本。九行，行十五字。

徐充　南宋紹興間浙江紹興地區刻工。刻有《周易注疏》宋紹興兩浙東路茶鹽司刻本。八行，行十九字。

徐安　南宋紹興間杭州地區刻工。刻有《臨川先生文集》宋紹興二十一年兩浙西路轉運司王珏刻本。十二行，行二十字。

徐安仁　南宋中期浙江地區刻工。刻有《資治通鑑考異》十行，行二十二字。

徐安禮　南宋嘉定間浙江嘉興地區刻工。刻有《重校添注音辯唐柳先生集》宋嘉定鄭定刻本。九行，行十七字。

徐冰　南宋紹興間浙江紹興地區刻工。刻有《尚書正義》宋紹興三年兩浙東路茶鹽司刻本。八行，行十九字。補刻有《儀禮疏》十五行，行二十七字。

徐汝舟　南宋後期浙江寧波地區刻工。與洪舉東渡日本刻有《雪竇明覺大師語錄》

徐吳　南宋初期浙江地區刻工。南北宋之交刻有

《廣韻》十行，行二十字。

徐全　南宋紹興间浙江寧波地區刻工。刻有

《文選注》宋紹興二十八年明州補修本。十

行，行二十至二十二字。

徐仲　南宋嘉定间安徽地區刻工。刻有

《曹子建文集》宋嘉定六年刻本。八行，行

十五字。

徐如山　南宋咸淳间杭州地區刻工。刻有

《分門纂類唐歌詩》宋咸淳元年刻本。十行，

行十八字。

徐辛　南宋紹興间浙江衢縣地區刻工。刻有

《三國志注》衢州本。十行，行十九字。

徐良　南宋開禧间浙江地區刻工。刻有

《石林奏議》宋開禧二年刻本。十行，行二

十五字。

補刻有：

《後漢書注》南宋初年刻。十行，行十九字。

《後漢書注》宋紹興江南東路轉運司刻，九

行，行十六字。

《三國志注》十行，行十九字。

《宋書》、《魏書》均九行，行十八字。

徐君　北宋四川地區刻工。刻有

《資治通鑑》（霞龍爪本）南宋鄂州孟太師府三安撫位鵠山書院刻本。十一行，行十九字。

徐志　南宋中期浙江地區刻工。刻有

《四明志》宋紹定二年刻本。十行，行十八字。

徐志　北宋中期刻工。刻有

《北山録注》北宋中期杭州刻本。十二行，行二十四字。

徐志　南宋寶慶間福建地區刻工。刻有

《東漢會要》宋寶慶二年建寧郡齋刻本。十一行，行二十字。

徐杞　南宋紹熙間杭州地區刻工。刻有

《尚書正義》宋紹熙三年兩浙東路茶鹽司刻本。八行，行十九字。

《周禮疏》宋兩浙東路茶鹽司刻本。八行，行十五至十七字。

《宋書》、《南齊書》、《魏書》、《陳書》、《周書》均九行，行十八字。

徐岐　南宋初期浙江地區刻工。刻有

《廣韻》南北宋之交刻。十行，行二十字。

徐佐　南宋中期浙江地區刻工。刻有

《大廣益會玉篇》十行，正文小字二十二行。

《河南程氏經說》十一行，行二十字。

徐佑　南宋淳祐間江西大庾地區刻工。刻有

《心經》《政經》宋淳祐二年趙時棣合刻本。

徐作礪　南宋紹興間安徽舒城地區刻工。刻有

《王文公文集》宋紹興龍舒本。十行，行十七字。

徐余　南宋紹興間浙江建德地區刻工。刻有

《藝文類聚》宋紹興刻本。十四行，行二十七、二十八字。

徐利　南宋紹興間安徽舒城地區刻工。刻有

《王文公文集》宋紹興龍舒本。十行，行十七字。

徐淨　北宋景祐間刻工。刻有

《漢書注》十行，行十九字。

徐泳　南宋後期浙江地區刻工。補刻有

《尚書正義》十五行，行二十四字。

《說文解字》十行，行二十字。

《儀禮疏》十五行，行二十七字。

《禮記正義》宋紹興三年兩浙東路茶盐司刻本。八行，行十六字。

《史記集解》宋紹興淮南路轉運司刻本。九行，行十六字。

《漢書注》宋紹興江南東路轉運司刻本。九行，行十六字。

《三國志注》十行，行十九字。

《宋書》、《南齊書》、《梁書》、《陳書》

《魏書》均九行，行十八字。

《國語解》十行，行二十字。

刻有

《皇朝文鑑》宋嘉泰四年新安郡斋刻本。十行，行十九字。

《佛祖統紀》十一行，行二十字。

《寶峰雲庵真淨禪師語錄》明州本。十一行，行二十字。

《磧砂藏》六行，行十七字。

徐定　南宋初期浙江地區刻工。刻有

《禮記注》宋淳熙四年撫州公使庫刻本。十行，行十六字。

《漢書注》南宋初年杭州刻本。十行，行十九字。

《漢書注》宋紹興江南東路轉運司刻本。九行，行十六字。

《白氏六帖事類集》十三行，行二十四、二十五字。

徐定　南宋嘉定間福建長汀地區刻工。刻有

《九章算經》宋嘉定六年鮑澣之刻本。九行，行十八字。

徐宗　南宋紹興間浙江地區刻工。刻有

《儀禮注》宋紹興間嚴州刻本。十四行，行二十五字。

《春秋五禮例宗》十一行，行十九至二十一字。

《經典釋文》十一行，行十七字。

《後漢書注》宋紹興江南東路轉運司刻本。九行，行十六字。

《舊唐書》宋紹興兩浙東路茶鹽司刻本。十四行，行二十五字。

《通鑑紀事本末》宋淳熙二年嚴陵郡庠刻本。十三行，行二十四至二十五字。

《歐公本末》宋嘉定四年刻本。九行十八字。

《藝文類聚》宋紹興刻本。十四行，行二十七、二十八字。

《世説新語》宋紹興八年嚴州刻本。十行，行二十字。

《陶淵明集》宋紹興十年刻本。十行十六字。

《劉夢得集》十行，行十八字。

《劉賓客文集》宋紹興八年嚴州刻本。十二行，行二十一字。外集十三行，行二十二字。

《文選注》宋紹興二十八年明州補修本。十行，行二十至二十二字。

《三蘇文粹》宋乾道婺州吴宅桂堂刻本。十四行，行二十六字。

《樂府詩集》十三行，行二十三字。

補刻有《儀禮疏》十五行，行二十七字。

徐怡　南宋中期浙江地區刻工。刻有

《皇朝文鑑》宋端平二年刻本。十行，行十九字。

補刻有：

《史記集解》、《經典釋文》。

徐怡祖　南宋中期浙江地区刻工。補刻有《說文解字》十行，行二十字。《史記集解》《文選注》《宋書》、《魏書》均九行，行十八字。

徐林　南宋初期浙江地区刻工。刻有《周禮注》宋婺州市門巷唐宅刻本。十三行，行二十五至二十七字。《史記集解索隱》宋淳熙三年張杅桐川郡齋刻本。十二行，行二十五字。《戰国策注》宋绍興刻。十一行，行二十字。《陶淵明集》宋绍興十年刻本。十行，十六字。

徐松　南宋乾道间刻工。刻有《北山小集》十行，行二十字。

徐耘　南宋淳祐间浙江吴興地区刻工。刻有《通鑑纪事本末》宋淳祐五年趙與篡刻本。十一行，行十九字。

徐青　南宋绍興间浙江绍興地区刻工。刻有《資治通鑑目録》宋绍興二年兩浙東路茶盐司刻本。行字不等。

徐承　北宋景祐间刻工。刻有

《漢書注》十行，行十九字。

徐政　南宋紹興間浙江地區刻工。刻有

《經典釋文》十一行，行十七字。

《外臺秘要》宋紹興兩浙東路茶鹽司刻本。十三行，行二十四字。

徐明　南宋紹興間杭州地區刻工。刻有

《史記集解》宋紹興淮南路轉運司刻本。九行，行十六字。

《梁書》、《魏書》、《周書》均九行，行十八字。

《居士集》宋紹興衢州刻本。七行，行十四字。

《臨川先生文集》宋紹興二十一年兩浙西路轉運司王珏刻本。十二行，行二十字。

補刻有《新唐書》十四行，行二十七字。

徐昌　南宋紹興間浙江地區刻工。刻有

《史記集解索隱》宋淳熙三年張杅桐川郡齋刻淳熙八年耿秉修補本。十二行，行二十五字。

《居士集》宋紹興衢州刻本。七行，行十四字。

徐昌　南宋乾道間江西贛州地區刻工。刻有

《豫章先生文集》宋乾道刻本。九行，行十八字。

徐昇　南宋初期杭州地區刻工。刻有

《毛詩正義》宋紹興九年紹興府刻本。十五行，行二十四至二十六字。

《經典釋文》十一行，行十七字。

《廣韻》南北宋之交刻。十行，行二十字。

《資治通鑑》宋紹興三年兩浙東路茶鹽司公使庫刻本。十二行，行二十四字。

《水經注》十一行，行二十字。

《外臺秘要》宋紹興兩浙東路茶鹽司刻本。十三行，行二十四至二十五字。

《事類賦注》宋紹興十六年兩浙東路茶鹽司刻本。八行，行十四至十六字。

《妙法蓮華經》南宋初杭州刻本。六行，十七字。

《樂府詩集》宋紹興刻本。十三行，行二十二字。

補刻有：

《史記集解》北宋刻遞修本。十行，行十九字。

《漢書注》北宋刻遞修本。十行，行十九字。

徐果　南宋初期杭州地區刻工。刻有

《毛詩正義》宋紹興九年紹興府刻本。十五行，行二十四至二十五字。

《春秋經傳集解》八行，行十七字。

《春秋五禮例宗》十一行，行十九至二十四字。

《經典釋文》十一行，行十七字。

《廣韻》南北宋之交刻。十行，行二十字。

《舊唐書》宋紹興兩浙東路茶鹽司刻本。十四行，行二十五字。

《資治通鑑》宋紹興三年兩浙東路茶鹽司刻本。十二行，行二十四字。

《戰國策注》宋紹興刻本。十一行，行二十字。

《水經注》十一行，行二十字。

《外臺秘要》宋紹興兩浙東路茶鹽司刻本。十三行，行二十四至二十五字。

《事類賦注》宋紹興十六年兩浙東路茶鹽司刻本。八行，行十四至十六字。

《樂府詩集》宋紹興刻本。十三行，行二十三字。

補刻有《史記集解》北宋刻遞修本。十行，行十九字。

徐忠　南宋初期杭州地區刻工。刻有

《史記集解索隱》宋淳熙三年張杅桐川郡齋刻淳熙八年耿秉補修本。十二行，行二十五字。

《舊唐書》宋紹興兩浙東路茶鹽司刻本。十

四行，行二十五字。

《宋書》九行，行十八字。

《中興館閣録》九行，行十八字。

《寒山子詩集》十一行，行十八字。

《東坡集》宋乾道刻本。十行，行二十字。

補刻有：

《儀禮疏》十五行，行二十七字。

《史記集解》北宋刻遞修本。十行，行十九字。

徐非　南宋紹興間浙江紹興地區刻工。刻有

《尚書正義》宋紹興三年兩浙東路茶鹽司刻本。八行，行十九字。

徐英　南宋紹興間浙江地區刻工。刻有

《三國志注》十行，行十九字。

《韋蘇州集》宋紹興刻大字本。十行，行十八字。

徐侃　南宋紹興間杭州地區刻工。刻有

《集韻》十一行，行二十三字。

《漢書注》南宋初年杭州刻本。十行，行十九字。

《漢書注》宋紹興江南東路轉運司刻本。九行，行十六字。

《舊唐書》宋紹興兩浙東路茶鹽司刻本。十

四行，行二十五字。

《白氏六帖事類集》十三行，行二十四、二十五字。

《徐公文集》宋紹興十九年明州刻本。十行，行十九字。

徐侃　南宋後期浙江地區刻工。刻有

《論語纂疏》九行，行二十字。

《通鑑紀事本末》宋寶祐五年趙與𥲅刻本。十一行，行十九字。

徐佾　南宋嘉定間浙江地區刻工。刻有

《歐公本末》宋嘉定五年刻本。九行，十八字。

徐佺　南宋後期浙江地區刻工。刻有

《通鑑紀事本末》宋寶祐五年趙與𥲅刻本。十一行，行十九字。

《磧砂藏》平江府磧砂延聖院刻本。六行，行十七字。

徐岳　南宋紹興間浙江地區刻工。刻有

《唐百家詩選》宋紹興刻本。九行，行二十字。

徐和　北宋景祐間刻工。刻有

《漢書注》十行，行十九字。

徐宥　南宋淳熙間浙江地區刻工。刻有
《禮記正義》宋紹熙三年兩浙東路茶鹽司刻本。八行，行十六字。
《春秋左傳正義》宋慶元六年紹興府刻本。八行，行十六字。
《通鑑紀事本末》宋淳熙二年嚴陵郡庠刻本。十三行，行二十四或二十五字。
補刻有《文選注》宋紹興二十八年明州修補本。十行，行二十至二十二字。

徐洪　南宋紹定間江蘇地區刻工。刻有
《吳郡志》宋紹定刻本。九行，行十八字。
《渭南文集》宋嘉定十三年陸子遹溧陽學宮刻本。十行，行十七字。
補刻有《周易注疏》宋紹熙兩浙東路茶鹽司刻本。八行，行十九字。

徐亮　南宋初期杭州地區刻工。刻有
《周易注疏》宋紹熙兩浙東路茶鹽司刻本。八行，行十九字。
《尚書正義》宋紹熙三年兩浙東路茶鹽司刻本。八行，行十九字。

《周禮疏》宋紹熙兩浙東路茶鹽司刻本。八行，行十五至十七字。

《戰國策注》宋紹興刻本。十一行，行二十字。

《輿地廣記》十三行，行二十四字。

《宣和奉使高麗圖經》宋乾道三年澂江郡齋刻本。九行，行十七字。

《諸史提要》宋乾道紹興府學刻本。九行，行十四字。

《金石録》宋淳熙龍舒郡齋刻本。十行，行二十一字。

《説苑》十一行，行二十字。

《論衡》宋乾道三年紹興府刻本。十行，行二十至二十二字。

《王文公文集》宋紹興龍舒本。十行，行十七字。

《豫章黄先生文集》宋乾道刻本。九行，行十八字。

《文選注》宋紹興二十八年明州補修本。十行，行二十至二十二字。

《大易粹言》宋淳熙三年舒州公使庫刻本。十行，行二十字。

徐彥　南宋紹興間浙江地區刻工。刻有

《禮記注》宋淳熙四年撫州公使庫刻本。十行，行十六字。

《春秋經傳集》宋撫州公使庫刻本。十行，行十六字。

《龍龕手鑑》明州本。十行，行字不等。

《集韻》明州本。十一行，行二十三字。

《資治通鑑目録》宋紹興二年兩浙東路茶鹽司刻本。行字不定。

《資治通鑑》宋紹興三年兩浙東路茶鹽司刻本。十二行，行二十四字。

《論衡》宋乾道三年紹興府刻本。十行，行二十至二十二字。

《外臺秘要》宋紹興兩浙東路茶鹽司刻本。十三行，行二十四至二十五字。

《徐公文集》宋紹興十九年明州刻本。十行，行十九字。

《杜工部集》十行，行十八至二十一字。

《文選注》宋紹興二十八年明州刻本。十行，行二十至二十二字。

《三蘇先生文粹》宋婺州王宅桂堂刻本。十四行，行二十六字。

徐彥文　南宋中期杭州地區刻工。補刻有

《魏書》九行，行十八字。

徐祐　南宋淳祐間江西大庾地區刻工。刻有

《心經》《政經》宋淳祐二年趙時棣刻本。十行，行十八字。

《棠陰比事》宋端平元年刻本。十行，十八字

徐竑　南宋初期浙江地區刻工。刻有

《廣韻》十行，行二十字。

《事類賦注》宋紹興十六年兩浙東路茶鹽司刻本。八行，行十四至十六字。

徐茂　南宋初期杭州地區刻工。刻有

《周易注疏》宋紹興兩浙東路茶鹽司刻本。八行，行十九字。

《尚書正義》宋紹興三年兩浙東路茶鹽司刻本。八行，行十九字。

《毛詩正義》宋紹興九年紹興府刻本。十五行，行二十四至二十六字。

《周禮疏》宋兩浙東路茶鹽司刻本。八行，

行十五至十七字。
《經典釋文》十一行，行十七字。
《說文解字》十行，行二十字。
《廣韻》南北宋之交刻。十行，行二十字。
《戰國策注》十一行，行二十字。

徐相　南宋紹興間杭州地區刻工。刻有
《陳書》九行，行十八字。

徐拱　南宋紹興間浙江紹興地區刻工。刻有
《尚書正義》宋紹興三年兩浙東路茶鹽司刻本。八行，行十九字。

徐珂　南宋初期杭州地區刻工。刻有
《沖虛至德真經注》十四行，行二十五至二十二字。

徐政　南宋初期杭州地區刻工。刻有
《毛詩正義》宋紹興九年紹興府刻本。十五行，行二十四至二十六字。
《經典釋文》十一行，行十七字。
《廣韻》南北宋之交刻。十行，行二十字。
《舊唐書》宋紹興兩浙東路茶鹽司刻本。十四行，行二十五字。

《資治通鑑目録》宋紹興二年兩浙東路茶鹽司公使庫刻本。行字不等。

《資治通鑑》宋紹興三年兩浙東路茶鹽司刻本。十二行，行二十四字。

《水經注》十行，行二十字。

《外臺秘要》宋紹興兩浙東路茶鹽司刻本。十三行，行二十四至二十五字。

《事類賦注》宋紹興十六年兩浙東路茶鹽司刻本。八行，行十四至十六字。

《樂府詩集》宋紹興間刻本。十三行，二十三字。

補刻有《史記集解》北宋刻遞修本，十行，行十九字。

徐信 南宋初期浙江地區刻工。刻有

《周禮疏》宋兩浙東路茶鹽司刻本。八行，行十五至十七字。

《春秋傳》宋乾道四年刻慶元五年黄汝嘉修補本。十行，行二十字。

《魏書》九行，行十八字。

《五代史記》南宋初撫州刻本。十二行，行二十二字。

《資治通鑑綱目》宋浙刻本。八行，行十七字。

徐信之 南宋後期蘇州地區刻工。刻有

《磧砂藏》宋紹定四年至元至治二年刻。六行，行十七字。

徐俠 南宋初期浙江地區刻工。刻有

《説文解字》十行，行二十字。

徐俊 南宋中期南京地區刻工。補刻有

《史記集解》宋紹興淮南路轉運司刻宋元遞修本。九行，行十六字。

徐高 南宋初期杭州地區刻工。刻有

《周易正義》宋紹興十五至二十一年臨安刻本。十五行，行二十六、二十七字。

《毛詩正義》宋紹興九年紹興府刻本。十五行，行二十四至二十六字。

《禮記注》宋淳熙四年撫州公使庫刻本。十行，行十六字。

《春秋五禮例宗》十一行，行十九至二十四字。

《舊唐書》宋紹興兩浙東路茶鹽司刻本。十四行，行二十五字。

《新唐書》宋紹興王永從刻本。十四行，行

二十四至二十七字。
《廣韻》南北宋之交刻。十行，行二十字。
《陳書》、《魏書》九行，行十八字。
《水經注》十一行，行二十字。
《戰國策注》十一行，行二十字。
《外臺秘要》宋紹興兩浙東路茶鹽司刻本。十三行，行二十四字。
《事類賦注》宋紹興十六年兩浙東路茶鹽司刻本。八行，行十四至十六字。
《東坡集》宋乾道刻本。十行，行二十字。
《樂府詩集》宋紹興間刻本。十三行，行二十三字。

補刻有：

《史記集解》北宋刻遞修本。十行，行十九字。
《漢書注》北宋刻遞修本。十行，行十九字。

徐浩　南宋紹興間湖北地區刻工。刻有
《小畜集》十一行，行二十二字。
《小畜外集》十一行，行二十二字。
《春秋經傳集解》宋乾道江陰軍學刻本。十行，行十八至二十字。

徐悎　南宋淳祐間浙江金華地區刻工。刻有

《河南程氏經說》十一行，行二十字。

徐浚　南宋紹興間浙江杭州地區刻工。刻有
《尚書正義》宋紹興三年兩浙東路茶鹽司刻
本。八行，行十九字。
補刻有《宋書》、《南齊書》、《陳書》、《魏
書》、《魏書》、《北齊書》均九行，行十八字。

徐清　南宋淳熙間江西吉安地區刻工。刻有
《放翁先生劍南詩稿》十行，行二十字。

徐益　南宋初期杭州地區刻工。刻有
《春秋經傳集解》宋乾道江陰軍學刻本。十
行，行十八至二十字。
《宣和奉使高麗圖經》宋乾道三年澂江郡齋
刻本。九行，行十七字。
《臨川先生文集》宋紹興二十一年兩浙西路
轉運司王珏刻本。十二行，行二十字。

徐真　北宋景祐間刻工。刻有
《史記集解》十行，行十九字。
《漢書注》十行，行十九字。

徐真　南宋初期杭州地區刻工。刻有
《漢官儀》宋紹興九年臨安府刻本。十行，行

十七字。

《妙法蓮華經》每開五行，行十四字。

《唐文粹》宋紹興九年臨安府刻本。十五行，行二十四至二十七字。

徐珙　南宋中期杭州地區刻工。刻有

《尚書正義》宋紹熙三年兩浙東路茶鹽司刻本。八行，行十九字。

《禮記正義》宋紹熙三年兩浙東路茶鹽司刻本。八行，行十六字。

《古史》十一行，行二十二字。

《資治通鑑綱目》宋浙刻本。八行，行十七字。

《通鑑紀事本末》宋寶祐五年趙與簒刻本。十一行，行十九字。

《紹定吳郡志》宋紹定二年刻本。九行十八字。

《注東坡先生詩》宋嘉泰淮東倉曹刻景定三年鄭羽補刻本。九行，行十六字。

《渭南文集》宋嘉定十三年陸子遹溧陽學宮刻本。十行，行十七字。

《北礀文集》宋崔尚書宅刻本。十四行，行二十四字。

《晦庵先生文集》宋淳祐五年刻本。十行，行十九字。
補刻有：
《周易注疏》宋两浙東路茶鹽司刻本。八行十九字。
《儀禮疏》十五行，行二十七字。
《經典釋文》十一行，行十七字。
《後漢書》宋紹興江南東路轉運司刻本。九行，行十六字。
《南齊書》、《梁書》、《陳書》、《魏書》、《北齊書》均九行，行十八字。

徐詢　南宋中期杭州地區刻工。刻有
《尚書正義》宋紹熙三年兩浙東路茶鹽司刻本。八行，行十九字。
《禮記正義》宋紹熙三年兩浙東路茶鹽司刻本。八行，行十六字。
《紹定吳郡志》宋紹定二年刻本。九行，十八字。
補刻有《南齊書》、《魏書》均九行，行十八字。

徐晃　南宋紹興間杭州地區刻工。刻有
《經典釋文》十一行，行十七字。

徐勉　南宋绍興间杭州地區刻工。刻有《經典釋文》十一行，行十七字。

徐章　南宋绍興间杭州地區刻工。刻有《尚書正義》宋绍興三年兩浙東路茶盐司刻本。八行，行十九字。《戰國策注》宋绍興刻本。十一行，行二十字。《文選注》宋绍興二十八年明州補修本。十行，行二十至二十二字。

徐從　南宋绍興间杭州地區刻工。補刻有《史記集解》北宋刻遞修本。

徐绍先　南宋绍興间吴興地區刻工。刻有《新唐書》宋绍興刻本。十四行，行二十三至二十六字。

徐發　南宋乾道间江蘇江陰地區刻工。刻有《春秋經傳集解》宋乾道江陰軍學刻本。十行，行十八至二十字。

徐琪　南宋淳祐间浙江地區刻工。刻有《通鑑紀事本末》宋寶祐五年趙與篡刻本。十一行，行十九字。《晦庵先生文集》宋淳祐五年刻本。十行，行十九字。

補刻有《韋蘇州集》十行，行十八字。

徐彬 南宋慶元間浙江紹興地區刻工。刻有

《春秋左傳正義》宋慶元六年紹興府刻本。

八行，行十六字。

徐堅 南宋後期浙江刻工。刻有

《四明續志》宋開慶元年刻本。十行行十八字。

《磧砂藏》平江府磧砂延聖院刻本。六行，

行十七字。

徐通 南宋淳熙間浙江地區刻工。刻有

《禮記正義》宋紹熙三年兩浙東路茶鹽司刻

本。八行，行十六字。

《南史》九行，行十八字。

《歐公本末》宋嘉定五年刻本

《荀子注》宋淳熙八年台州刻本。八行，行

十六字。

《揚子法言注》十行，行十八字。

《酒經》十行，行十八字。

《新刊劍南詩稿》宋淳熙十四年嚴陵郡齋刻

本。十行，行二十字。

徐開　北宋杭州地區刻工。刻有
《通典》北宋刻本。十五行，行二十六至三十一字不等。

徐萬　南宋嘉定間福建泉州地區刻工。刻有
《資治通鑑綱目》宋嘉定十二年温陵郡齋刻本。八行，行十七字。

徐萬三郎　南宋嘉定間刻工。刻有
《記纂淵海》宋嘉定二年刻本。十三行，行二十二字。

徐進　南宋紹興間浙江地區刻工。刻有
《禮記正義》宋紹興三年兩浙東路茶鹽司刻本。八行，行十六字。
《後漢書注》宋嘉定十七年白鷺洲書院刻本。八行，行十六字。
《春秋經傳集解》宋鶴林于氏家塾棲雲閣刻本。十行，行十六至十七字。

徐滋　南宋中期浙江寧波地區刻工。刻有
《攻媿先生文集》十行，行十八字。

徐喆　南宋淳熙間安徽廣德地區刻工。刻有
《史記集解索隱》宋淳熙三年張杅桐川郡齋

刻淳熙八年耿秉補刻本。十二行，行二十五字。

徐雅　南宋初期杭州地區刻工。刻有

《思溪藏》宋紹興二年王永從刻本。每開六

行，行十七字。

徐雅　北宋景祐間刻工。刻有

《史記集解》十行，行十九字。

《漢書注》十行，行十九字。

徐達　南宋淳熙間浙江地區刻工。刻有

《南史》九行，行十八字。

《荀子注》宋淳熙八年台州刻本。八行，行

十六字。

《揚子法言》十行，行十八字。

《東坡集》宋乾道刻本。十行，行二十字。

《皇朝文鑑》宋嘉泰四年新安郡齋刻本。十

行，行十九字。

補刻有《文選注》宋紹興二十八年明州刻本。

徐達　南宋紹興間浙江寧波地區刻工。刻有

《文選注》宋紹興二十八年明州刻本。十行，

行二十至二十二字。

徐幹　北宋景祐間刻工。刻有

《漢書注》十行，行十九字。

徐嵩　南宋寶祐間吴興地區刻工。刻有

《論語纂疏》九行，行二十字。

《通鑑紀事本末》宋寶祐五年趙與篡刻本。

十一行，行十九字。

徐經　南宋紹興間杭州地區刻工。刻有

《説文解字》十行，行二十字。

《漢書注》宋紹興江南東路轉運司刻本。九

行，行十六字。

《南齊書》、《梁書》、《魏書》均九行，

行十八字。

徐寬　南宋紹興間浙江寧波地區刻工。刻有

《文選注》宋紹興二十八年明州刻本。十行，

行二十至二十二字。

徐義　南宋紹興間杭州地區刻工。刻有

《尚書正義》宋紹熙三年兩浙東路茶鹽司刻

本。八行，行十九字。

《古史》十一行，行二十二字。

《南齊書》、《梁書》、《魏書》、《北齊

書》均九行，行十八字。

《國語解》十行，行二十字。
《大唐六典注》宋紹興四年溫州州學刻本。
十行，行二十字。
《律》附音義九行，行十八字。
《景德傳燈錄》宋紹興四年釋思鑑刻本。十
五行，行二十六至三十字。

徐義　南宋紹興間杭州地區刻工。刻有
《春秋公羊疏》宋紹興刻本。十五行，行二
十三至二十八字。

徐義治　南宋中期浙江地區刻工。刻有
《資治通鑑綱目》八行，行十七字。宋浙刻大
字本。

徐義露　南宋中期浙江地區刻工。刻有
《資治通鑑綱目》八行，行十七字。宋浙刻
大字本。

徐道　南宋淳熙間浙江台州地區刻工。刻有
《荀子注》宋淳熙八年台州刻本。八行，行
十六字。

徐誠　南宋紹興間浙江紹興地區刻工。刻有
《資治通鑑》宋紹興三年兩浙東路茶鹽司刻

本。十二行，行二十四字。

徐璞　北宋浙江建德地区刻工。刻有《儀禮疏》十五行，行二十七字。

徐禎　南宋寶祐间吳興地区刻工。刻有《通鑑纪事本末》宋寶祐五年趙與𥲅刻本。十一行，行十九字。

徐閑　南宋咸淳间浙江地区刻工。刻有《佛祖统纪》宋咸淳五年刻本。十一行，行二十二字。

徐廣　南宋绍興间浙江绍興地区刻工。刻有《資治通鑑》宋绍興三年兩浙東路茶鹽司刻本。十二行，行二十四字。

徐慶　南宋後期浙江寧波地区刻工。刻有《四明續志》宋開慶元年刻本。八行，行十八字。

徐榮　南宋绍興间杭州地区刻工。刻有《禮記正義》宋绍興三年兩浙東路茶鹽司刻本。八行，行十六字。《周禮疏》宋兩浙東路茶鹽司刻本。八行，行十五至十七字。《春秋左傳正義》宋慶元六年绍興府刻本。

八行，行十六字。

《論語注疏解經》宋紹熙兩浙東路茶鹽司刻本。八行，行十六字。

《經典釋文》十一行，行十七字。

《爾雅注》十行，行二十字。

《爾雅疏》十五行，行二十一字。

《史記集解索隱》宋淳熙三年張杅桐川郡齋刻淳熙八年耿秉補刻本。十二行，行二十五字。

《宋書》、《南齊書》均九行，行十八字。

《國語解》十行，行二十字。

《北山小集》十行，行二十字。

補刻有：

《儀禮疏》十五行，行二十七字。

《新唐書》十四行，行二十四至二十七字。

徐學祖　南宋中期刻工。補刻有

《後漢書注》宋紹興江南東路茶鹽司刻本。九行，行十六字。

徐賓　南宋紹興間浙江紹興地區刻工。刻有

《禮記正義》宋紹熙三年兩浙東路茶鹽司刻本。八行，行十六字。

徐賁　南宋淳熙间江西撫州地區刻工。刻有
《禮記注》宋淳熙四年撫州公使庫刻本。十行，行十六字。
《北山小集》十行，行二十字。

徐諄　南宋紹興间刻工。刻有
《白氏六帖事類集》十三行，行二十四、二十五字。
《禮記注》宋淳熙四年撫州公使庫刻本。十行，行十六字。

徐儀　南宋紹興间杭州地區刻工。刻有
《尚書正義》宋紹熙三年兩浙東路茶鹽司刻本。八行，行十九字。
《春秋公羊疏》宋紹興间刻本。十五行，行二十三至二十八字。
《通典》宋紹興刻本。十五行，行二十五至二十九字。

徐璟叔　南宋咸淳间杭州地區刻工。刻有
《臨安志》宋咸淳臨安府刻本。十行，行二十字。

徐禧　南宋浙江嘉興地區刻工。刻有
《妙法蓮華經》五行，行十七字。

《重校添注音辯唐柳先生文集》鄭定本。九行，行十七字。

徐臻　北宋景祐間刻工。刻有《漢書注》十行，行十九字。

徐興　南宋慶元間福建建陽地區刻工。刻有《五代史記》宋慶元五年刻本。十行，行十八字。

徐禮　南宋紹定間浙江嘉興地區刻工。刻有《附釋文互注禮部韻略》宋紹定三年藏書閣刻本。十行，小字雙行不等。

徐薪　南宋乾道間杭州地區刻工。刻有《說文解字》十行，行二十字。

徐舉　南宋淳熙間江西撫州地區刻工。刻有《禮記注》宋淳熙四年撫州公使庫刻本。十行，行十六字。

徐簡　南宋初期杭州地區刻工。刻有《後漢書注》十行，行十九字。

徐顏　南宋紹興間杭州地區刻工。刻有《尚書正義》宋紹興三年兩浙東路茶鹽司刻本。八行，行十九字。

《周禮疏》宋紹熙兩浙東路茶鹽司刻本。八行，行十五至十七字。

《廣韻》南北宋之交刻。十行，行二十字。

《韻補》六行，行十八字。

《漢書注》南宋初年杭州刻本。十行，行十九字。

《漢書注》宋紹興江南東路轉運司刻本。九行，行十六字。

《舊唐書》宋紹興兩浙東路茶鹽司刻本。十四行，行二十五至二十六字。

《諸史提要》宋乾道紹興府刻本。九行十四字。

《論衡》宋乾道三年紹興府刻本。十行，行二十至二十二字。

《白氏六帖事類集》十三行，行二十四至二十七字。

《樂府詩集》宋紹興間刻本。十三行，行二十三字。

《苕溪漁隱叢話》後集宋乾道刻本。十一行，行二十二字。

翁文　南宋咸淳間杭州地區刻工。刻有

《臨安志》宋咸淳臨安府刻本。十行，行二十字。

翁文虎　南宋咸淳間杭州地區刻工。刻有
《臨安志》宋咸淳臨安府刻本。十行，行二十字。
翁天祐　南宋中期杭州地區刻工。刻有
《放翁先生劍南詩稿》十行，行二十字。
《唐僧弘秀集》宋臨安府陳宅書籍鋪刻本。
十行，行十八字。
翁允　南宋淳熙間江西撫州地區刻工。刻有
《春秋經傳集解》宋撫州公使庫刻本。十行，
行十六字。
翁升　南宋紹興間杭州地區刻工。刻有
《魏書》、《周書》均九行，行十八字。
翁仁　南宋紹定間江西清江地區刻工。刻有
《朱文公校昌黎先生集》宋紹定六年臨江軍
學刻本。七行，行十五字。
翁正　南宋咸淳間杭州地區刻工。刻有
《臨安志》宋咸淳臨安府刻本。十行，行二十字。
翁正　南宋寶祐間福建建甌地區刻工。刻有
《東漢會要》宋寶祐二年建寧郡齋刻本。十
一行，行二十字。
翁生　南宋淳祐間刻工。刻有

《近思録集解》八行，行十八字。

翁乃老　南宋後期蘇州地區刻工。刻有《磧砂藏》平江府磧砂延院刻本。每開六行，行十七字。

翁奎　南宋紹興間浙江建德地區刻工。刻有《藝文類聚》宋紹興嚴州刻本。十四行，行二十七、二十八字。

翁年　南宋慶元間江西南昌地區刻工。補刻有《本草衍義》宋淳熙十二年江西轉運司刻慶元元年修本。十一行，行二十一字。

翁定　南宋淳熙間江西撫州地區刻工。刻有《春秋經傳集解》宋撫州公使庫刻本。十行，行十六字。

《春秋公羊傳解詁》宋淳熙撫州公使庫刻紹熙四年重修本。十行，行十六字。

《歐陽文忠公集》宋慶元二年周必大刻本。十行，行十六字。

補刻有《輿地廣記》宋九江郡齋刻，嘉泰四年、淳祐十年遞修本。十二行，行二十四字。

翁老　南宋淳祐間浙江地區刻工。刻有

《晦庵先生文集》宋淳祐五年刻本。十行，行十九字。

翁具　南宋寶祐間蘇州地區刻工。刻有《通鑑紀事本末》宋寶祐五年趙與𥲅刻本。十一行，行十九字。

翁秀　南宋初期福建地區刻工。刻有《資治通鑑》宋建刻重校本。十一行，行二十一字。

翁奕之　宋咸淳間杭州地區刻工。刻有《河東先生集》宋咸淳廖氏世綵堂刻本。九行，行十七字。

翁祐　南宋淳熙間浙江建德地區刻工。刻有《禮記正義》宋紹熙三年兩浙東路茶鹽司刻本。八行，行十六字。《南史》九行，行十八字。《通鑑紀事本末》宋淳熙二年嚴陵郡庠刻本。十三行，行二十四或二十五字。《酒經》嚴州刻本。十行，行十八字。《新刊劍南詩稿》宋淳熙十四年嚴州郡齋刻本。十行，行二十字。

《古文苑》宋嚴州刻本。十行，行十八字。

翁俊　南宋初期浙江寧波地區刻工。刻有

《文選注》宋紹興二十八年明州刻本。十行，行二十至二十二字。

《文選注》宋贛州州學刻本。九行，行十五字。

翁晉　南宋初期福建地區刻工。刻有

《資治通鑑》建刻重校本。十一行，行廿一字。

翁祥　南宋紹興間浙江紹興地區刻工。刻有

《禮記正義》宋紹興兩浙東路茶鹽司刻本。八行，行十六字。

翁真　南宋淳熙間浙江建德地區刻工。刻有

《通鑑紀事本末》宋淳熙二年嚴陵郡庠刻本。十三行，行二十四或二十五字。

《鉅鹿東觀集》宋紹定元年嚴陵郡齋刻本。十行，行二十字。

翁真　南宋紹定間江西清江地區刻工。刻有

《朱文公校昌黎先生文集》宋紹定六年臨江軍學刻本。七行，行十五字。

翁晉　南宋紹定間建德地區刻工。刻有

《鉅鹿東觀集》宋紹定元年嚴陵郡齋刻本。

翁時　南宋紹定間江西清江地區刻工。刻有《朱文公校昌黎先生集》宋紹定六年臨江軍學刻本。七行，行十五字。

翁珍　南宋淳熙間浙江地區刻工。刻有《文選注》宋淳熙八年池陽郡齋刻本。十行，行二十一字。《通鑑紀事本末》宋淳熙二年嚴陵郡庠刻本。十三行，行二十四或二十五字。

翁彬　南宋乾道間浙江金華地區刻工。刻有《東坡集》宋乾道刻本。十行，行二十字。《三蘇先生文粹》宋乾道婺州王氏桂堂刻本。十四行，行二十六字。

翁逢　南宋嘉定間江西地區刻工。刻有《儀禮經傳通解》宋嘉定十年南康道院刻本。七行，行十五字。

翁森　南宋後期蘇州地區刻工。刻有《磧砂藏》平江府磧砂延聖院刻本。六行，行十七字。

翁期　南宋寶祐間吳興地區刻工。刻有《通鑑紀事本末》宋寶祐五年趙與𥲅刻本。

翁寧　南宋後期蘇州地區刻工。刻有

《磧砂藏》平江府磧砂延聖院刻。六行十七字。

翁遂　南宋嘉定間刻工。刻有

《儀禮經傳通解》宋嘉定十年南康道院刻本。七行，行十五字。

《荀子注》杭州本。八行，行十六字。

《宛陵先生文集》宋紹興宣州軍州學刻嘉定十七年修本。十行，行十九字。

翁数　南宋紹興間福建地區刻工。刻有

《九經》白文二十一行，行二十七字。

翁壽昌　南宋咸淳間杭州地區刻工。刻有

《昌黎先生集》宋咸淳廖氏世綵堂刻本。九行，行十七字。

翁舉(牽)　南宋中期浙江地區刻工。刻有

《補注蒙求》十二行，行二十字。

修伯通　北宋治平間刻工。刻有

《類篇》八行，行十六字。

修惠　北宋治平間刻工。刻有

《類篇》八行，行十六字。

傀仁　南宋淳祐間福州地區刻工。刻有

《國朝諸臣奏議》宋淳祐十年史季溫福州刻本。十一行，行二十三字。

傀昌　南宋中期南京地區刻工。補刻有

《史記集解》宋紹興淮南路轉運司刻本。九行，行十六字。

傀順昌　南宋中期杭州地區刻工。補刻有

《宋書》九行，行十八字。

傀端　南宋淳祐間福建地區刻工。

《押韻釋疑》宋嘉熙三年禾興郡齋刻本。十行，行字不定。

《國朝諸臣奏議》宋淳祐十年史季溫福州刻本。十一行，行二十三字。

《古靈先生文集》宋末福州刻本。十行，行十八字。

傀顒　南宋中期浙江地區刻工。補刻有

《後漢書注》宋紹興江南東路轉運司刻本。九行，行十六字。

《魏書》九行，行十七字。

娘生　北宋景祐間刻工。刻有

《漢書注》十行，行十九字。

鄒安　南宋中期刻工。刻有《唐鑑》十一行，行十九字。

殷忠　南宋中期杭州地區刻工。刻有《揚子法言注》十行，行十八字。

師順（李姓）南宋乾道間浙江地區刻工。刻有《三蘇文粹》宋乾道婺州吳宅桂堂刻本。十四行，行二十六字。《劉夢得文集》十行，行二十字。《昌黎先生文集》十一行，行二十字。《新刊劍南詩稿》宋淳熙十四年嚴州郡齋刻本。十行，行二十字。

師詢　南宋乾道間浙江吳興地區刻工。刻有《北山小集》十行，行二十字。

釗正　南宋中期長沙地區刻工。刻有《集韻》十行，行字不等。

十一畫

康年　南宋寶祐間安徽宣城地區刻工。刻有
《致堂讀史管見》宋寶祐二年宛陵刻本。十二行，行二十三字。

梁三　南宋後期福建地區刻工。刻有
《陸狀元集百家注資治通鑑詳節》宋蔡建侯刻本。十三行，行二十二字。

梁文　南宋紹興間浙江紹興地區刻工。刻有
《周易注疏》宋兩浙東路茶鹽司刻本。八行，行十九字。
《尚書正義》宋紹興三年兩浙東路茶鹽司刻本。八行，行十九字。
《周禮疏》宋紹興兩浙東路茶鹽司刻本。八行，行十五至十七字。
《李衛公集》十行，行十八字。

梁文友　南宋紹興間杭州地區刻工。刻有
《新雕重校戰國策》宋紹興刻本。十一行，行二十至二十二字。

梁□元　南宋開慶間四川地區刻工。刻有
《重校鶴山大全文集》宋開慶元年刻本。十

一行，行二十字。

梁友　南宋嘉熙间浙江建德地區刻工。刻有《禮記集說》十三行，行二十五字。

梁仁甫　南宋寳祐间吴興地區刻工。刻有《通鑑紀事本末》宋寳祐五年趙與簒刻本。十一行，行十九字。

梁生　南宋紹興间福建地區刻工。刻有《温國文正司馬公文集》宋紹興刻本。十二行，行二十字。《備急千金要方》十三行，行二十三字。

梁用　南宋中期浙江地區刻工。刻有《資治通鑑考異》十行，行二十二字。

梁吉　南宋紹興间福建地區刻工。刻有《備急千金要方》十三行，行二十三字。《天聖廣燈錄》宋紹興十八年刻福州開元寺毗盧大藏本。六行，行十七字。《温國文正司馬公文集》宋紹興刻本。十二行，行二十字。

梁吉　南宋淳祐间浙江地區刻工。刻有《晦庵先生文集》宋淳祐五年刻本。十行，行十九字。
梁松　南宋嘉泰间安徽地区刻工。刻有
《皇朝文鑑》宋嘉泰四年新安郡斋刻本。十
行，行十九字。
梁建　南宋咸淳间杭州地区刻工。刻有
《臨安志》宋咸淳临安府刻本。十行，行二十字。
梁浩　南宋绍興间福建地区刻工。刻有
《備急千金要方》十三行，行二十三字。
《温國文正司馬公文集》宋绍興刻本。十二
行，行二十字。
梁贡甫（或署梁贡）北宋四川地区刻工。刻有
《資治通鑑》宋鄂州孟太師府三安撫位鵠山
書院刻本。（覆龍爪本）十一行，行十九字。
梁貢　南宋寶祐间杭州地区刻工。刻有
《臨安志》宋咸淳臨安府刻本。十行，二十字。
《通鑑纪事本末》宋寶祐五年趙與簒刻本。
十一行，行十九字。
梁鉞　南宋绍興间福建地区刻工。刻有
《備急千金要方》十三行，行二十三字。
《孔氏六帖》宋乾道二年泉南郡斋刻本。十

二行，行十八、九字。

梁壁　南宋中期浙江地區刻工。刻有

《資治通鑑考異》十行，行二十字。

梁濟　南宋初期杭州地區刻工。刻有

《周易注疏》宋兩浙東路茶鹽司刻本。八行，行十九字。

《毛詩正義》宋紹興九年紹興府刻本。十五行，行二十四至二十六字。

《周禮疏》宋紹熙兩浙東路茶鹽司刻本。八行，行十五至十七字。

《禮記注》宋淳熙四年撫州公使庫刻本。十行，行十六字。

《廣韻》南北宋之交刻。十行，行字不等。

《集韻》明州本。十一行，行二十三字。

《水經注》十行，行二十字。

《論衡》宋乾道三年紹興府刻本。十行，行二十至二十二字。

《白氏六帖事類集》十三行，行二十四至二十七字。

《事類賦注》宋紹興十六年兩浙東路茶鹽司

刻本。八行，行十六至十八字。
《樂府詩集》十三行，行二十三字。
清甫　南宋中期江西地區刻工。刻有
《新唐書》十行，行十九字。
淇恩　南宋寶慶間廣州地區刻工。刻有
《新刊校定集注杜詩》宋寶慶元年廣東漕司
刻本。九行，行十六字。
惟志　南宋初期福建地區刻工。刻有
《資治通鑑》十一行，行二十一字。
章九　南宋中期浙江地區刻工。刻有
《資治通鑑綱目》八行，行十七字。
章才　南宋浙江建德地區刻工。補刻有
《儀禮疏》十五行，行二十七字。
章子才　南宋浙江建德地區刻工。補刻有
《儀禮疏》十五行，行二十七字。
章子吉　南宋嘉熙間江蘇地區刻工。刻有
《太上靈寶感應篇三教至言詳解》九行，行
十九字。
章子明　南宋端平間江西吉安地區刻工。刻有
《誠齋集》宋端平二年刻本。十行，行十六字。
章大慶　南宋淳祐間江西宜春地區刻工。刻有

《昭德先生郡齋讀書志》宋淳祐十年袁州刻本。十行，行二十字。

章文　南宋紹興間浙江地區刻工。刻有

《周易注疏》宋兩浙東路茶鹽司刻本。八行，行十九字。

《尚書正義》宋紹熙三年兩浙東路茶鹽司刻本。八行，行十九字。

《周禮疏》宋紹熙兩浙東路茶鹽司刻本。八行，行十五至十七字。

《禮記正義》宋紹熙三年兩浙東路茶鹽司刻本。八行，行十六字。

《論語注疏解經》宋紹熙兩浙東路茶鹽司刻本。八行，行十六字。

《孟子注疏解經》宋嘉泰兩浙東路茶鹽司刻本。八行，行十六字。

《漢書注》宋紹興江南東路轉運司刻本。九行，行十六字。

《後漢書注》宋紹興江南東路轉運司刻本。九行，行十六字。

《大唐六典注》宋紹興四年溫州州學刻本。十行，行二十字。

《律》附音義九行，行十八字。《皇朝文鑑》宋嘉泰四年新安郡齋刻本。十行，行十九字。《宋書》、《陳書》、《周書》均九行，行十八字。補刻有《儀禮疏》十五行，行二十七字。

章文琮　南宋乾道間江西贛州地區刻工。刻有《文選注》宋贛州州學刻本。九行，行十五字。

章五　北宋嘉祐間刻工。刻有《新唐書》十四行，行二十三至二十六字。

章中　南宋初期浙江地區刻工。刻有《新唐書》宋紹興刻本。十四行，行二十三至二十六字。《景德傳燈錄》宋紹興四年釋思鑑刻本。十行，行二十六至三十字。《景德傳燈錄》十三行，行二十三字。

章中　南宋淳祐間浙江地區刻工。刻有《晦庵先生文集》宋淳祐五年刻本。十行，行十九字。

章主　南宋初期浙江地區刻工。刻有《景德傳燈錄》十三行，行二十三字。補刻有《新唐書》十四行，行二十三至二十六字。

章正明　南宋绍興间南京地區刻工。刻有

《後漢書注》宋绍興江南東路茶盐司刻本。九行，行十六字。

章玉　南宋绍興间浙江地區刻工。刻有

《新唐書》宋绍興刻本。十四行，行二十三至二十六字。

《皇朝文鑑》宋嘉泰四年新安郡斋刻本。十行，行十九字。

章宇　南宋初期杭州地區刻工。刻有

《周易正義》宋绍興十五至二十一年臨安府刻本。十五行，行二十六字。

《史記集解集解》宋淳熙三年張杅桐川郡斋刻本。十二行，行二十五字。

《漢書注》南宋初年杭州刻本。十行，行十九字。

《漢書注》宋绍興江南東路轉運司刻本。九行，行十六字。

《魏書》九行，行十八字。

《新唐書》宋绍興刻本。十四行，行二十三至二十六字。

《資治通鑑》宋绍興三年两浙東路茶盐司刻

本。十二行，行二十四字。
《中興館閣録》九行，行十八字。
《揚子法言》十行，行十八字。
《武經七書》十行，行二十字。
《劉賓客文集》十行，行二十字。
《東坡集》宋乾道刻本。十行，行二十字。
《臨川先生文集》宋紹興二十一年兩浙西路轉運司王珏刻本。十二行，行二十字。
《北山小集》十行，行二十字。
《文選注》宋紹興二十八年明州刻本。十行，行二十至二十二字。

章梓　南宋淳熙間安徽廣德地區刻工。刻有
《史記集解索隱》宋淳熙三年張杅桐川郡齋刻淳熙八年耿秉補刻本。十二行，行二十五字。

章仲　南宋紹興間南京地區刻工。刻有
《漢書注》宋紹興江南東路轉運司刻本。九行，行十六字。

章求　南宋寶祐間浙江吳興地區刻工。刻有
《通鑑紀事本末》宋寶祐五年趙與𥲅刻本。十一行，行十九字。

章遇　南宋绍熙间浙江绍兴地區刻工。刻有
《尚書正義》宋绍熙三年兩浙東路茶鹽司刻
本。八行，行十九字。
章洋　南宋嘉泰间安徽地區刻工。刻有
《皇朝文鑑》宋嘉泰四年新安郡斋刻本。十
行，行十九字。
章宗　南宋绍興间浙江吴興地區刻工。刻有
《北山小集》十行，行二十字。
補版有《新唐書》十四行，行二十三至二十七字。
章泳　或署章永　南宋中期浙江地區刻工。刻有
《論語纂疏》九行，行二十字。
《通鑑紀事本末》宋寶祐五年趙與𥲅刻本。
十一行，行十九字。
章林　南宋淳熙间安徽廣德地區刻工。刻有
《史記集解索隱》宋淳熙三年張杅桐川郡斋
刻淳熙八年耿秉補刻本。十二行，行二十五字。
章昌　南宋绍定间浙江建德地區刻工。刻有
《鉅鹿東觀集》宋绍定元年嚴陵郡斋刻本。
十行，行二十字。
章東　南宋绍興间杭州地區刻工。刻有

《尚書正義》宋紹熙三年兩浙東路茶鹽司刻本。八行，行十九字。

《周禮疏》宋兩浙東路茶鹽司刻本。八行，行十五至十七字。

《禮記正義》宋紹熙三年兩浙東路茶鹽司刻本。八行，行十六字。

《後漢書》宋紹興江南東路轉運司刻本。九行，行十六字。

《宋書》、《南齊書》、《梁書》、《魏書》、《周書》均九行，行十八字。

《注東坡先生詩》宋嘉泰淮東倉司刻本。九行，行十六字。

章旼　南宋紹興間南京地區刻工。刻有

《史記集解》宋紹興淮南路轉運司刻本。九行，行十六字。

《後漢書注》宋紹興江南東路轉運司刻本。九行，行十六字。

《後漢書注》十行，行十九字。

《管子注》十二行，行二十二至二十五字。

《王文公文集》宋紹興龍舒本。十行，行十七字。

《青山集》當塗本。十行，行二十字。
《花間集》宋紹興十八年建康郡斋刻本。八行，行十七字。

章明　南宋乾道間浙江吴興地區刻工。刻有
《北山小集》十行，行二十字。
補刻有《儀禮疏》十五行，行二十七字。

章忠　南宋中期杭州地區刻工。刻有
《周易》十二行，行二十四字。
《史記集解索隱》宋淳熙三年張杅桐川郡斋刻淳熙八年耿秉補刻本。十二行，行二十五字。
《資治通鑑綱目》宋浙刻本。八行，行十七字。
《古史》十一行，行二十二字。
《律》附音義九行，行十八字。
《揚子法言注》十行，行十八字。
《太平經集注》十行，行十七字。
《晦庵先生文集》宋淳祐五年刻本。十行，行十九字。
補刻有：
《爾雅注》十行，行二十字。
《後漢書注》宋紹興江南東路轉運司刻。九

行，行十六字。

《宋書》、《南齊書》、《魏書》、《北齊書》均九行，行十八字。

章受　北宋嘉祐間刻工。刻有

《新唐書》十四行，行二十三至二十六字。

章宥　南宋初期杭州地區刻工。刻有

《春秋經傳集解》十三行，行二十四字。

《史記集解索隱》宋淳熙三年張杅桐川郡齋刻淳熙八年耿秉修補本。十二行，行二十五字。

《論衡》宋乾道三年紹興刻本。十行，行二十至二十二字。

章彦　南宋初期浙江地區刻工。刻有

《新唐書》宋紹興刻本。十四行，行二十三至二十六字。

《景德傳燈録》宋紹興四年釋思鑑刻本。十五行，行二十六至三十字。

《水心集》十行，行二十字。

章珍　南宋紹興間浙江地區刻工。刻有

《史記集解索隱》宋淳熙三年張杅桐川郡齋刻淳熙八年耿秉補修本。十二行，行二十五字。

《資治通鑑》宋紹興三年兩浙東路茶鹽司刻本。十二行，行二十四字。

《資治通鑑目録》宋紹興二年兩浙東路茶鹽司公使庫刻本。行字不等。

《十一家孫子》八行，行十七字。

《東坡集》宋乾道刻本。十行，行二十字。

補刻有《史記集解》北宋刻遞修本。十行，行十九字。

章春　南宋淳熙間安徽廣德地區刻工。刻有

《史記集解索隱》宋淳熙三年張杅桐川郡齋刻本。十二行，行二十五字。

章英　南宋紹興間杭州地區刻工。刻有

《後漢書注》南宋初杭州刻本。十行行十九字。

《後漢書注》宋紹興江南東路轉運司刻本。九行，行十六字。

《青山集》當塗本。十行，行二十字。

章若　南宋紹興間杭州地區刻工。刻有

《魏書》九行，行十八字。

章茂　南宋紹興間杭州地區刻工。刻有

《宋書》、《魏書》均九行，行十八字。

章信　南宋咸淳間浙江地區刻工。刻有《佛祖统纪》宋咸淳元年至六年胡慶餘等募刻。十行，行二十二字。

章凌　南宋杭州地區刻工。刻有《妙法蓮華經》賈官人經書鋪刻本。

章容　南宋初期浙江地區刻工。刻有《新唐書》宋紹興刻本。十四行，行二十三至二十六字。《臨川先生文集》宋紹興二十一年兩浙西路轉運司王珏刻本。十二行，行二十字。《北山小集》十行，行二十字。

章亞明　南宋初期杭州地區刻工。刻有《史記集解》十行，行十九字。《後漢書注》宋紹興江南東路轉運司刻本。九行，行十六字。《三國志注》衢州本。十行，行十九字。《宋書》、《魏書》均九行，行十八字。《皇朝文鑑》宋嘉泰四年新安郡斎刻本。十行，行十九字。

章淳　南宋淳祐間福州地區刻工。刻有《國朝諸臣奏議》宋淳祐十年史季温福州刻

本。十一行，行二十三字

章湘　南宋安徽地區刻工。刻有

《舒州龍門佛眼和尚語録》

章智　南宋慶元間江西九江地區刻工。刻有

《輶軒使者絶代語釋别國方言解》宋慶元六

年潯陽郡齋刻本。八行，行十七字。

章椿　南宋紹興間浙江地區刻工。刻有

《史記集解索隱》宋淳熙三年張杅桐川郡齋

刻淳熙八年耿秉修補本。十二行，行二十五字。

《外臺秘要》宋紹興兩浙東路茶鹽司刻本。

十三行，行二十四至二十五字。

《寒山子詩集》十行，行十八字。

章楷　南宋紹興間浙江地區刻工。刻有

《毛詩正義》宋紹興九年紹興府刻本。十五

行，行二十四至二十六字。

《春秋經傳集解》杭州本。十三行，行十十四字

《舊唐書》宋紹興兩浙東路茶鹽司刻本。十

四行，行二十四至二十六字。

《編年通載》五行，行十七字。

《外臺秘要方》宋紹興兩浙東路茶鹽司刻本

十三行，行二十四至二十五字。
補刻有《史記集解》北宋刻遞修本。十行，行十九字

章滈　南宋紹興間杭州地區刻工。刻有《後漢書注》宋紹興江南東路轉運司刻本。九行，行十六字。《南齊書》、《宋書》九行，行十八字。

章滈孫　南宋紹興間杭州地區刻工。刻有《宋書》、《南齊書》、《魏書》均九行，行十八字。

章濱　南宋紹興間杭州地區刻工。刻有《史記集解》十行，行十九字。《後漢書注》宋紹興江南東路轉運司刻本。九行，行十六字。

章榮　南宋乾道間浙江吴興地區刻工。刻有《北山小集》十行，行二十字。

章德　南宋紹興間四川地區刻工。刻有《春秋經傳集解》八行，行十七字。

章震　南宋咸淳間浙江地區刻工。刻有《佛祖統紀》宋咸淳元年至六年胡慶餘等募

刻。十一行，行二十二字。

《鎮州臨濟慧照禪師語録》十一行，行二十字。

章駒　南宋紹興間南京地區刻工。刻有

《後漢書注》宋紹興江南東路轉運司刻本。九行，行十六字。

章臨　南宋咸淳間浙江地區刻工。刻有

《佛祖統紀》宋咸淳元年至六年胡慶餘等募刻。十行，行二十二字。

郭一　北宋治平間刻工。刻有

《類篇》八行，行十六字。

郭丁　南宋中期四川地區刻工。刻有

《新刊唐昌黎先生論語筆解》十行，行十七字。

郭士良　南宋紹興間杭州地區刻工。刻有

《史記集解》十行，行十九字。

郭小五　南宋紹興間江西饒州地區刻工。刻有

《參寥子詩集》十二行，行二十四字。

《重廣眉山三蘇先生文集》宋紹興三十年饒州德興縣銀山莊谿董應夢集古堂刻本。十三行，行二十七字。

郭小六　南宋中期浙江地區刻工。刻有

《參寥子詩集》十二行，行二十四字。

郭文　南宋紹興間福州地區刻工。刻有

《天聖廣燈錄》宋紹興十八年福州開元寺

毗盧大藏本。六行，行十七字。

郭仁　南宋乾道間江西地區刻工。刻有

《豫章黃先生文集》宋乾道刻本。九行，行

十八字。

郭升　南宋淳熙間江西地區刻工。刻有

《呂氏家塾讀詩記》宋淳熙九年江西漕台刻

本。九行，行十九字。

郭永　南宋紹興間杭州地區刻工。刻有

《魏書》九行，行十八字。

郭正　南宋中期杭州地區刻工。補刻有

《陳書》九行，行十八字。

郭世昌　南宋咸淳間杭州地區刻工。刻有

《臨安志》宋咸淳臨安府刻本。十行，行二十字。

郭世寧　南宋紹興間江西上饒地區刻工。刻有

《重廣眉山三蘇先生文集》宋紹興三十年饒

州德興縣銀山莊谿董應夢集古堂刻本。十三

行，行二十七字。

郭生同　北宋景祐间刻工。刻有
《儀禮疏》十五行，行二十七字。
郭光　南宋初期浙江地區刻工。刻有
《增廣司馬溫公全集》南宋初年刻修補本。
十二行，行二十字。
郭良　南宋紹興间浙江地區刻工。刻有
《舊唐書》宋紹興兩浙東路茶鹽司刻本。十
四行，行二十五字。
《藝文類聚》宋紹興间嚴州刻本。十四行，
行二十七至二十八字。
《增廣司馬溫公全集》南宋初年刻修補本。
十二行，行二十字。
郭志　北宋紹聖间福州地區刻工。刻有
《十誦律》福州東禪寺萬壽大藏本。六行十七字。
郭玫　南宋嘉泰间浙江地區刻工。刻有
《東萊呂太史文集》宋嘉泰四年呂喬年刻本。
十行，行二十字。
郭神　南宋紹興间福州地區刻工。刻有
《天聖廣燈録》宋紹興十八年刻福州開元寺
毗盧大藏本。六行，行十七字。

郭奇　南宋紹興杭州地區刻工。刻有《三國志注》十行，行十九字。

郭明　北宋治平間刻工。刻有《類篇》八行，行十六字。

郭受　北宋宣和間福州地區刻工。刻有《法苑珠林》福州開元寺毘盧大藏本。六行，行十七字。

郭祐　南宋紹興間江西上饒地區刻工。刻有《重廣眉山三蘇先生文集》宋紹興三十年饒州德興縣銀山莊谿董應夢集古堂刻本。十三行，行二十七字。

郭政　南宋紹興間浙江寧波地區刻工。刻有《文選注》宋紹興二十八年明州刻本。十行，行二十至二十二字。

郭俊民　南宋初期四川地區刻工。刻有《李衛公文集》十行，行十八字。

郭浦　金皇統間刻工。刻有《金藏》每版二十三行，行二十字。

郭書　北宋景祐間刻工。刻有《史記集解》十行，行十九字。

郭康　北宋咸平间刻工。刻有
《吴志》十四行，行二十五字。
郭康　南宋绍興间福州地區刻工。刻有
《續高僧傳》宋绍興十八年刻福州開元寺毘
盧大藏本。六行，行十七字。
《天聖廣燈録》宋绍興十八年刻福州開元寺
毘盧大藏本。六行，行十七字。
郭章　南宋初期浙江地區刻工。刻有
《增廣司馬温公全集》十二行，行二十字。
郭淇　南宋寶慶间廣州地區刻工。刻有
《新刊校定集注杜詩》宋寶慶元年廣東漕司
刻本。九行，行十六字。
郭惇　南宋绍興间浙江地區刻工。刻有
《後漢書注》十行，行十九字。
《後漢書注》宋绍興江南東路轉運司刻本。
九行，行十六字。
郭敦　南宋绍興间杭州地區刻工。刻有
《史記集解》十行，行十九字。
《漢書注》十行，行十九字。
《大唐六典注》十行，行二十字。宋绍興四年温州州學刻本。

《小畜集》宋紹興十七年黄州刻本。十一行，行二十二字。

《小畜外集》十一行，行二十一字。

郭敦　北宋景祐間刻工。刻有

《史記集解》十行，行十九字。

郭富　南宋紹興間浙江寧波地區刻工。刻有

《文選注》宋紹興二十八年明州刻本。十行，行二十至二十二字。

郭喜　北宋咸平間刻工。刻有

《吴志》十四行，行二十五字。

郭遇　南宋紹興間福州地區刻工。刻有

《經律異相》福州開元寺毘盧大藏本。六行，行十七字。

《天聖廣燈錄》宋紹興十八年刻福州開元寺毘盧大藏本。六行，行十七字。

《續高僧傳》宋紹興十八年刻福州開元寺毘盧大藏本。六行，行十七字。

郭趙　或署郭召　南宋慶元間四川地區刻工。刻有

《太平御覽》宋慶元五年成都府學刻本。十

三行，行二十二至二十四字。

郭寶　南宋紹興間浙江溫州地區刻工。刻有《大唐六典注》宋紹興四年溫州州學刻本。十行，行二十字。

郭嶼　北宋末期浙江地區刻工。刻有《重校活人書》南宋初刻本。十行，行十九字。

許中　南宋紹興間浙江紹興地區刻工。刻有《禮記正義》宋紹熙三年兩浙東路茶鹽司刻本。八行，行十六字。《說文解字系傳》七行，行十四字。《鮑氏戰國策》宋紹熙二年會稽郡齋刻本。十一行，行二十字。

許文　南宋紹興間浙江紹興地區刻工。刻有《論語注疏解經》宋紹熙兩浙東路茶鹽司刻本。八行，行十六字。《孟子注疏解經》宋嘉泰兩浙東路茶鹽司刻本。八行，行十六字。《舊唐書》宋紹興兩浙東路茶鹽司刻本。十四行，行二十五字。

許元　北宋咸平間刻工。刻有

《三国志注》十四行，行二十五字。

許中　南宋绍興间杭州地區刻工。刻有

《尚書正義》宋绍熙三年两浙東路茶鹽司刻本。八行，行十九字。

《周官講義》宋乾道间刻本。九行，行十八字。

《諸史提要》宋乾道绍興府刻本。九行十四字。

《論衡》宋乾道三年绍興府刻本。十行，行二十至二十二字。

《文選注》宋绍興二十八年明州刻本。十行，行二十至二十二字。

《三蘇先生文粹》宋婺州王宅桂堂刻本。十一行，行二十二字。

《苕溪漁隱叢話》後集十一行，行二十二字。

補刻有《漢書注》北宋刻遞修本。十行十九字。

《韻補》六行，小字每行二十八字。

《元氏長慶集》十三行，行二十三字。

許公　北宋後期刻工。刻有

《禮部韻略》北宋末刻本。十一行，行字不等。

許成　南宋中期杭州地區刻工。刻有

《皇朝文鑑》宋嘉泰四年新安郡斋刻本。十

行，行十九字。

補刻有《史記集解》宋紹興淮南路轉運司刻本。九行，行十六字。

許成之　南宋紹興間浙江紹興地區刻工。刻有《春秋左傳正義》宋慶元六年紹興府刻本。八行，行十六字。《孟子注疏解經》宋嘉泰兩浙東茶鹽司刻本。八行，行十六字。《說文解字系傳》七行，行十四字。《舊唐書》宋紹興兩浙東路茶鹽司刻本。十四行，行二十五字。

許安　南宋乾道間江西地區刻工。刻有《豫章黄先生文集》宋乾道刻本。九行，行十八字。

許志　南宋嘉泰間浙江地區刻工。刻有《東萊呂太史文集》宋嘉泰四年呂喬年刻本。十行，行二十字。

許宗　北宋景祐間刻工。刻有《史記集解》十行，行十九字。《漢書注》十行，行十九字。

許怡　南宋中期浙江地區刻工。刻有《論語纂疏》九行，行二十字。

許甚　南宋淳熙間江西撫州地區刻工。刻有《禮記注》宋淳熙四年撫州公使庫刻本。十行，行十六字。

許明　南宋初期杭州地區刻工。刻有《周易注疏》宋紹熙兩浙東路茶鹽司刻本。八行，行十九字。

《周禮疏》宋兩浙東路茶鹽司刻本，八行，行十五至十七字。

《廣韻》南北宋之交刻。十行，行二十字。

《新雕重校戰國策》宋紹興刻本。十一行，行二十字。

《說苑》南宋初刻本。十一行，行二十字。

《事類賦注》宋紹興十六年兩浙東路茶鹽司刻本。八行，行十四至十六字。

補刻有《漢書注》北宋刻遞修本。十行、行十九字。

許咏　南宋紹熙間浙江紹興地區刻工。刻有《禮記正義》宋紹熙三年兩浙東路茶鹽司刻本。八行，行十六字。

《春秋左傳正義》宋慶元六年紹興府刻本。八行，行十六字。

《論語注疏解經》宋紹興兩浙東路茶鹽司刻本。八行，行十六字。

《孟子注疏解經》宋嘉泰兩浙東路茶鹽司刻本。八行，行十六字。

許和　南宋紹興間湖北地區刻工。刻有

《建康實錄》宋紹興十八年荆湖北路安撫使司刻本。十一行，行二十字。

《南華真經注》十行，行十五字。

《王黄州小畜外集》宋紹興十六年黄州刻本。十一行，行二十字。

許和　南宋紹興間浙江地區刻工。刻有

《增廣司馬溫公全集》南宋初刻修補本。十二行，行二十字。

《王文公文集》宋紹興龍舒本。十行，行十七字。

許亮　北宋景祐間刻工。刻有

《史記集解》十行，行十九字。

《漢書注》十行，行十九字。

許彥　南宋寶慶間湖北江陵地區刻工。刻有《大方廣佛華嚴經》宋寶祐三年江陵府先鋒隘李安檜刻本。每開五行，行十七字。

許春　南宋紹興間浙江紹興地區刻工。刻有《舊唐書》宋紹興兩浙東路茶鹽司刻本。十四行，行二十五字。

許忠　南宋紹興間杭州地區刻工。刻有《禮記正義》宋紹熙三年兩浙東路茶鹽司刻本。八行，行十六字。《說文解字》十行，行二十字。《三國志注》十行，行十九字。《宋書》、《南齊書》、《梁書》、《陳書》、《魏書》均九行，行十八字。《國語解》十行，行二十字。《沖虛至德真經注》十四行，行二十五至二十六字。

許志　南宋端平間江蘇常州地區刻工。刻有《古文苑》宋端平三年常州刻淳祐六年盛如杞重修本。十行，行十八至二十字。

許昌　南宋乾道間杭州地區刻工。刻有《東坡集》十行，行二十字。

許昌　南宋後期江西吉安地區刻工。刻有
《慈溪黄氏日抄分類》十行，行二十字。

許茂　南宋紹興間杭州地區刻工。刻有
《説文解字》十行，行二十字。
《漢書注》宋紹興江南東路轉運司刻本。九行，行十六字。
《宋書》、《南齊書》、《魏書》、《北齊書》均九行，行十八字。
補刻有《儀禮疏》十五行，行二十七字。

許清　北宋四川地區刻工。刻有
《資治通鑑》（覆龍爪本）南宋鄂州孟太師府三安撫位鵠山書院刻本。十一行，行十九字。

許涂　北宋後期刻工。刻有
《禮部韻略》北宋末刻本。十一行，行字不等。

許恭　南宋初期杭州地區刻工。刻有
《説文解字》十行，行二十字。

許富　南宋紹興間浙江紹興地區刻工。刻有
《禮記正義》宋紹興三年兩浙東路茶鹽司刻本。八行，行十六字。
《鮑氏國策》宋紹興二年會稽郡齋刻本。十

一行，行二十字。

許詠 南宋紹興間浙江紹興地區刻工。刻有《禮記正義》宋紹興三年兩浙東路茶鹽司刻本。八行，行十六字。《春秋左傳正義》宋慶元六年紹興府刻本。八行，行十六字

許貴 南宋紹興間浙江紹興地區刻工。刻有《禮記正義》宋紹興三年兩浙東路茶鹽司刻本。八行，行十六字。《春秋左傳正義》宋慶元六年紹興府刻本。八行，行十六字。《孟子注疏解經》宋嘉泰兩浙東路茶鹽司刻本。八行，行十六字。《鮑氏國策》宋紹興二年會稽郡齋刻本。十一行，行二十字。

許源 南宋紹興間杭州地區刻工。刻有《漢書注》南宋初杭州刻本。十行，行十九字。《漢書注》宋紹興江南東路轉運司刻本。九行，行十六字。

許誠之 南宋慶元間浙江紹興地區刻工。刻有

《春秋左傳正義》宋慶元六年紹興府刻本。八行行十六字。

許德清 北宋四川地區刻工。刻有

《資治通鑑》(龍爪本)南宋鄂州孟太師府三安撫位鵠山書院刻本。十一行行十九字。

許閒 北宋景祐間刻工。刻有

《史記集解》十行行十九字。

《漢書注》十行行十九字。

張一秀 南宋初期杭州地區刻工。刻有

《魏書》八行行十八字。

張十二 南宋紹興間江西上饒地區刻工。刻有

《重廣眉山三蘇先生文集》宋紹興三十年饒州德興縣銀山莊谿董應夢集古堂刻本。十三行行二十七字。

張七 金皇統間刻工。刻有

《金藏》金皇統九年至大定十三年刻。每版二十三行,行二十四字。

張七 南宋慶元間四川地區刻工。刻有

《太平御覽》宋慶元五年成都府學刻本。十三行行二十二至二十四字。

張七七　北宋治平間刻工。刻有《類篇》八行行十六字。

張二　南宋紹興間杭州地區刻工。刻有《三國志注》十行行十九字。《劉夢得文集》蜀刻本十行行十八字。

張八　南宋中期四川地區刻工。刻有《太平御覽》宋慶元五年成都府學刻本。十三行行二十二至二十四字。《南華真經注》宋蜀中安仁趙諫議宅刻本。九行行十六字。

張三　南宋中期浙江地區刻工。刻有《春秋左傳正義》宋慶元六年紹興府刻本。八行行十六字。
補刻有：
《漢書注》宋紹興江南東路轉運司刻本。九
《後漢書注》宋紹江南東路轉運司刻本。九行行十六字。
《南齊書》《陳書》《魏書》均九行行十八字。
《國語解》十行行二十字。

張子良　南宋中期浙江紹興地區刻工。刻有

《春秋左傳正義》宋慶元六年紹興府刻本。八行行十六字。

補刻有：《周禮疏》宋兩浙東路茶鹽司刻本。八行行十五至十七字。

張才　南宋淳熙間福建地區刻工。刻有《禹貢論》宋淳熙八年泉州州學刻本。十二行行二十二字。《資治通鑑綱目》宋嘉定十二年溫陵郡齋刻本。八行行十七字。

張大慶　南宋淳祐間江西宜春地區刻工。刻有《昭德先生郡齋讀書志》宋淳祐九年袁州刻本。十行行二十字。

張大雅　南宋淳祐間江西宜春地區刻工。刻有《昭德先生郡齋讀書志》宋淳祐九年袁州刻本。十行行二十字。

張小四　南宋紹興間四川地區刻工。刻有《南華真經注》宋蜀中仁安趙諫議宅刻本。九行行十五字。《後山詩注》十三行行二十四字。

張小五　南宋紹興間四川地區刻工。刻有《南華真經注》宋蜀中仁安趙諫議宅刻本。九行行十五字。

《後山詩注》十三行行二十四字。

張小七　北宋治平間刻工。刻有

《類篇》八行行十六字。

張小八　南宋紹興間四川地區刻工。刻有

《南華真經注》宋蜀中仁安趙諫議宅刻本。

九行行十五字。

《後山詩注》十三行行二十四字。

張小十　南宋紹興間四川地區刻工。刻有

《南華真經注》宋蜀中仁安趙諫議宅刻本。

九行行十五字。

《後山詩注》十三行行二十四字。

張六　南宋淳熙間長沙地區刻工。刻有

《集韻》十行大字三當小字四。

張方　北宋治平間刻工。刻有

《類篇》八行行十六字。

張文　南宋紹興間杭州地區刻工。刻有

《史記集解》十行行十九字。

《後漢書注》十行行十九字。

《東觀餘論》宋紹興十七年黃訥刻本。十行

行二十字。

《大唐六典注》宋紹興四年溫州州學刻本。

《大宋重修廣韻》十行行二十字。

《東萊呂太史文集》宋嘉泰四年呂喬年刻本。十行行二十字。

張丑師　南宋慶元間四川地區刻工。刻有

《太平御覽》宋慶元五年成都府學刻本。十三行行二十二至二十四字。

張丑　南宋慶元間四川地區刻工。刻有

《太平御覽》宋慶元五年成都府學刻本。十三行行二十二至二十四字。

張友　南宋淳熙間江西地區刻工。刻有

《春秋經傳集解》宋撫州公使庫刻本。十行行十六字。

《春秋經傳集解》宋嘉定九年興國軍學刻本。八行行十七字。

《春秋公羊傳解詁》宋淳熙撫州公使庫刻本。十行行十六字。

張友文　南宋淳熙間安徽地區刻工。刻有

《史記集解索隱》宋淳熙三年張杅桐川郡齋刻淳熙八年耿秉補修本。十二行行二十五字。

張友仁　南宋慶元間四川地區刻工。刻有

《太平御覽》宋慶元五年成都府學刻本。十三行行二十二至二十四字。

張木　南宋淳熙間福建地區刻工。刻有《禹貢論》宋淳熙八年泉州州學刻本。十二行行二十二字。

張元　南宋紹興間浙江地區刻工。刻有《尚書正義》十五行行二十四字。《舊唐書》宋紹興兩浙東路茶鹽司刻本。十四行行二十五字。

張元　南宋紹熙間四川地區刻工。刻有《東都事略》宋眉山程氏五峰閣刻本。十二行行二十四字。《太平御覽》宋慶元五年成都府學刻本。十三行行二十二至二十四字。

張元頤　南宋嘉定間杭州地區刻工。刻有《周易本義》七行行十五字。《詩集傳》七行行十五字。

張太　南宋淳熙間江西地區刻工。刻有《禮記注》宋淳熙四年撫州公使庫刻本。十行行十六字。《春秋經傳集解》宋撫州公使庫刻本。十行行十六字。
《東坡集》宋紹熙間刻本。十行行十八字。
《四朝名臣言行録》十一行行二十一字。
張中　南宋嘉定間江西吉安地區刻工。刻有
《漢書集注》宋嘉定十七年白鷺洲書院刻本。
八行行十六字。
張中　南宋咸淳間杭州地區刻工。刻有
《咸淳臨安志》宋咸淳臨安府刻本。十行行
二十字。
《唐陸宣公集》十行行十七字。
《景文宋公文集》十行行二十字。
張仁　南宋嘉定間江西地區刻工。刻有
《漢書集注》宋嘉定十七年白鷺洲書院刻本。
八行十六字。
《隋書》九行行二十字。
《本草衍義》宋淳熙十二年江西轉運司刻慶
元元年重修本。十一行二十一字。

張仁　南宋淳熙間浙江地區刻工。刻有
《鮑氏國策》宋紹熙二年會稽郡齋刻本。十
一行二十字。

　　《荀子注》宋淳熙八年台州刻本。八行十六字。
　　補刻有《魏書》、《陳書》、《北齊書》均九行十八字。

張仁　南宋紹興間福州地區刻工。刻有
　　《天聖廣燈録》宋紹興十八年刻本。六行十七字。

張仁輔　南宋刻工。刻有
　　《隋書》九行行十八至二十二字。

張允　南宋中期浙江地區刻工。刻有
　　《春秋左傳正義》宋慶元六年紹興府刻本。八行行十六字。
　　《律》附音義九行行十八字。
　　《晦庵先生文集》宋淳祐五年刻本。十行行十九字。
　　補刻有
　　《儀禮疏》十五行行二十七字。
　　《梁書》、《魏書》、《北齊書》、《周書》均九行十八字。

張允宗　南宋刻工。刻有
　　《唐陸宣公集》十行行十七字。

張升　南宋中期浙江刻工。刻有
　　《資治通鑑綱目》宋浙江刻大字本。八行十七字。
　　補刻有《宋書》、《魏書》均九行十八字。

張永　南宋紹興間浙江地區刻工。刻有

《周禮疏》八行十五至十七字。

《舊唐書》宋紹興兩浙東路茶鹽司刻本。十四行行二十五字。

《資治通鑑目録》宋紹興二年兩浙東路茶鹽司刻本。

《資治通鑑》宋紹興三年兩浙東路茶鹽司刻本。十二行二十四字。

《外臺秘要方》宋紹興兩浙東路茶鹽司刻本。十三行二十四字。

張立　南宋嘉泰間浙江地區刻工。刻有

《東萊呂太史文集》宋嘉泰四年呂喬年刻本。十行二十字。

補刻有《史記集解》十行十九字。

張世聰　南宋嘉泰間浙江地區刻工，刻有

《東觀餘論》宋嘉定四年刻本。九行十八字。

《東萊呂太史文集》宋嘉泰四年呂喬年刻本。十行二十字。

《麗澤論説集録》十行二十字。嘉泰四年刻。

《注東坡先生詩》宋嘉泰淮東倉司刻。九行十六字。

張世賢　南宋嘉泰間揚州地區刻工。刻有《注東坡先生詩》宋嘉泰淮東倉司刻本。九行十六字。

張世榮　南宋中期杭州地區刻工。刻有《揚子法言》十行行十六至二十字。

張世聰　南宋嘉泰間浙江地區刻工。刻有《東萊呂太史文集》宋嘉泰四年呂喬年刻本。十行二十字。《麗澤論説集録》宋嘉泰四年刻本。十行二十字。

張本　南宋嘉泰間浙江地區刻工。刻有《麗澤論説集録》宋嘉泰四年刻本，十行行二十字。《東萊呂太史文集》宋嘉泰四年呂喬年刻本。十行二十字。

張正　南宋紹熙間眉山地區刻工。刻有《東都事略》宋眉山程氏立峰閣刻本。十二行二十四字。

張石　南宋紹興間四川地區刻工。刻有《李衛公文集》十行十八字。

張西　南宋慶元間四川地區刻工。刻有

張丙　南宋慶元間四川地區刻工。刻有《太平御覽》宋慶元五年成都府學刻本。十三行二十二至二十四字。

張由　南宋初期浙江地區刻工。刻有《春秋經傳集解》八行十六字。《集韻》十一行二十三字。《龍龕手鑑》十行行字不定。《資治通鑑目録》宋紹興二年兩浙東路茶鹽司刻本。《杜工部集》十行十八至二十一字。《文選注》宋明州刻紹興二十八年修補本。十行二十一至二十四字。

張四　南宋乾道間四川地區刻工。刻有《南華真經注》宋蜀中安仁趙諫議宅刻。九行十五字。

張占　南宋咸淳間杭州地區刻工。刻有《分門纂類唐歌詩》十一行十八字。

張生　南宋初期福州地區刻工。刻有《天聖廣燈録》宋紹興十八年刻。六行十七字。

張生　南宋後期杭州地區刻工。刻有

《春秋經傳集解》宋撫州公使庫刻本。十行，行十六字。

《東坡集》宋紹興間刻本。十行，行十八字。

《四朝名臣言行錄》十一行，行二十一字。

張中　南宋嘉定間江西吉安地區刻工。刻有

《漢書集注》宋嘉定十七年白鷺洲書院刻本八行，行十六字。

張中　南宋咸淳間杭州地區刻工。刻有

《咸淳臨安志》宋咸淳臨安府刻本。十行，行二十字。

《唐陸宣公集》十行，行十七字。

《景文宋公文集》宋麻沙本。十行，行二十字。

張仁　南宋嘉定間江西吉安地區刻工。刻有

《漢書集注》宋嘉定十七年白鷺洲書院刻本。八行，行十六字。

《隋書》九行，行二十字。

《本草衍義》宋淳熙十二年江西轉運司刻慶元元年重修本。十一行，行二十一字。

張仁　南宋淳熙間浙江地區刻工。刻有

《鮑氏國策》宋紹興二年會稽郡齋刻本。

《陶靖節先生詩》宋淳祐元年湯漢注刻本。七行十五字。

張禾　南宋初期福州地區刻工。刻有

《天聖廣燈錄》宋紹興十八年刻本。六行十七字。

張用　南宋紹興間浙江地區刻工。刻有

《新唐書》宋紹興刻遞修本。十四行二十三至二十六字。

《建康實錄》宋紹興十八年荊湖路撫州使司刻本。十一行二十字。

《揚子法言》十行十八字。

《參寥子詩集》十二行二十四字。

《重廣眉山三蘇先生文集》宋紹興三十年饒州德興縣銀山莊董應夢集古堂刻本。十三行二十七字。

張安　北宋景祐間刻工。刻有

《史記集解》十行十九字。

《漢書注》十行十九字。

張安　南宋紹興間四川地區刻工。刻有

《劉夢得文集》十行十八字。

張宇　南宋嘉定間福建地區刻工。刻有

《景文宋公文集》宋麻沙本。十行二十字。

張守中　南宋嘉定間福建地區刻工。刻有《景文宋公文集》宋林沙本。十二行二十字。

張文　南宋淳熙間長沙地區刻工。刻有《集韻》十行大字三當小字四。

張亨　南宋紹熙間杭州地區刻工。刻有
《尚書正義》宋紹熙三年兩浙東路茶鹽司刻本。八行，行十九字。
《春秋左傳正義》宋慶元六年紹興府刻本。八行，行十六字。
《論語注疏解經》宋紹熙兩浙東路茶鹽司刻本。八行，行十六字。
《孟子注疏解經》宋嘉泰兩浙東路茶鹽司刻本。八行，行十六字。
《古史》十一行，行二十二字。
補刻有：
《周禮疏》宋兩浙東路茶鹽司刻本。八行，行十五至十七字。
《說文解字》十行，二十字。
《新唐書》宋紹興刻本。十四行，行二十三至二十六字。
《宋書》、《南齊書》、《陳書》、《魏書》、《北齊書》均九行，行十八字。

張成　南宋紹興間杭州地區刻工。刻有
《史記集解》十行，行十九字。
《史記集解》宋紹興淮南路轉運司刻本。九

行，行十六字。
《晋書》宋宋嘉泰四年至開禧元年秋浦郡斋
刻本。九行，行十六字。
《宋書》、《梁書》、《魏書》均九行，十八字。
《宛陵先生文集》宋紹興十年宣州刻嘉定十
年修本。十行，行十九字。
《文選注》宋淳熙八年池陽郡斋刻本。十行，
行二十一字。
補刻有《新唐書》宋紹興刻本。十四行，行
二十三至二十六字。
張成　南宋中期浙江地區刻工。刻有
《通鑑紀事本末》宋寶祐五年趙與𥲅刻本。
十一行，行十九字。
《晦庵先生朱文公語録》池州本。十行，行
二十字。
《皇朝文鑑》宋嘉泰四年新安郡斋刻本。十
行，行十九字。
《春秋經傳集解》宋嘉定九年興國軍學刻本。
八行，行十七字。
張式　北宋治平間刻工。刻有

《類篇》八行，行十六字。

張圭　南宋紹興間杭州地區刻工。刻有

《儀禮鄭注》宋紹興間嚴州刻本。十四行，

二十五字。

《漢書注》宋紹興江南東路轉運司刻本。九

行，行十六字。

《三國志注》衢州本。十行，行十九字。

《樂府詩集》宋紹興間刻本。十三行，二十三字。

張回　南宋紹興間福建地區刻工。刻有

《東觀餘論》宋紹興十七年黃訥刻本。十行，

行二十字。

張仲　南宋嘉定間江西地區刻工。刻有

《漢書集注》宋嘉定十七年白鷺洲書院刻本。

八行，行十六字。

《本草衍義》宋淳熙十二年江西轉運司刻慶

元元年重修本。十一行，行二十一字。

張仲辰　南宋嘉泰間浙江地區刻工。刻有

《麗澤論説集錄》宋嘉泰四年呂喬年刻本。

十行，行二十字。

《東萊呂太史文集》宋嘉泰四年呂喬年刻本。

十行，行二十字。

張仲實　南宋淳熙間安徽地區刻工。刻有

《漢雋》宋淳熙五年滁州郡齋刻本。九行，

行十五字。

《漢雋》宋淳熙十年象山縣學刻本。九行，

行十五字。

張全　南宋中期四川地區刻工。刻有

《太平寰宇記》十一行，行二十字。

《太平御覽》宋慶元五年成都府學刻本。十

三行，行二十二至二十四字。

《四朝名臣言行録》十一行，行二十一字。

張行　南宋初期湖北地區刻工。刻有

《南華真經注》十行，行十五字。

張名遠　南宋中期江西地區刻工。刻有

《樂書目録正誤》宋嘉泰二年刻本。八行，

行字不等。

《慈溪黄氏日鈔分類》宋紹定二年刻本。十

行，行二十字。

張良　南宋初期浙江地區刻工。刻有

《龍龕手鑑》十行，行字不等。

《武經七書》十行，行十九字。

張元　南宋慶元間四川地區刻工。刻有《太平御覽》宋慶元五年成都府學刻本。十三行，行二十二至二十四字。

張初一　南宋乾道間四川眉山地區刻工。刻有《蘇文忠公奏議》九行，行十八字。

張杏　南宋紹興間四川眉山地區刻工。刻有《東都事略》宋眉山程氏五峰閣刻本。十二行，行二十四字。

張玘　南宋紹興間浙江金華地區刻工。刻有《古三墳書》宋紹興十七年婺州州學刻本。十行，行十八字。

張玫　南宋紹興間杭州地區刻工。刻有《周易正義》宋紹興十五至二十一年刻本。十五行，行二十六至二十七字。《王文公文集》宋紹興龍舒本。十行，行十七字

張君用　南宋浙江建德地區刻工。補刻有《儀禮疏》十五行，行二十七字。

張芝　南宋慶元間四川地區刻工。刻有《太平御覽》宋慶元五年成都府學刻本。十

三行，行二十二至二十四字。

張吳　南宋紹興間浙江紹興地區刻工。刻有《尚書正義》宋紹興三年兩浙東路茶鹽司刻本。八行，行十九字。

張吳二　南宋慶元間四川地區刻工。刻有《太平御覽》宋慶元五年成都府學刻本。十三行，行二十二至二十四字。

張吳三　南宋慶元間四川地區刻工。刻有《太平御覽》宋慶元五年成都府學刻本。十三行，行二十二至二十四字。

張吳　南宋慶元間四川地區刻工。刻有《太平御覽》宋慶元五年成都府學刻本。十行，行二十二至二十四字。

張佐　南宋乾道間浙江金華地區刻工。刻有《聖宋文選》宋乾道刻本。十六行，行二十八字。補刻有《三國志注》十四行，行二十五字。

張彤　南宋紹興間湖北江陵地區刻工。刻有《建康實錄》宋紹興十八年荊湖北路安撫使司刻本。十一行，行二十字。

《南華真經注》十行，行十五字。

張宗　南宋紹興間杭州地區刻工。刻有

《史記集解》宋紹興淮南路轉運司刻本。九行，行十六字。

《後漢書注》宋紹興江南東路轉運司刻本。九行，行十六字。

《後漢書注》南宋初年杭州本。十行，行十九字。

《續高僧傳》宋紹興十八年刻福州開元寺毘盧大藏本。六行，行十七字。

《東坡集》宋紹興間江西刻本。十行，十八字。

《文選注》宋淳熙八年池陽郡齋刻本。十行，行二十一字。

張定　南宋紹興間刻工。刻有

《南史》九行，行十八字。

《劉夢得文集》蜀本十行，行十八字。

《新刊劍南詩稿》宋淳熙十四年嚴陵郡齋刻本。十行，行十七字。

張京　南宋淳祐間安徽地區刻工。刻有

《儀禮要義》宋淳祐十二年魏克愚刻本。九行，行十八字。

張泗　南宋淳祐间福州地區刻工。刻有《國朝諸臣奏議》宋淳祐十年史季温福州刻本。十一行，行二十一字。

張松　南宋初期杭州地區刻工。刻有《説文解字》十行，行二十字。

張林　南宋紹興间杭州地區刻工。刻有《梁書》九行，行十八字。

張長一　南宋慶元间四川地區刻工。刻有《太平御覽》宋慶元五年成都府學刻本。十三行，行二十二至二十四字。

張其　南宋紹興间浙江建德地區刻工。刻有《藝文類聚》宋紹興间嚴州刻本。十四行，行二十七、二十八字。

張來　南宋淳熙间長沙地區刻工。刻有《集韻》十行，大字三當小字四。

張青　北宋治平间刻工。刻有《類篇》八行，行十六字。

張明　南宋初期杭州地區刻工。刻有《尚書正義》宋紹熙三年兩浙東路茶鹽司刻本。八行，行十九字。

《春秋左傳正義》宋慶元六年紹興府刻本。八行，行十六字。

《孟子注疏解經》宋嘉泰兩浙東路茶鹽司刻本。八行，行十六字。

《爾雅疏》十五行，行二十一字。

《史記集解索隱》宋淳熙三年張杅桐川郡齋刻本淳熙八年耿秉補修。十二行，行二十五字。

《後漢書注》宋紹興江南東路轉運司刻本。九行，行十六字。

《南史》九行，行十八字。

《宋書》、《梁書》、《魏書》、《北齊書》均九行，行十八字。

《資治通鑑》宋紹興三年兩浙東路茶鹽司刻本。十二行，行二十四字。

《資治通鑑目録》宋紹興二年兩浙東路茶鹽司公使庫刻本。行字不定。

《通鑑紀事本末》宋淳熙二年嚴陵郡庠刻本。十三行，行二十四至二十五字。

《通典》宋紹興刻本。十五行，行二十五至二十九字。

《大唐六典注》宋紹興四年温州州學刻本。
十行，行二十字。
《國語解》十行，行二十字。
《酒經》十行，行十八字。
《世說新語》宋紹興八年嚴州刻本。十行，
行二十字。
《景德傳燈錄》十一行，行二十字。
《劉賓客文集》宋紹興八年嚴州刻本。十三
行，行二十二字。
《參寥子詩集》十二行，行二十四字。
《新刊劍南詩稿》宋淳熙十四年嚴州郡齋刻
本。十行，行二十字。
《攻媿先生文集》宋四明樓氏家刻本。十行，
行二十字。
《文選注》宋贛州州學刻本。九行，行十五字。
《古文苑》宋嚴州刻本。十行，行十八字。
《皇朝文鑑》宋嘉泰四年新安郡齋刻本。十
行，行十九字。
補刻有《儀禮疏》十五行，行二十七字。

張明哲　南宋淳熙間安徽地區刻工。刻有

《漢雋》宋淳熙五年滁陽郡齋刻本。九行，行約十五字。

《漢雋》宋淳熙十年象山縣學刻本，九行，行十五字。

張昇　南宋淳祐間浙江地區刻工。刻有

《晦庵先生文集》宋淳祐五年刻本。十行，行十九字。

張昇　南宋初期杭州地區刻工。刻有

《尚書正義》宋紹熙三年兩浙東路茶鹽司刻本。八行，行十九字。

《周禮疏》宋兩浙東路茶鹽司刻本。八行，行十五至十七字。

《禮記正義》宋紹熙三年兩浙東路茶鹽司刻本。八行，行十六字。

《春秋左傳正義》宋慶元六年紹興府刻本。八行，行十六字。

《說文解字》十行，行二十字。

《古史》十一行，行二十二字。

《三國志注》十行，行十九字。

《宋書》、《魏書》均九行，行十八字。

《資治通鑑目録》宋绍興二年兩浙東路茶盐司公使庫刻本。行字不定。

《國語解》十行，行二十字。

張昌　南宋中期四川地區刻工。刻有

《太平御覽》宋慶元五年成都府學刻本。十三行，行二十二至二十四字。

《新刊經進詳注昌黎先生文集》十行，行十八字。

《新刊增廣百家詳補注唐柳先生文》十行，行十八字。

張岩　南宋淳祐间疑浙江金華地區刻工。

《河南程氏經說》十一行，行二十字。

張興　南宋绍興间浙江绍興地區刻工。刻有

《禮記正義》宋绍興三年兩浙東路茶鹽司刻本。八行，行十六字。

張忠　南宋绍興间浙江地區刻工。刻有

《周易正義》宋绍興十五至二十一年刻本。十五行，行二十五、二十六字。

《爾雅疏》十五行，行二十一字。

《漢隸字源》五行，碑目九行，行十九字。

《豫章黄先生文集》宋乾道間刻。九行，十八字。

張和　南宋慶元間四川地區刻工。刻有

《太平御覽》宋慶元五年成都府學刻本。十三行，行二十二至二十四字。

張受　南宋紹興間刻工。刻有

《温國文正司馬公文集》宋紹興刻本。十二行，行二十字。

張高　南宋紹興間杭州地區刻工。刻有

《梁書》、《陳書》均九行，行十八字。

張周　北宋宣和間福州地區刻工。刻有

《法苑珠林》福州開元寺毘盧大藏本。六行，行十七字。

張炳　南宋嘉泰間安徽地區刻工。刻有

《皇朝文鑑》宋嘉泰四年新安郡齋刻本。十行，行十九字。

張彦　南宋淳熙間浙江地區刻工。刻有

《楊氏家藏方》十一行，行二十字。

《新刊劍南詩稿》宋淳熙十四年嚴州郡齋刻本。十行，行二十字。

張彦忠　南宋嘉泰間浙江地區刻工。刻有

《東觀餘論》宋刻本。十行，行二十字。
《麗澤論説集録》宋嘉泰四年呂喬年刻本。
十行，行二十字。
《東萊呂太史文集》宋嘉泰四年呂喬年刻本。
十行，行二十字。

張彦昭　北宋景祐間刻工。刻有
《儀禮疏》十五行，行二十七字。

張祖　南宋中期四川地區刻工。刻有
《太平御覽》宋慶元五年成都府學刻本。十
三行，行二十二至二十四字。
《盤洲文集》十行，行二十字。

張宣　北宋景祐間刻工。刻有
《史記集解》十行，行十九字。
《漢書注》十行，行十九字。

張宣　南宋乾道間四川眉山地區刻工。刻有
《蘇文忠公文集》九行，行十五字。
《蘇文定公文集》九行，行十五字。

張洪　南宋淳熙間江西地區刻工。刻有
《五朝名臣言行録》《三朝名臣言行録》十
行，行十七字。

《皇朝文鑑》宋嘉泰四年新安郡齋刻本。十行，行十九字。

補刻有：

《儀禮疏》十五行，行二十七字。

《周禮疏》宋兩浙東路茶鹽司刻本。八行，行十五至十七字。

《禮記正義》宋紹熙三年兩浙東路茶鹽司刻本。八行，行十六字。

《漢書注》宋紹興江南東路轉運司刻本。九行，行十六字。

《宋書》、《魏書》、《周書》均九行，十八字。

張昇　南宋咸淳間浙江地區刻工。刻有

《磧砂藏》六行，行十七字。

補刻有《史記集解索隱》宋淳熙八年耿秉修本。十二行，行二十五字。

張范　南宋初期江西九江地區刻工。刻有

《輿地廣記》十三行，行二十四字。

張英　南宋紹興間浙江衢縣地區刻工。刻有

《史記集解》衢州本。九行，行十六字。

張待用　南宋嘉定間浙江嘉興地區刻工。刻有

《重校添注音辯唐柳先生文集》鄭定本。九行，行十七字。

張侍周　南宋嘉定間浙江嘉興地區刻工。刻有《重校添注音辯唐柳先生文集》鄭定本。九行，行十七字。

張俊　南宋乾道間杭州地區刻工。刻有《東坡集》宋乾道刻本。十行，行二十字。

張俊　南宋中期廣東潮陽地區刻工。刻有《通鑑總類》宋潮陽刻本。十一行，行十十三字。

張俊義　北宋四川地區刻工。刻有《資治通鑑》（覆龍爪本）南宋鄂州孟太師府三安撫位鵠山書院刻本。十一行，行十九字。

張祥　南宋紹興間浙江地區刻工。刻有《周易注疏》宋紹熙兩浙東路茶鹽司刻本。八行，行十九字。《新雕重校戰國策》宋紹興刻本。十一行，行二十字。

張高　南宋慶元間四川地區刻工。刻有《太平御覽》宋慶元五年成都府學刻本。十三行，行二十二至二十四字。

張海　南宋慶元間四川地區刻工。刻有《盤洲集》十行，行二十字。

張開　南宋慶元間四川地區刻工。刻有《太平御覽》宋慶元五年成都府學刻本。十三行，行二十至二十四字。

張教　南宋紹興間浙江溫州地區刻工。刻有《大唐六典注》宋紹興四年溫州州學刻本。十行，行十九至二十字。

張教　南宋嘉泰間浙江地區刻工。刻有《麗澤論說集錄》宋嘉泰四年呂喬年刻本。十行，行二十字。《東萊呂太史文集》宋嘉泰四年呂喬年刻本。十行，行二十字。

張珪　北宋景祐間刻工。刻有《史記集解》十行，行十九字。《漢書注》十行，行十九字。

張珪　南宋中期杭州地區刻工。刻有《三蘇先生文粹》杭州本。十行，行十八字。

張振　南宋初期刻工。刻有《漢書注》宋紹興湖北提舉茶鹽司刻淳熙、紹熙、慶元修本。十四行，行二十六至二十九字。

《史記集解索隱》宋淳熙三年張杅桐川郡齋刻淳熙八年耿秉補刻本。十二行，行二十五字。

張真　南宋紹興間南京地區刻工。刻有

《史記集解》宋紹興淮南路轉運司刻本。九行，行十六字。

張桂　南宋淳熙間安徽貴池地區刻工。刻有

《文選注》宋淳熙八年池陽郡齋刻本。十行，行十八至二十一字不等。

張真生　南宋淳祐間福建地區刻工。刻有

《晦庵先生朱文公文集》十行，行十八字。

張清　南宋初期杭州地區刻工。刻有

《毛詩正義》宋紹興九年紹興府刻本。十五行，行二十四至二十六字。

《經典釋文》十一行，行十七字。

《類篇》八行，行十六字。

《資治通鑑目録》宋紹興二年兩浙東路茶鹽司公使庫刻本。行字不等。

《資治通鑑》宋紹興三年兩浙東路茶鹽司刻

本。十二行，行二十四字。
《杜工部集》十行，行十八至二十一字。
《文選注》宋绍興二十八年明州刻本。十行，行二十至二十二字。

張清　北宋治平間四川地區刻工。刻有《類篇》八行，行十六字。

張達　南宋绍興間浙江地區刻工。刻有
《陶淵明集》十行，行十六字。
《杜工部集》十行，行十八至二十一字。
《文選注》宋绍興二十八年明州刻本。十行，行二十至二十二字。

張通祿　南宋绍定間江西地區刻工。刻有
《朱文公校昌黎先生集》宋绍定六年臨江軍學刻本。七行，行十五字。

張通　南宋绍興間杭州地區刻工。刻有
《三國志注》十行，行十九字。
《吴郡圖經續記》九行，行十七至十九字。
《管子注》十二行，行二十二至二十五字。
《白氏文集》十三行，行二十二至二十六字。
《宛陵先生文集》宋绍興十年宣州本。十行，行十八至二十字。

補刻有《新唐書》十四行，行二十三至二十六字。

張許 北宋治平間刻工。刻有《類篇》八行，行十六字。

張逮 南宋慶元間四川地區刻工。刻有《太平御覽》宋慶元五年成都府學刻本。十三行，行二十二至二十四字。

張彬 南宋慶元間浙江紹興地區刻工。刻有《春秋左傳正義》宋慶元六年紹興府刻本。八行，行十六字。

張堅 南宋紹興間杭州地區刻工。刻有《尚書正義》宋紹興三年兩浙東路茶鹽司刻本。八行，行十九字。

《春秋左傳正義》宋慶元六年紹興府刻本。八行，行十六字。

《春秋公羊傳疏》宋紹興刻宋元遞修本。十五行，行二十三至二十八字。

補刻有：

《說文解字》十行，行二十字。

《宋書》、《南齊書》、《梁書》、《魏書》《周書》均九行，行十八字。

張華 南宋嘉泰間安徽地區刻工。刻有

張圉　南宋紹興間杭州地區刻工。刻有
《魏書》十行，行十八字。

張敏　南宋紹興間刻工。刻有
《舊唐書》宋紹興兩浙東路茶鹽司刻本。十四行，行二十五字。
《建康實録》宋紹興十八年荆湖北路安撫使司刻本。十一行，行二十字。
補刻有《史記集解》北宋刻遞修本。十行，行十九字。

張鉉　北宋治平間刻工。
《類篇》八行，行十六字。

張得　南宋淳祐間刻福建地區刻工。刻有
《押韻釋疑》宋嘉熙三年禾興郡齋刻本。十行，行字不等。
《漢書注》宋福唐郡庠刻本。十行，行十九字。
《國朝諸臣奏議》宋淳祐十年史季溫福州刻本。十一行，行二十三字。

張達　南宋初期浙江地區刻工。刻有
《集韻》十一行，行二十三字。
《陶淵明集》十行，行十六字。

~~《杜工部集》十行，行十八至二十一字。~~
~~《文選注》宋紹興二十八年明州刻本。十行，行二十至二十二字。~~

張富　南宋中期杭州地區刻工。刻有
《尚書正義》宋紹熙三年兩浙東路茶鹽司刻本。八行，行十九字。
《春秋左傳正義》宋慶元六年紹興府刻本。八行，行十六字。
《春秋公羊疏》十五行，行二十三至二十八字。
《晦庵先生文集》宋淳祐五年刻本。十行，行十九字。
補刻有：
《周禮疏》宋兩浙東路茶鹽司刻本。八行，行十五至十七字。
《儀禮疏》十五行，行二十七字。
《經典釋文》十一行，行十七字。
《説文解字》十行，行二十字。
《漢書注》十行，行十九字。

張善　南宋初期浙江地區刻工。刻有
《漢書注》宋紹興湖北提舉茶鹽司刻淳熙、

紹興、慶元修本。十四行，行二十六至二十九字。

《梁書》、《陳書》、《魏書》、《北齊書》均九行，行十八字。

張軍　南宋初期浙江金華地區刻工。刻有《周禮注》十一行，行二十二字。

張斐　北宋咸平間刻工。刻有《三國志注》十四行，行二十五字。

張稚　南宋初期湖北地區刻工。刻有《南華真經注》十行，行十五字。

張彭　南宋慶元間四川眉山地區刻工。刻有《太平御覽》宋慶元五年成都府學刻本。十三行，行二十二至二十四字。《蘇文定公文集》宋眉山刻。九行，行十五字。

張彭一　南宋慶元間四川地區刻工。刻有《太平御覽》宋慶元五年成都府學刻本。十三行，行二十二至二十四字。

張彭二　南宋慶元間四川地區刻工。刻有《太平御覽》宋慶元五年成都府學刻本。十三行，行二十二至二十四字。

張戚　南宋淳熙間浙江建德地區刻工。刻有
《新刊劍南詩稿》宋淳熙十四年嚴州郡齋刻本。十行，行二十字。

張政　南宋紹興間湖北地區刻工。刻有
《漢書注》宋紹興湖北提舉茶鹽司刻淳熙、紹熙、慶元修本。十四行，行二十六至二十九字。
《春秋經傳集解》宋嘉定九年興國軍學刻本。八行，行十七至十九字。
《楚辭集注》十行，行十八字。

張拱　南宋淳熙間安徽地區刻工。刻有
《文選注》宋淳熙八年池陽郡齋刻本。十行，行二十一字。
《漢雋》宋淳熙十年象山縣學刻本。九行，大小字相間，小字雙行三十字。

張挺　南宋紹興間湖北黄岡地區刻工。刻有
《王黄州小畜外集》十一行，行二十一字。

張珍　南宋中期浙江地區刻工。刻有
《資治通鑑考異》十行，行二十二字。
《磧砂藏》六行，行十七字。

《蘇文定公文集》宋眉山刻大字本。九行，行十五字。

張達　南宋紹興間浙江紹興地區刻工。刻有《舊唐書》宋紹興兩浙東路茶鹽司刻本。十四行，行二十五字。

張達　南宋初期浙江地區刻工。刻有《陶淵明集》十行，行十六字。

張暉　南宋淳熙間浙江地區刻工。刻有《禮記正義》宋紹熙三年兩浙東路茶鹽司刻本。八行，行十六字。

《春秋左傳正義》宋慶元六年紹興府刻本。八行，行十六字。

《周易注》十一行，行二十一、二十二字。

《南史》九行，行十八字。

《通鑑紀事本末》宋淳熙二年嚴陵郡庠刻本。十三行，行二十四或二十五字。

《劉賓客文集》十行，行二十字。

張貴　南宋紹興間湖北常德地區刻工。刻有《漢書注》宋紹興湖北提舉茶鹽司刻淳熙、紹熙、慶元修本。十四行，行二十六至二十九字。

張彛　南宋紹興間福州地區刻工。刻有《天聖廣燈録》宋紹興十八年刻福州開元寺毘盧大藏本。六行，行十七字。

張智　北宋治平間刻工。刻有《類篇》八行，行十六字。

張絢　南宋紹定間浙江地區刻工。刻有《重廣補注黄帝内經素問》十行，行二十字。

張勝　南宋紹興間刻工。刻有《楚辭集注》十行，行十八字。

張欽　南宋紹興間浙江寧波地區刻工。刻有《文選注》宋紹興二十八年明州刻本。十行，行二十至二十二字。

張順　南宋慶元間四川地區刻工。刻有《太平御覽》宋慶元五年成都府學刻本。十三行，行二十二至二十四字。

張進　南宋嘉定間湖北武昌地區刻工。刻有《春秋經傳集解》宋嘉定九年興國軍學刻本。八行，行十七字。

張榮　南宋初期浙江地區刻工。刻有《三國志·吴志》十四行，行二十五字。

張福一　南宋後期刻工。補刻有
《後漢書》十行，行十九字。
張福祖　南宋慶元間四川地區刻工。刻有
《太平御覽》宋慶元五年成都府學刻本。十
三行，行二十二至二十四字。
張福祐　金皇統間刻工。刻有
《金藏》金皇統九年至大定十三年刻。每版
二十三行，行十四字。
張福孫　南宋慶元間四川地區刻工。刻有
《太平御覽》宋慶元五年成都府學刻本。十
三行，行二十二至二十四字。
《新刊經進詳注昌黎先生文》十行，行十八字。
《新刊增廣百家評補注唐柳先生文》十行，
行十八字。
張遂　南宋初期浙江地區刻工。補刻有
《三國志注》十四行，行二十五字。
張道　南宋慶元間四川地區刻工。刻有
《太平御覽》宋慶元五年成都府學刻本。十
三行，行二十二至二十四字。
張慎行　南宋紹興間湖北常德地區刻工。刻有

《漢書注》宋紹興間湖北常德地區刻工。刻有
宋紹興湖北提舉茶鹽司刻淳熙、紹熙、慶元
修本。十四行，行二十六至二十九字。

張諴 南宋嘉泰間安徽貴池地區刻工。刻有
《晉書》宋嘉泰四年至開禧元年秋浦郡齋刻
本。九行，行十六字。
補版有《魏書》九行，行十八字。

張詢 南宋紹定間浙江地區刻工。刻有
《重廣補注黄帝内經素問》十行，行二十字。

張瑞 南宋慶元間四川地區刻工。刻有
《太平御覽》宋慶元五年成都府學刻本。十
三行，行二十二至二十四字。

張感 南宋慶元間四川地區刻工。刻有
《太平御覽》宋慶元五年成都府學刻本。十
三行，行二十二至二十四字。

張敨 南宋紹興間安徽舒城地區刻工。刻有
《王文公文集》宋紹興龍舒本。十行，行十
七字。

張慶三 南宋中期刻工。補刻有
《宋書》、《南齊書》均九行，行十八字。

張慶宗　南宋嘉泰間揚州地區刻工。刻有

《注東坡先生詩》宋嘉泰二年淮東倉司刻景定三年鄭羽補刻本。九行，行十六字。

張榮　南宋中期杭州地區刻工。刻有

《禮記正義》宋紹熙三年兩浙東路茶鹽司刻本。八行，行十六字。

《大廣益會玉篇》十行，行字不等。

《大宋重修廣韻》十行，行字不等。

《漢書注》福唐郡庠刻本。十行，行十九字。

《通鑑紀事本末》宋寶祐五年趙與𥲅刻本。十一行，行十九字。

《律》附音義九行，行十八字。

《麗澤論説集録》宋嘉泰四年呂喬年刻本。十行，行二十字。

《東萊呂太史文集》宋嘉泰四年呂喬年刻本。十行，行二十字。

補刻有

《新唐書》十四行，行二十三至二十六字。

《南齊書》、《魏書》、《陳書》均九行，行十八

張説　北宋景祐間刻工。刻有

《新唐書》十四行，行二十三至二十六字。

張聚　北宋景祐间刻工。刻有《史記集解》十行，行十九字。《漢書注》十行，行十九字。

張壽　南宋慶元间四川地區刻工。刻有《太平御覽》宋慶元五年成都府學刻本。十三行，行二十二至二十四字。

張壽　南宋乾道间杭州地區刻工。刻有《東坡集》宋乾道刻本。十行，行二十字。

張壽一　南宋慶元间四川地區刻工。刻有《太平御覽》宋慶元五年成都府學刻本。十三行，行二十二至二十四字。

張壽二　南宋慶元间四川地區刻工。刻有《太平御覽》宋慶元五年成都府學刻本。十三行，行二十二至二十四字。

張攜　南宋淳熙间安徽地區刻工。刻有《漢雋》宋淳熙五年滁陽郡齋刻本。九行，行十五字。

張震　南宋淳祐间江西地區刻工。刻有《文章正宗》宋江西刻大字本。十行，二十字。

張賜　南宋淳祐間福州地區刻工。刻有《國朝諸臣奏議》宋淳祐十年史季溫福州刻本。十一行，行二十三字。

張德　金代山西地區刻工。刻有《觀彌勒菩薩上生兜率陀天經》每版二十三至二十八行不等，行十七字。

張德　南宋中期浙江地區刻工。刻有《資治通鑑考異》十行，行二十二字。

張德先　南宋慶元間四川眉山地區刻工。刻有《新刊經進詳注昌黎先生文集》十行，行十八字

張鋒　南宋中期浙江地區刻工。刻有《資治通鑑考異》十行，行二十字。

張諫　南宋紹熙間浙江紹興地區刻工。刻有《尚書正義》宋紹熙三年兩浙東路茶鹽司刻本。八行，行十九字。

張燕　南宋中期浙江地區刻工。刻有《資治通鑑考異》十行，行二十字。

張遷　南宋中期四川地區刻工。刻有《劉夢得文集》十行，行十八字。

張環　南宋淳熙間江西吉安地區刻工。刻有《放翁先生劍南詩稿》陸子遹刻本。十行，

行二十字。

張栢　南宋紹興間浙江地區刻工。刻有

《禮記正義》宋紹興三年兩浙東路茶鹽司刻本。八行，行十六字。

《春秋左傳正義》宋慶元六年紹興府刻本。八行，行十六字。

《嘉泰普燈錄》宋嘉定四年淨慈寺刻本。十行，行二十字。

張擧　南宋紹興間浙江寧波地區刻工。刻有

《文選注》宋紹興二十八年明州刻本。十行，行二十至二十二字。

張學　南宋紹興間浙江台州地區刻工。刻有

《景德傳燈錄》宋紹興四年釋思鑑刻本。十五行，行二十六至三十字。

《文選注》宋紹興二十八年明州刻本。十行，行二十至二十二字。

張興祖　南宋咸淳間杭州地區刻工。刻有

《咸淳臨安志》宋咸淳臨安府刻本。十行，行二十字。

張興　南宋慶元間四川地區刻工。刻有

《盤洲文集》十行，行二十字。

張興　南宋紹興間杭州地區刻工。刻有《宛陵先生文集》宋紹興十年宣州刻本。十行，行十九字。

張与　南宋中期浙江地區刻工。刻有《資治通鑑綱目》八行，行十七字。補刻有《魏書》九行，行十八字。

張謙　南宋中期杭州地區刻工。刻有《尚書正義》宋紹熙三年兩浙東路茶鹽司刻本。八行，行十九字。《春秋左傳正義》宋慶元六年紹興府刻本。八行，行十六字。《大廣益會玉篇》十行，行字不等。《揚子法言注》十行，行十八字。補刻有《周禮疏》宋紹熙兩浙東路茶鹽司刻本。八行，行十五至十七字。

張謹　南宋初期杭州地區刻工。刻有《毛詩正義》宋紹興九年紹興府刻本。十五行，行二十四至二十六字。《經典釋文》十一行，行十七字。《資治通鑑目録》宋紹興二年兩浙東路茶鹽司刻本。行字不定。

《資治通鑑》宋紹興三年兩浙東路茶鹽司刻本。十二行，行二十四字。
《舊唐書》宋紹興兩浙東路茶鹽司刻本。十四行，行二十五字。
《論衡》宋乾道三年紹興府刻本。十行，行二十至二十二字。
《杜工部集》十行，行十八至二十一字。
《東坡集》宋乾道刻本。十行，行二十字。
《文選注》宋紹興二十八年明州刻本。十行，行二十至二十二字。

張龍　南宋初期福建地區刻工。刻有
《資治通鑑》十一行，行二十一字。

張龍　南宋慶元間四川地區刻工。刻有
《太平御覽》宋慶元五年成都府學刻本。十三行，行二十至二十四字。

張翼　南宋紹興間南京地區刻工。刻有
《史記集解》宋紹興淮南路轉運司刻本。九行，行十六字。

張顗　南宋淳熙間刻工。刻有
《楊氏家藏方》宋淳熙刻本。十一行，行十十字

張鎮　南宋後期蘇州地區刻工。刻有《磧砂藏》平江府磧砂延聖院刻本。六行，行十七字。

張護　南宋初期浙江寧波地區刻工。刻有《集韻》明州本。十一行，行二十三字。

張峰　南宋紹興間台州地區刻工。刻有《景德傳燈録》宋紹興四年釋思鑑刻本。十五行，行二十六至三十字。

張疆　南宋慶元間四川地區刻工。刻有《太平御覽》宋慶元五年成都府學刻本。十三行，行二十二至二十四字。《六家文選》宋廣都裴氏刻本。十一行，行十八字。

張鐸　南宋初期刻工。刻有《楚辭集注》十行，行十六字。

堅公　南宋後期福建福清地區刻工。刻有《列子鬳齋口義》九行，行十八字。

堅仁　南宋後期福建福清地區刻工。刻有《列子鬳齋口義》九行，行十八字。

堅永　南宋嘉定間浙江地區刻工。刻有

《醫説》宋嘉定刻本。九行，行十八字。

屠友　南宋初期浙江地區刻工。刻有

《禮記正義》宋紹熙三年兩浙東路茶鹽司刻本。八行，行十六字。

《三國志注》十行，行十九字。

《吳郡圖經續記》九行，行十七至十九字。

屠式　北宋景祐間刻工。刻有

《史記集解》十行，行十九字。

《漢書注》十行，行十九字。

屠玉　北宋景祐間刻工。刻有

《漢書注》十行，行十九字。

屠亨　北宋景祐間刻工。刻有

《史記集解》十行，行十九字。

《漢書注》十行，行十九字。

屠室　北宋景祐間刻工。刻有

《史記集解》十行，行十九字。

屠聚　北宋景祐間刻工。刻有

《史記集解》十行，行十九字。

《漢書注》十行，行十九字。

梅保　南宋中期江西九江地區刻工。刻有

《自警编》宋端平元年刻本。十行，行二十字。

曹久仲 南宋寶祐间安徽宣城地區刻工。刻有《致堂讀史管見》宋寶祐二年宛陵刻本。十二行，行二十三字。

曹文仲 南宋嘉定间湖南衡陽地區刻工。刻有《致堂讀史管見》宋嘉定十一年衡陽郡斋刻本。十二行，行二十三字。

曹元 南宋绍興间杭州地區刻工。刻有《史記集解》十行，行十九字。

曹元德 南宋淳祐间杭州地區刻工。刻有《蘭亭續考》宋淳祐二年刻本。九行，行十七至十九字。

曹中 南宋中期南宋地區刻工。補刻有《史記集解》宋绍興淮南路轉運司刻本。九行，行十六字。《後漢書注》宋绍興江南東路轉運司刻本。九行，行十六字。

曹仁 南宋開慶间四川地區刻工。刻有《六家文選》宋蜀中廣都裴氏刻本。十一行，行十八字。

曹允　北宋景祐间刻工。刻有《史記集解》十行，行十九字。

曹必貴　南宋咸淳间杭州地區刻工。刻有《咸淳臨安志》宋咸淳臨安府刻本。十行，行二十字。

曹丙文　南宋嘉定间江西吉安地區刻工。刻有《漢書集注》宋嘉定十七年白鷺洲書院刻本。八行，行十六字。

曹旦　南宋淳熙间安徽貴池地區刻工。刻有《文選注》宋淳熙八年池陽郡刻本。十行，行二十一字。

曹生　南宋端平间江西吉安地區刻工。刻有《誠齋集》宋端平二年刻本。十行，行十六字。

曹白　南宋淳熙间安徽貴池地區刻工。刻有《文選注》宋淳熙八年池陽郡齋刻本。十行，行二十一字。

曹中　南宋淳熙间安徽貴池地區刻工。刻有《文選注》宋淳熙八年池陽郡齋刻本。十行，行二十一字。

曹圭　南宋淳祐间江西上饒地區刻工。刻有

《朱文公訂正門人蔡九峰書集傳》宋淳祐十年呂遇龍上饒郡學刻本。十行，行十八字。

曹成　南宋紹興間杭州地區刻工。刻有《臨川先生文集》宋紹興二十一年兩浙西路轉運司刻本。十二行，行二十字。

曹先　北宋景祐間刻工。刻有《漢書注》十行，行十九字。

曹庚　南宋淳祐間福州地區刻工。刻有《國朝諸臣奏議》宋淳祐十年史季溫福州刻本。十一行，行二十三字。

曹甫　南宋嘉泰間安徽貴池地區刻工。刻有《晉書》宋嘉泰四年至開禧元年秋浦郡齋刻本。九行，行十六字。

曹但　南宋淳熙間安徽貴池地區刻工。刻有《文選注》宋淳熙八年池陽郡齋刻本。十行，行二十一字。

曹仲　南宋淳熙間安徽貴池地區刻工。刻有《文選注》宋淳熙八年池陽郡齋刻本。此為紹熙三年重刻工。十行，行二十一字。

曹昇　南宋初期杭州地區刻工。刻有

《沖虛至德真經注》十四行，行二十五至二十六字。

曹果　南宋嘉定間浙江建德地區刻工。刻有《禮記集說》宋嘉定四年新定郡齋刻本。十三行，行二十五字。

曹侃　南宋淳熙間安徽貴池地區刻工。刻有《山海經傳》宋淳熙七年池陽郡齋刻本。十行，行二十一至二十三字。《文選注》宋淳熙八年池陽郡齋刻本。十行，行二十字。

曹侑　南宋淳熙間安徽貴池地區刻工。刻有《晉書》宋嘉泰四年至開禧元年秋浦郡齋刻本。十行，行十九字。《山海經傳》宋淳熙七年池陽郡齋刻本。十行，行二十一至二十三字。《文選注》宋淳熙八年池陽郡齋刻本。十行，行二十一字。

曹亮　南宋中期杭州地區刻工。補刻有《魏書》九行，行十八字。

曹彥　南宋中期浙江地區刻工。刻有

《補注蒙求》十二行，行二十字。

曹彥　南宋中期浙江地區刻工。刻有

《補注蒙求》十二行，行二十字。

曹音　北宋宣和間福州地區刻工。刻有

《法苑珠林》宋政和二年至乾道八年刻福州開元寺毗盧大藏本。

曹冠英　南宋嘉定間浙江嘉興地區刻工。刻有

《愧郯録》宋嘉定刻本。九行，行十七字。

《重校添注音辯唐柳先生文集》宋嘉定刻本。九行，行十七字。

《蘭亭續考》宋淳祐二年刻本。九行，行十九字。

補刻有：

《儀禮疏》十五行，行二十七字。

《南齊書》、《魏書》均九行，行十八字。

《新唐書》宋紹興刻本。十四行，行二十三至二十六字。

曹挺　南宋初期江西九江地區刻工。刻有

《輿地廣記》宋九江郡齋刻嘉泰四年、淳祐十年遞修本。十三行，行二十四字。

曹珪　南宋淳祐間江西上饒地區刻工。刻有

《朱文公訂正門人蔡九峰書集傳》宋淳祐十年呂遇龍上饒郡學刻本。十行，行十八字。

曹新 南宋中期杭州地區刻工。補刻有《魏書》九行，行十八字。

曹翁宗 南宋嘉定間浙江嘉興地區刻工。刻有《愧郯録》九行，行十七字。

曹清 北宋治平間刻工。刻有《類篇》八行，行十六字。

曹張 南宋紹定間浙江地區刻工。刻有《附釋文互注禮部韻略》宋紹定三年藏書閣刻本。十行，小字雙行不等。

曹硪 南宋紹興間南京地區刻工。刻有《史記集解》宋紹興淮南路轉運司刻本。九行，行十六字。

曹雲 南宋紹興間浙江紹興地區刻工。刻有《尚書正義》宋紹興三年兩浙東路茶鹽司刻本。八行，行十九字。

曹新 南宋中期南京地區刻工。補刻有《後漢書注》宋紹興江南東轉運司刻本。九行，行十六字。

曹溢　南宋紹興間浙江温州地區刻工。刻有《大唐六典注》宋紹興四年温州州學刻本。十行，行二十字。

曹義　南宋嘉定間安徽貴池地區刻工。補刻有《文選注》宋淳熙八年池陽郡齋刻嘉定七年重刻工。十行，行二十一字。

曹戩　南宋寶祐間浙江吴興地區刻工。刻有《通鑑紀事本末》宋淳祐五年趙與𥲅刻本。十一行，行十九字。

曹榮　南宋初期杭州地區刻工。刻有《周禮疏》宋兩浙東路茶鹽司刻本。八行，行十五至十七字。

《禮記正義》宋紹熙三年兩浙東路茶鹽司刻本。八行，行十六字。

《春秋左傳正義》宋慶元六年紹興府刻本。八行，行十六字。

《孟子注疏解經》宋嘉泰兩浙東路茶鹽司刻本。八行，行十六字。

《説文解字》十行，行二十字。

《大廣益會玉篇》十行，行字不等。

《漢書注》宋紹興江南東路轉運司刻本。九行，行十六字。
《後漢書注》宋紹興江南東路轉運司刻本。九行，行十六字。
《宋書》、《南齊書》、《魏書》均九行，行十八字。
《通典》十五行，行二十五至二十九字。
補刻有《國語解》十行，行二十字。

曹德　北宋治平間刻工。刻有
《類篇》八行，行十六字。

曹德俊　南宋中期刻工。刻有
《梅亭先生四六標準》十行，行十九字。

曹德新　南宋紹興間浙江紹興地區刻工。刻有
《尚書正義》宋紹興三年兩浙東路茶鹽司刻本。八行，行十九字。

曹德耕　北宋景祐間刻工。刻有
《儀禮疏》十五行，行二十七字。

曹德新　南宋中期杭州地區刻工。補刻有
《儀禮疏》十五行，行二十七字。
《説文解字》十行，行二十字。
《宋書》、《魏書》均九行，行十八字。

曹鼎　南宋中期杭州地區刻工。刻有

《尚書正義》宋紹興三年兩浙東路茶鹽司刻本。八行，行十九字。

《古史》十一行，行二十二字。

《資治通鑑綱目》八行，行十七字。

《太玄經集注》十行，行十七字。

《晦庵先生文集》宋淳祐五年刻本。十行，行十九字。

補刻有：

《儀禮疏》十五行，行二十七字。

《春秋公羊疏》宋紹興刻宋元修本。十五行，行二十三至二十八字。

《經典釋文》十一行，行十七字。

《説文解字》十行，行二十字。

《史記集解》宋紹興江南東路轉運司刻本。九行，行十六字。

《宋書》、《南齊書》、《梁書》、《魏書》均九行，行十八字。

曹澄　南宋紹興間杭州地區刻工。刻有

《臨川先生文集》宋紹興二十一年兩浙西路

轉運司王珏刻本。十二行，行二十字。

曹澤　南宋中期浙江地區刻工。刻有

《資治通鑑考異》十行，行二十二字。

曹儀　南宋寶慶間安徽宣城地區刻工。刻有

《致堂讀管見》宋寶慶二年宛陵刻本。十二行，行二十三字。

補刻有《文選注》宋淳熙八年池陽郡齋刻本。十行，行二十一字。

曹興　南宋初期杭州地區刻工。刻有

《史記集解》宋紹興淮南路轉運司刻本。九行，行十六字。

《宋書》、《魏書》均九行，行十八字。

曹興祖　南宋中期杭州地區刻工。刻有

《攻媿先生文集》宋四明樓氏家刻本。十行，行十八字。

《晦庵先生文集》宋淳祐五年刻本。十行，行十九字。

補刻有：

《周易注疏》宋兩浙東路茶鹽司刻本。八行，行十九字。

《儀禮疏》十五行，行二十七字。

《三国志注》十行，行十九字。

曾寶　南宋嘉泰间江蘇揚州地區刻工。刻有

《注東坡先生詩》宋嘉泰二年淮東倉司刻嘉定三年補修本。九行，行十六字。

楚卿　南宋慶元间福建地區刻工。刻有

《五代史記》宋慶元五年刻本。十行，十八字。

連子　南宋嘉定间福建地區刻工。刻有

《西漢會要》宋嘉定建寧郡斋刻本。十一行，行二十字。

連中　南宋初期江西九江地區刻工。刻有

《輿地廣記》宋九江郡斋刻嘉泰四年、淳祐十年修本。十三行，行二十四字。

連立　南宋紹興间湖北地區刻工。刻有

《南華真经注》十行，行十五字。

戚允忠　南宋咸淳间杭州地區刻工。刻有

《咸淳臨安志》宋咸淳臨安府刻本。十行，行二十字。

戚孝　南宋淳熙间安徽貴池地區刻工。刻有

《山海经傳》宋淳熙七年池陽郡斋刻本。十

行，行二十一字。《宛陵先生集》宋紹興十年宣州軍學刻嘉定十七年修本。十行，行十八至二十字。《文選注》宋淳熙八年池陽郡齋刻本。十行，行二十一字。

戚聰旺　南宋紹興間南京地區刻工。刻有《史記集解》宋紹興淮南路轉運司刻本。九行，行十六字。

陳一　南宋慶元間浙江地區刻工。刻有《春秋左傳正義》宋慶元六年紹興府刻本。八行，行十六字。補刻有《史記集解》、《宋書》。

陳一　南宋淳熙間福建地區刻工。刻有《致堂讀史管見》十二行，行二十二字。

陳乙　南宋紹興間杭州地區刻工。刻有《龍龕手鑑》十行，行字不定。

陳二　南宋淳熙間福建地區刻工。《致堂讀史管見》十二行，行二十二字。

陳又　南宋紹熙間浙江紹興地區刻工。刻有《禮記正義》宋紹熙三年兩浙東路茶鹽司刻本。八行，行十六字。

陳文　南宋紹興間江西贛州地區刻工。刻有《古靈先生文集》宋紹興重刻本。十行，行十八字。

陳之　南宋嘉定間福建建寧地區刻工。刻有《育德堂奏議》宋嘉定建寧府刻本。九行，行十八字。

陳三　南宋淳熙間安徽貴池地區刻工。刻有《文選注》宋淳熙八年池陽郡齋刻本。十行，行二十一字。

陳三　南宋淳熙間福建地區刻工。刻有《致堂讀史管見》十二行，行二十二字。《義豐文集》宋淳祐三年王旦刻本。十行，行十八字。

陳三　南宋紹熙間四川眉山地區刻工。刻有《東都事略》宋眉山程氏五峰閣刻本。十二行，行二十四字。

陳己　南宋寶慶間福建寧地區刻工。刻有《東漢會要》宋寶慶二年建寧郡齋刻本。十一行，行二十二字。

陳才　南宋紹興間杭州地區刻工。刻有

《儀禮鄭注》宋紹興間嚴州刻本。十四行，行二十五字。

《宋書》九行，行十八字。

《通鑑紀事本末》宋淳熙二年嚴陵郡庠刻本。十三行，行二十四或二十五字。

《説文解字》十行，行二十字。

《漢官儀》宋紹興九年臨安府刻本。十行，行十七字。

《藝文類聚》宋紹興間刻本。十四行，行二十七、二十八字。

《孔氏六帖》宋乾道二年泉南郡庠刻本。十二行，行十八、十九字。

《記纂淵海》宋嘉定二年刻本。十三行，行二十二字。

《景德傳燈録》宋紹興四年釋思鑑刻本。十五行，行二十六至三十字。

《温國文正司馬公文集》宋紹興刻本。十二行，行二十字。

《文選注》宋紹興二十八年明州刻本。十行，行二十至二十二字。

《陶淵明集》宋紹興十年刻本。十行，行十六字。

陳才　南宋乾道間江西地區刻工。刻有

《春秋經傳集解》宋撫州公使庫刻本。十行，行十六字。

《文選注》宋贛州州學刻本。九行，行十五字。

陳士　南宋初期杭州地區刻工。補刻有

《漢書注》北宋刻遞修本。十行，行十九字。

陳士　南宋咸淳間福建地區刻工。刻有

《龜山先生語錄》宋福建漕治刻本。十行，行十八字。

陳士可　南宋淳熙間江西地區刻工。刻有

《文章正宗》宋江西刻大字本。十行，二十字。

陳士達　南宋咸淳間福建地區刻工。刻有

《龜山先生語錄》宋福建漕治刻本。十行，行十八字。

陳子　北宋景祐間刻工。刻有

《儀禮疏》十五行，行二十七字。

陳子秀　南宋淳熙間長沙地區刻工。刻有

《集韻》十行，行字不等。

陳于小　南宋紹興间浙江地區刻工。刻有
《陶淵明集》宋紹興十年刻本。十行，行十六字。
陳小八　南宋乾道间四川地區刻工。刻有
《南華真經注》宋蜀中安仁趙諫議宅刻本。
九行，行十五字。
陳山　南宋乾道间刻工。刻有
《孔氏六帖》宋乾道二年泉南郡庠刻本。十
二行，行二十字。
陳山　南宋紹定间浙江地區刻工。刻有
《重廣補注黄帝内經素問》十行，行二十字。
《晦庵先生文集》宋淳祐五年刻本。十行，
行十九字。
陳久　南宋乾道间江西贛州地區刻工。刻有
《豫章先生文集》宋乾道刻本。九行，行十八字。
陳千　南宋淳熙间江西地區刻工。刻有
《吕氏家塾讀詩記》宋淳熙江西漕台刻本。
十行，行十九字。
《纂圖互注重言重意周禮》十一行，行二十
七字。
《字苑類编》十行，行十八字。

陳文　南宋紹興間杭州地區刻工。刻有

《禮記正義》宋紹熙三年兩浙東路茶鹽司刻本。八行，行十六字。

《集韻》明州刻。十一行，行二十三字。

《舊唐書》宋紹興兩浙東路茶鹽司刻本。十四行，行二十五字。

《漢雋》宋淳熙五年滁陽郡齋刻本。九行，行字不等。

《備急千金要方》十三行，行二十三字。

《外臺秘要方》宋紹興兩浙東路茶鹽司刻本。十二行，行二十四字。

《景德傳燈録》宋紹興四年釋思鑑刻本。十五行，行二十六至三十字。

《孔氏六帖》宋乾道二年泉南郡庠刻本。十二行，行十八、十九字。

《陶淵明集》十行，行十六字。

《温國文正司馬公文集》宋紹興刻本。十二行，行二十字。

《文選注》宋紹興二十八年明州刻本。十行，行二十至二十二字。

《南華真經注》八行，行十五字。

《參寥子詩集》十一行，行二十三字。

陳文　南宋淳熙間江西撫州地區刻工。刻有

《禮記注》宋淳熙四年撫州公使庫刻本。十行，行十六字。

《春秋經傳集解》宋撫州公使庫刻本。十行，行十六字。

《春秋公羊傳解詁》宋淳熙撫州公使庫刻紹熙四年重修本。十行，行十六字。

陳文　南宋紹興間福州地區刻工。刻有

《天聖廣燈録》宋紹興十八年刻福州開元寺毗盧大藏本。

陳文　南宋嘉定間福建地區刻工。刻有

《國朝諸臣奏議》宋淳祐十年史季温福州刻本。十一行，行二十三字。

《五曹算經》宋嘉定六年鮑澣之刻本。九行，行十八字。

《緝古算經》宋嘉定六年鮑澣之刻本。九行，行十八字。

《育德堂集》宋蔡氏家刻本。九行，行十八字。

《記纂淵海》宋嘉定二年刻本。十二行，行二十二字。

《古靈先生文集》十行，行十八字。

陳文，南宋寶慶間廣州地區刻工。刻有

《附釋文互注禮部韻略》宋寶慶廣東漕司刻本。九行，小字雙行三十字。

陳文玉　南宋紹興間杭州地區刻工。刻有

《後漢書注》宋紹興江南東路轉運司刻本。九行，行十六字。

《宋書》、《南齊書》、《陳書》、《魏書》、《周書》均九行，行十八字。

陳文祥　南宋淳熙間江西撫州地區刻工。刻有

《春秋經傳集解》宋撫州公使庫刻本。十行，行十六字。

陳方　北宋後期福州地區刻工。刻有

《福州東禪寺萬壽大藏》宋元豐三年至政和二年刻。六行，行十七字。

陳卞　南宋淳熙間安徽貴池地區刻工。刻有

《文選注》宋淳熙八年池陽郡齋刻本。十行，行二十一字。

陳斗南　南宋嘉定間浙江嘉興地區刻工。刻有
《重校添注音辯唐柳先生集》九行，行十七字。

陳元　南宋紹興間浙江地區刻工。刻有
《呂氏家塾讀詩記》宋淳熙九年尤延之刻本。十二行，行二十二字。
《景德傳燈錄》宋紹興四年釋思鑑刻本。十五行，行二十六至三十字。
《景德傳燈錄》十三行，行二十三字。
《文選注》宋紹興二十八年明州刻本。十行，行二十至二十二字。

陳五　南宋淳熙間福建地區刻工。刻有
《致堂讀史管見》十二行，行二十二字。

陳友　南宋嘉泰間江西吉安地區刻工。刻有
《周益文忠公集》宋開禧二年周綸刻本。十行，行十六字。
《文苑英華》宋嘉泰元年至四年周必大刻本。十三行，行二十二字。

陳友清　南宋淳祐間福建地區刻工。刻有
《晦庵先生朱文公文集》十行，行十八字。

陳太初　南宋淳祐間浙江地區刻工。刻有

《晦庵先生文集》宋淳祐五年刻本。十行，行十九字。

陳元　南宋紹興間浙江地區刻工。刻有

《春秋經傳集解》北宋刻缺氏字本。六行，行十五字。

《說苑》北宋刻本。十一行，行二十字。

《景德傳燈錄》宋紹興四年釋思鑑刻本。十五行，行二十六至三十字。

《文選注》宋紹興二十八年明州刻本。十行，行二十至二十二字。

《三蘇先生文粹》宋乾道婺州吳宅桂堂刻本。十四行，行二十六字。

陳元　南宋慶元間江西吉安地區刻工。刻有

《歐陽文忠公集》宋慶元二年周必大刻本。十行，行十六字。

《儀禮經傳通解》宋嘉定十年南康道院刻本。七行，行十五字。

陳元　南宋嘉定間福建地區刻工。刻有

《資治通鑑綱目》宋嘉定十二年溫陵郡齋刻本。八行，行十七字。

《國朝諸臣奏議》宋淳祐十年史季溫刻本。十一行，行二十三字。

《四朝名臣言行録》十一行，行二十一字。

《東漢會要》宋寶慶二年建寧郡齋刻本。十一行，行二十字。

《歷代故事》宋嘉定五年刻本。八行，十六字。

陳元茂　南宋淳祐間福州地區刻工。刻有

《國朝諸臣奏議》宋淳祐十年史季溫福州刻本。十一行，行二十三字。

陳元清　南宋咸淳間杭州地區刻工。刻有

《河東先生集》宋咸淳廖氏世綵堂刻本。九行，行十七字。

陳中　北宋天禧間刻工。刻有

《南華真經注》十行，行十六、十七字。

陳中　南宋初期杭州地區刻工。刻有

《三國注》十四行，行二十五字。

《大廣益會玉篇》十行，行二十字。

《太玄經集注》十行，行十七字。

《白氏六帖事類集》十三行，行二十四至二十七字。

陳中　南宋淳熙間江西地區刻工。刻有

《禮記注》宋淳熙四年撫州公使庫刻本。十行，行十六字。

《春秋經傳集解》宋撫州公使庫刻本。十行，行十六字。

《三朝名臣言行録》十行，行十七字。

《豫章黄先生文集》宋乾道刻本。九行十八字。

陳日　南宋後期杭州地區刻工。補刻有

《後漢書注》宋紹興江南東路轉運司刻本。九行，行十六字。

陳日升　南宋咸淳間杭州地區刻工。刻有

《咸淳臨安志》宋咸淳臨安府刻本。十行，行二十字。

陳仁　南宋紹興間杭州地區刻工。刻有

《尚書正義》宋紹熙三年兩浙東路茶鹽司刻本。八行，行十九字。

《周官講義》九行，行十八字。

《漢書注》宋紹興江南東路轉運司刻本。九行，行十六字。

《後漢書注》宋紹興江南東路轉運司刻本。九行，行十六字。

《三國志注》衢州本。十行，行十九字。

《宋書》、《南齊書》、《梁書》、《陳書》、《魏書》、《北齊書》均九行，行十八字。

《諸史提要》宋乾道紹興府刻本。九行十四字。

《皇朝文鑑》宋嘉泰四年新安郡齋刻本。十行，行十九字。

《苕溪漁隱叢話》後集十一行，行二十二字。

補刻有《新唐書》十四行，行二十三至二十六字。

陳仁　南宋後期廣東地區刻工。刻有

《通鑑總類》宋潮陽刻本。十一行，行二十三字。

陳仁五　南宋紹興間杭州地區刻工。刻有

《宋書》、《南齊書》均九行，行十八字。

陳仁舉　南宋中期杭州地區刻工。補刻有

《陳書》九行，行十八字。

陳公友　南宋中期杭州地區刻工。補刻有

《魏書》九行，行十八字。

陳公弼　南宋端平間江西吉安地區刻工。刻有

《誠齋集》宋端平二年羅茂良刻本。十行，行十六字。

陳升　南宋中期長沙地區刻工。刻有

《集韻》十行，行字不等。

陳升　南宋咸淳间杭州地區刻工。刻有《咸淳臨安志》宋咸淳臨安府刻本。十行，行二十字。

陳允升　南宋後期杭州地區刻工。刻有《磧砂藏》六行，行十七字。

補刻有：

《周禮疏》宋兩浙東路茶盐司刻本。八行，行十五至十七字。

《禮記正義》宋紹熙三年兩浙東路茶盐司刻本。八行，行十六字。

《春秋左傳正義》宋慶元六年紹興府刻本。八行，行十六字。

《論語注疏解經》宋紹熙兩浙東路茶盐司刻本。八行，行十六字。

《經典釋文》十一行，行十七字。

《漢書注》宋紹興江南東路轉運司刻本。九行，行十六字。

《後漢書注》宋紹興江南東路轉運司刻本。九行，行十六字。

《南齊書》、《魏書》均九行，行十八字。
《國語補》十行，行二十字。

陳月　南宋寶慶間福建地區刻工。刻有《東漢會要》宋寶慶二年建寧郡齋刻本，十一行，行二十字。

陳立　北宋後期福州地區刻工。刻有《福州開元寺毗盧大藏》宋政和二年至乾道八年刻。六行，行十七字。

陳立　南宋紹興間杭州地區刻工。刻有《陳書》、《魏書》、《北齊書》均九行，行十八字。

陳立　南宋淳祐間江西地區刻工。刻有《義豐文集》宋淳祐三年王旦刻本。十行，行十八字。

陳永　南宋紹定間浙江寧波地區刻工。刻有《四明志》宋紹定二年刻本。十行，行十八字。

陳永達　南宋寶祐間浙江吳興地區刻工。刻有《通鑑紀事本末》宋寶祐五年趙與篡刻本。十一行，行十九字。

陳白　南宋紹興間福州地區刻工。刻有

《天聖廣燈錄》宋紹興十八年刻福州開元寺毗盧大藏本。六行，行十七字。

陳平　南宋紹興間福州地區刻工。刻有

《天聖廣燈錄》宋紹興十八年刻福州開元寺毗盧大藏本。六行，行十七字。

陳可　南宋淳祐間浙江地區刻工。刻有

《晦庵先生文集》宋淳祐五年刻本。十行，行十九字。

陳玉　南宋紹興間南京地區刻工。刻有

《後漢書注》宋紹興江南東路轉運司刻本。九行，行十八字。

陳玉　南宋紹興間四川眉山地區刻工。刻有

《東都事略》宋眉山程紀五峰閣刻本。十二行，行二十四字。

陳石　南宋淳熙間江西地區刻工。刻有

《後漢書注》十行，行十九字。

《東坡集》宋孝宗間刻本。十行，行十八字。

《樂全先生文集》十二行，行二十二字。

陳皮　南宋初期浙江寧波地區刻工。刻有

《集韻》明州刻本。十一行，行二十三字。

陳世昌　南宋中期浙江地區刻工。刻有

《中興館閣録》九行，行十八字。

陳正　南宋紹興間浙江寧波地區刻工。刻有

《大般若波羅蜜多經》宋紹興二年奉化王公祠堂刻本。六行，行十七字。

陳正　南宋中期刻工。刻有

《春秋經傳集解》宋嘉定九年興國軍學刻本。八行，行十七字。

《集韻》湖南本。十行，大字三當小字四。

《漢書集注》宋嘉定十七年白鷺洲書院刻本。八行，行十六字。

《東都事略》宋眉山程氏五峰閣刻本。十二行，行二十四字。

《東坡先生奏議》蜀刻本。十行，行十八字。

《記纂淵海》宋嘉定二年刻本。十三行，行二十二字。

陳甲　南宋嘉定間江西地區刻工。刻有

《儀禮經傳通解》宋嘉定十年南康道院刻本。七行，行十五字。

陳中　南宋紹興間安徽舒城地區刻工。刻有

《王文公文集》宋紹興龍舒刻本。十行，行十七字。

陳四　南宋慶元間江西吉安地區刻工。刻有

《歐陽文忠公集》宋慶元二年周必大刻本。十行，行十六字。

陳升　南宋慶元間江西吉安地區刻工。刻有

《歐陽文忠公集》宋慶元二年周必大刻本。十行，行十六字。

陳仕　南宋後期蘇州地區刻工。刻有

《磧砂藏》平江府磧砂延聖院刻。六行，行十七字。

陳仲　南宋紹興間刻工。

《尚書正義》宋紹熙三年兩浙東路茶鹽司刻本。八行，行十九字。

《古史》十一行，行二十二字。

《漢書注》宋紹興湖北提舉茶鹽司刻淳熙、紹熙、慶元修本。十四行，行二十四字。

《輿地廣記》宋江州刻嘉泰四年、嘉定十年、淳祐十年修本。十三行，行二十四字

補刻《儀禮疏》十五行，行二十七字。

陳生 南宋紹興間福州地區刻工。刻有
《續高僧傳》宋紹興十八年刻福州開元寺毗盧大藏本。六行，行十七字。
《天聖廣燈錄》宋紹興十八年刻福州開元寺毗盧大藏本。六行，行十七字。
《續律異相》福州開元寺毗盧大藏本。六行，行十七字。

陳生 南宋紹興間四川眉山地區刻工。刻有
《東都事略》宋眉山程氏立峰閣刻本。十二行，行二十四字。

陳生 南宋後期浙江地區刻工。刻有
《磧砂藏》六行，行十七字。
《晦庵先生文集》宋淳祐五年刻本。十行，行十九字。

陳用 北宋景祐間刻工。刻有
《儀禮疏》十五行，行二十七字。
《漢書注》十行，行十九字。
《新唐書》宋嘉祐本。十四行，行十十[illegible]至二十六字。

陳用 南宋紹興間浙江地區刻工。刻有

《周禮疏》宋兩浙東路茶盐司刻本。八行，行十五至十七字。

《史記集解》宋绍興江南東路轉運司刻本，九行，行十六字。

《三國志注》十行，行十九字。

《五代史記》撫州本。十二行，行二十二字。

《新唐書》宋绍興刻本。十四行，行二十三至二十六字。

《魏書》、《宋書》均九行，行十八字。

《荀子》八行，行十六字。

《陶淵明集》宋绍興十年刻本。

《東坡集》宋乾道刻本，十行，行二十字。

陳用得　南宋淳祐間福州地區刻工。刻有

《國朝諸臣奏議》宋淳祐十年史季温福州刻本。十一行，行二十三字。

陳禾　南宋淳熙間長沙地區刻工。刻有

《集韻》十行，行大字三當小字四。

《禹貢論》宋淳熙八年泉州州學刻本。十二行，行二十二字。

陳安　南宋初期杭州地區刻工。刻有

《尚書正義》宋紹興三年兩浙東路茶鹽司刻本。八行，行十九字。
《周禮疏》宋兩浙東路茶鹽司刻本。八行，行十五至十七字。
《舊唐書》宋紹興兩浙東路茶鹽司刻本。十四行，行二十五字。
《重廣補注黄帝內經素問》十行，行二十字。
陳充　南宋乾道間江西贛州地區刻工。刻有
《文選注》宋贛州州學刻本。九行，行十五字。
陳沖先　南宋乾道間杭州地區刻工。刻有
《東坡集》宋乾道刻本。十行，行二十字。
陳吉　北宋杭州地區刻工。刻有
《史記集解》十行，行十九字。
《漢書注》十行，行十九字。
《後漢書注》十行，行十九字。
陳圭　南宋紹興間浙江衢縣地區刻工。刻有
《三國志注》衢州本。十行，行十九字。
陳圭　南宋嘉定間福建地區刻工。刻有
《孫子算經》宋嘉定六年鮑澣之刻本。九行，行十八字。

陳至　南宋紹興間杭州地區刻工。刻有

《後漢書注》南宋初杭州刻本。十行，行十九字。

《後漢書注》宋紹興江南東路轉運司刻本。九行，行十六字。

陳至　南宋寶慶間福建地區刻工。刻有

《東漢會要》宋寶慶二年建寧郡齋刻本。十一行，行二十字。

陳民　南宋紹興間浙江紹興地區刻工。刻有

《尚書正義》宋紹興三年兩浙東路茶鹽司刻本，八行，行十九字。

陳成　南宋乾道間刻工。刻有

《尚書傳》十行，行二十字。

《石林奏議》宋開禧二年台州刻本。十行，行二十五字。

陳光　南宋淳熙間江西撫州地區刻工。刻有

《禮記注》宋淳熙四年撫州公使庫刻本。十行，行十六字。

陳先　南宋初期浙江地區刻工。刻有

《周禮疏》宋紹熙兩浙東路茶鹽司刻本。八行，行十五至十七字。

《儀禮鄭注》十四行，行二十四至二十五字。
《藝文類聚》宋紹興間刻本。十四行，行二十七、二十八字。
《東坡集》宋乾道刻本。十行，行二十字。

陳芝　南宋中期浙江地區刻工。刻有
《資治通鑑綱目》宋嘉定十二年温陵郡齋刻本。八行，行十七字。
《皇朝文鑑》宋嘉泰四年新安郡齋刻本。十行，行十九字。

陳行　南宋嘉泰間安徽地區刻工。刻有
《皇朝文鑑》宋嘉泰四年新安郡齋刻本。十行，行十九字。

陳全　南宋慶元間江西地區刻工。刻有
《儀禮集傳集注》宋嘉定十年南康道院刻本。七行，行十五字。
《春秋經傳集解》宋嘉定九年興國軍學刻本。八行，行十七字。
《歐陽文忠公集》宋慶元二年周必大刻本。十行，行十六字。
《東坡集》十行，行十八字。

陳全　南宋中期浙江地區刻工。刻有

《論語纂疏》九行，行二十字。

補刻有：

《史記集解》十行，行十九字。

《漢書注》十行，行十九字。

陳言　北宋景祐間刻工。刻有

《史記集解》十行，行十九字。

《漢書注》十行，行十九字。

陳辛　南宋紹興間浙江地區刻工。刻有

《景德傳燈録》宋紹興四年釋思鑑刻本。十五行，行二十六至三十字。

《音注韓文公文集》宋婺州刻本。十二行，行二十一或二十二字。

《文選注》宋紹興二十八年明州刻本。十行，行二十至二十二字。

陳辛　南宋淳祐間浙江地區刻工。刻有

《晦庵先生文集》宋淳祐五年刻本。十行，行十九字。

陳辛　南宋淳熙間江西地區刻工。刻有

《詩集傳》宋淳熙七年蘄州公使庫刻本。十

行，行十九字。

《禮記注》宋淳熙四年撫州公使庫刻本。十行，行十六字。

《春秋經傳集解》宋撫州公使庫刻本。十行，行十六字。

《輿地廣記》十三行，行二十四字。

陳亨　南宋淳熙間浙江地區刻工。刻有

《石林奏議》宋開禧二年刻本。十行，行二十字。

《寒山子詩集》十一行，行十八字。

陳良　南宋紹熙間浙江地區刻工。刻有

《古史》十一行，行二十二字。

《資治通鑑綱目》八行，行十七字。

《重校添注音辯唐柳先生文集》鄭定本。九行，行十七字。

《于湖居士文集》宋嘉泰元年刻本。十行，行十六字。

~~補刻有：~~

~~《春秋公羊疏》宋紹興刻宋元遞修本~~。

《晦庵先生文集》宋淳祐五年刻本。十行，行十九字。

《尚書正義》宋紹興三年兩浙東路茶鹽司刻本。八行，行十九字。

補刻有：

《春秋公羊疏》宋紹興刻本。十五行，行二十三至二十八字。

《宋書》、《南齊書》、《魏書》均九行，行十八字。

《國語解》十行，行二十字。

《大唐六典注》宋紹興四年溫州州學刻本。十行，行二十字。

陳良　南宋乾道間江西贛州地區刻工。刻有

《文選注》宋贛州州學刻本。九行，行十五字。

陳祀　南宋端平間刻工。

《玉堂類稿》十行，行十九、二十字。

陳忻　南宋淳熙間江西撫州地區刻工。刻有

《春秋經傳集解》宋撫州公使庫刻本。十行，行十六字。

《春秋公羊經傳解詁》宋淳熙刻紹熙四年重修本。十行，行十六字。

《三國志注》十四行，行二十五字。

陳辰　南宋紹興南京地區刻工。刻有《後漢書注》宋紹興江南東路轉運司刻本。九行，行十六字。

陳孝友　南宋中期杭州地區刻工。刻有《三蘇先生文粹》十行，行十八字。

陳志　南宋紹興間杭州地區刻工。刻有《臨川先生文集》宋紹興二十一年兩浙西路轉運司王玨刻本。十二行，行二十字。

陳君　南宋紹興杭州地區刻工。刻有《經典釋文》十一行，行十七字。

陳玘　北宋治平間刻工。刻有《類篇》八行，行二十字。

陳迂　南宋中期江西吉安地區刻工。刻有《東坡集》宋孝宗間刻本。十行，行十八字。

陳兵　南宋初期刻工。刻有《吳志》十四行，行二十五字。

陳秀　南宋寶祐間刻工。刻有《致堂讀史管見》宋寶祐二年宛陵刻本。十二行，行二十三字。《磧砂藏》六行，行十七字。

補刻有《國語解》十行，行二十字。

陳采 南宋初期湖北地區刻工。刻有

《漢書注》宋紹興湖北提舉茶鹽司刻淳熙、紹熙、慶元修本。十四行，行二十六至二十九字。

陳采 南宋後期福建地區刻工。刻有

《押韻釋疑》宋嘉熙三年禾興郡齋刻本。十行，行字不等。

《漢書注》宋福唐郡庠刻本。十行，行十九字。

《國朝諸臣奏議》宋淳祐十二年史季溫福州刻本。十一行，行二十三字。

陳邦直 南宋紹興間杭州地區刻工。刻有

《史記集解》十行，行十九字。

陳邦卿 南宋中期杭州地區刻工。補刻有

《尚書正義》宋紹熙三年兩浙東路茶鹽司刻本。八行，行十九字。

《儀禮疏》十五行，行二十七字。

《春秋左傳正義》宋慶元六年紹興府刻本。八行，行十六字。

《爾雅疏》十五行，行三十字。

《後漢注》宋紹興江南東路轉運司刻本。九行，行十六字。

《三國志注》宋衢州本。十行，行十九字。

《皇朝文鑑》宋嘉泰四年新安郡齋刻本。十行，行十九字。

陳谷　南宋初期杭州地區刻工。刻有

《史記集解》十行，行十九字。

陳伴　南宋紹興間湖北地區刻工。刻有

《漢書注》宋紹興湖北提舉茶鹽司刻淳熙、紹熙、慶元修本。十四行，行二十六至二十九字。

陳仲　南宋紹興間杭州地區刻工。刻有

《經典釋文》十一行，行十七字。

《史記集解》宋紹興淮南路轉運司刻本。九行，行十六字。

《漢書注》宋紹興江南東路轉運司刻本。九行，行十六字。

《後漢書注》宋紹興江南東路轉運司刻本。九行，行十六字。

《古史》十一行，行二十二字。

《宋書》、《南齊書》、《魏書》均九行，行十八字。
《重校證活人書》十行，行十九字。
《太玄經集注》十行，行十七字。
《王文公文集》宋紹興龍舒本。十行，行十七字。
《花間集》宋紹興十八年建康郡齋刻本。八行，行十七字。
《青山集》十行，行二十字。
《漢書注》南宋初杭州刻本。十行，行十九字。
《後漢書注》南宋初杭州刻本。十行，行十九字。

陳伯　南宋紹興間浙江紹興地區刻工。刻有
《尚書正義》宋紹興三年兩浙東路茶鹽司刻本。八行，行十九字。

陳伯至　南宋乾道間江西贛州地區刻工。刻有
《文選注》宋贛州州學刻本。九行，行十五字。

陳庚　南宋淳熙間長沙地區刻工。刻有
《集韻》十行，行字不等。

陳宗　南宋紹興間安徽舒城地區刻工。刻有
《王文公文集》宋紹興龍舒本。十行，行十七字。

陳林　南宋紹興間浙江金華地區刻工。刻有《古三墳書》宋紹興十七年婺州州學刻本。十行，行十八字。

《唐鑑》十二行，行二十三字。

陳松　南宋紹熙間杭州地區刻工。刻有《論語注疏解經》宋紹熙兩浙東路茶鹽司刻本。八行，行十六字。

《咸淳臨安志》宋咸淳臨安府刻本。十行，行二十字。

陳居敬　南宋中期浙江地區刻工。刻有《資治通鑑考異》十行，行二十二字。

陳運　南宋初期浙江地區刻工。刻有《舊唐書》宋紹興兩浙東路茶鹽司刻本。十四行，行二十五字。

《編年通載》五行，行十七字。

《文選注》宋紹興二十八年明州刻本。十行，行二十至二十二字。

補刻有《史記集解》十行，行十九字。

陳運　南宋淳熙間江西撫州地區刻工。刻有《禮記注》宋淳熙四年撫州公使庫刻本。十行，行十六字。

陳武　北宋咸平間刻工。刻有

《三國志注》十四行，行二十五字。

陳長　南宋紹興間浙江地區刻工。刻有

《論衡》宋乾道三年紹興府刻本。十行，行

二十至二十二字。

補刻有《三國志注》十四行，行二十五字。

陳明　南宋初期杭州地區刻工。刻有

《周易注疏》宋兩浙東路茶鹽司刻本。八行，

行十九字。

《經典釋文》十一行，行十七字。

《韻補》六行，行字不等。

《儀禮疏》十五行，行二十七字。

《漢書注》南宋初杭州刻本。十行，行十九字。

《漢書注》宋紹興江南東路轉運司刻本。九

行，行十六字。

《後漢書注》宋紹興江南東路轉運司刻本。

九行，行十六字。

《諸史提要》宋乾道紹興府刻本。九行，行

十四字。

《金石錄》宋淳熙龍舒郡齋刻本。十行，行二十一字。

《論衡》宋乾道三年紹興府刻本。十行，行二十至二十二字。

《白氏長慶集》宋乾道四年刻本。十三行，行二十三字。

《增廣司馬溫公全集》十二行，行二十字。

《北山小集》十行，行二十字。

《三蘇先生文粹》宋乾道婺州吳宅桂堂刻本。十四行，行二十六字。

《苕溪漁隱叢話》後集十一行，行二十二字。

陳明　南宋嘉定間江西地區刻工。刻有

《漢書集注》宋嘉定十七年白鷺洲書院刻本。八行，行十六字。

《後漢書注》宋嘉定白鷺洲書院刻本。八行，行十六字。

《本草衍義》宋淳熙十二年江西轉運司刻慶元元年重修本。十一行，行二十一字。

《輿地廣記》十三行，行二十四字。

《樂全先生文集》十二行，行二十二字。

陳明　南宋嘉定間福建地區刻工。刻有

《後漢書注》宋嘉定元年建安蔡琪純父一經堂刻本。八行，行十六字。

《東漢會要》宋寶慶二年建寧郡齋刻本。十一行，行二十字。

陳明仲　南宋初期杭州地區刻工。刻有

《春秋經傳集解》八行，行十七字。

《毛詩正義》宋紹興九年紹興府刻本。十五行，行二十四至二十六字。

《經典釋文》十一行，行十七字。

《廣韻》南北宋之交刻。十行，行字不等。

《編年通載》五行，行十七字。

《事類賦注》宋紹興十六年兩浙東路茶鹽司刻本。八行，行十四至十六字。

陳昌　北宋景祐間刻工。刻有

《史記集解》十行，行十九字。

《漢書注》十行，行十九字。

陳昌　南宋淳熙間杭州地區刻工。刻有

《史記集解索隱》宋淳熙三年張杅桐川郡齋刻淳熙八年耿秉補刻本。十二行，行二十五字

《東坡集》宋乾道刻本。十行，行二十字。

陳昇 或署陳升 南宋紹興間杭州地區刻工。刻有

《經典釋文》十一行，行十七字。

《漢書注》宋紹興湖北提舉茶鹽司刻淳熙、紹熙、慶元修本。十四行，行二十六至二十九字。

《思溪藏》宋紹興二年王永從刻本。六行，行十七字。

《唐文粹》宋紹興九年臨安府刻本。十五行，行二十四至三十字。

陳昇 南宋咸淳間杭州地區刻工。刻有

《咸淳臨安志》宋咸淳臨安府刻本。十行，行二十字。

陳昇 南宋淳熙間江西撫州地區刻工。刻有

《禮記注》宋淳熙四年撫州公使庫刻本。十行，行十六字。

《春秋經傳集解》宋撫州公使庫刻本。十行，行，行十六字。

《經典釋文》宋淳熙四年撫州公使庫刻本。十行，行十六字。

陳忠　南宋初期杭州地區刻工。刻有

《尚書正義》宋紹興刻本。十五行，行二十四字。

《爾雅注》十行，行二十字。

~~《類篇》八行，行十六字。~~

《集韻》十一行，行二十三字。

《三國志注》十行，行十九字。

《五代史記》十二行，行二十二字。

《水經注》十一行，行二十字。

《備急總效方》宋紹興二十四年刻本。十行，行十六字。

《白氏六帖事類集》十三行，行二十四至二十七字。

《温國文正司馬公文集》宋紹興間刻本。十二行，行二十字。

《徐公文集》宋紹興十九年明州刻本。十行行十九字。

《臨川先生文集》宋紹興二十一年兩浙西路轉運司王珏刻本。十二行，行二十字。

《文選注》宋紹興二十八年明州刻本。十行

行二十至二十二字。

補刻有：

《史記集解》十行，行十九字。北宋刻本。

《漢書注》北宋刻本。十行，行十九字。

陳忠　南宋後期福建地區刻工。刻有

《資治通鑑綱目》宋詹光祖月崖書堂刻本。

十行，行十六字。

陳忠　北宋治平間刻工。刻有

《類篇》八行，行十六字。

陳果　南宋乾道間浙江金華地區刻工。刻有

《三蘇先生文粹》宋乾道婺州吴宅桂堂刻本。

十四行，行二十六字。

陳岳　南宋淳熙間浙江台州地區刻工。刻有

《荀子》宋淳熙八年台州刻本。八行，十六字。

《揚子法言》唐仲友本。

陳迎　南宋初期杭州地區刻工。刻有

《毛詩正義》宋紹興九年紹興府刻本。十五

行，行二十四至二十六字。

《禮記注》十行，行十六、十七字。

《新唐書》宋紹興兩浙東路茶鹽司刻本。十

四行，行二十五字。

《資治通鑑》宋紹興三年兩浙東路茶鹽司刻本。十二行，行二十四字。

《編年通載》南宋初刻本。五行，行十七字

陳佺　南宋中期江西吉安地區刻工。刻有

《東坡集》十行，行十八字。

陳念二　南宋慶元間江西吉安地區刻工。刻有

《歐陽文忠公集》宋慶元二年周必大刻本。十行，行十六字。

陳受　北宋景祐間刻工。刻有

《漢書注》十行，行十九字。

陳庠　南宋紹興間杭州地區刻工。刻有

《漢書注》南宋初杭州刻本。十行，行十九字

《漢書注》宋紹興江南東路轉運司刻本。九行，行十六字。

陳度　南宋紹興間湖北常德地區刻工。刻有

《漢書注》宋紹興湖北提舉茶鹽司刻淳熙、紹熙、慶元修本。十四行，行二十六至二十九字。

陳宥　北宋景祐間刻工。刻有

《史記集解》十行，行十九字。

《漢書注》十行，行十九字。

陳宣　北宋宣和間福州地區刻工。刻有

《佛説優填王經》宋宣和六年刻福州開元寺毗盧大藏本。六行，行十七字。

陳洪　南宋端平間福州地區刻工。刻有

《國朝諸臣奏議》宋淳祐十年史季溫福州刻本。十一行，行二十三字。

《自警編》宋端平元年刻本。十行，二十字。

補刻有《周禮疏》八行，行十五至十七字。

陳洵　南宋初期杭州地區刻工。刻有

《禮記注》十行，行十六至十七字。

《春秋五禮例宗》十一行，行十九至二十字。

陳虎　南宋淳熙間安徽貴池地區刻工。刻有

《晉書》宋嘉泰四年至開禧元年秋浦郡齋刻本。九行，行十六字。

《白氏六帖事類集》十三行，行二十四至二十七字。

《文選注》宋淳熙八年池陽郡齋刻本。十行，十八字至二十一字。

陳祐　南宋紹興間刻工。刻有

《南華真經注》十行，行十五字。

《唐百家詩選》宋紹興刻本。九行，行二十字。

《石林奏議》宋開禧二年刻本。十行，行二十五字。

陳祖　南宋紹興間杭州地區刻工。刻有

《經典釋文》十一行，行十七字。

陳彥　南宋初期杭州地區刻工。刻有

《毛詩正義》宋紹興九年紹興府刻本。十五行，行二十四至二十六字。

《禮記注》南宋初刻遞修本。十行，行十六、十七字。

《禮記正義》宋紹熙三年兩浙東路茶鹽司刻本。八行，行十六字。

《經典釋文》十一行，行十七字。

《史記集解》宋紹興淮南路轉運司刻本。九行，行十六字。

《漢書注》宋紹興湖北提舉茶鹽司刻淳熙、紹熙、慶元修本。十四行，行二十六至二十九字。

《後漢書注》宋紹興江南東路轉運司刻本。九行，行十六字。

《後漢書注》南宋初杭州刻本。十行，行十九字。

《宋書》、《魏書》均九行，行十八字。
《編年通載》五行，行十七字。
《文粹》宋紹興九年臨安府刻本。十五行，行二十四至三十字。
《聖宋文選》宋乾道刻本。十六行，二十八字。
《唐百家詩選》宋紹興刻本。九行，行二十字。
補刻有：
《史記集解》北宋刻本。十行，行十九字。
《漢書注》北宋刻本。十行，行十九字。
陳彦和　南宋後期江西吉安地區刻工。刻有
《慈溪黄氏日抄分類》十行，行二十字。
陳奎　北宋景祐間刻工。刻有
《漢書注》宋景祐二年刻本。十行，行十九字。
陳珍　南宋紹興間杭州地區刻工。刻有
《白氏六帖事類集》十三行，行二十四至二十七字。
《徐公文集》宋紹興十九年明州刻本。十行，行十九字。
陳眉　北宋刻工。刻有
《史記集解》北宋刻中箱本。十四行，行二

十七至二十九字。

陳玫　南宋後期杭州地區刻工。刻有《咸淳臨安志》宋咸淳臨安府刻本。十行，行二十字。

補刻有：

《經典釋文》十一行，行十七字。

《禮記正義》宋紹熙三年兩浙東路茶鹽司刻本。八行，行十六字。

《史記集解》宋紹興淮南路轉運司刻本。九行，行十六字。

陳玫　南宋嘉定間福建地區刻工。刻有《九章算經》宋嘉定六年鮑澣之刻本。九行，行十八字。

陳單　南宋初期江西地區刻工。刻有《豫章黄先生文集》宋乾道刻本。九行，行十八字。

《宛陵先生文集》宋紹興宣州軍州學刻嘉定十七年修本。十行，行十九字。

陳英　南宋紹興間浙江地區刻工。刻有《舊唐書》宋紹興兩浙東路茶鹽司刻本。十四行，行二十五字。
《新唐書》宋紹興刻本。十四行，行二十三至二十六字。
《資治通鑑》宋紹興三年兩浙東路茶盐司刻本。十二行，行二十四字。
補刻有《三國志注》十四行，行二十五字。
陳英　南宋淳熙间江西撫州地區刻工。刻有
《春秋經傳集解》宋撫州公使庫刻本。十行，行十六字。
《春秋公羊傳解詁》宋淳熙撫州公使庫刻紹熙四年重修本。十行，行十六字。
《資治通鑑綱目》宋廬陵本。
《誠斋集》宋端平二年刻本。十行，行十六字。
陳茂　南宋紹興间浙江地區刻工。刻有
《說文解字》十行，行二十字。
《外臺秘要方》宋紹興兩浙東路茶盐刻本。十三行，行二十三至二十五字。
《備急千金要方》十三行，行二十三字。
《咸淳臨安志》宋咸淳臨安府刻本。十行，行二十字。

陳茂　南宋慶元間江西地區刻工。刻有
《漢書集注》宋嘉定十七年白鷺洲書院刻本。
八行，行十六字。
《本草衍義》宋淳熙十二年江西轉運司刻慶
元元年重修本。十一行，行二十一字。
《歐陽文忠公集》宋慶元二年周必大刻本。
十行，行十六字。
陳是(寔)　南宋中期杭州地區刻工。刻有
《大宋重修廣韻》十行，行二十字。
陳思義　南宋紹興間浙江紹興地區刻工。刻有
《周禮疏》宋兩浙東路茶鹽司刻本。八行，
行十五至十七字。
《禮記正義》宋紹熙三年兩浙東路茶鹽司刻
本。八行，行十六字。
陳信　北宋治平間刻工。刻有
《類篇》八行，行十六字。
陳信　北宋景祐間刻工。刻有
《史記集解》十行，行十九字。
《漢書注》十行，行十九字。
陳信　南宋初期江西地區刻工。刻有
《輿地廣記》十三行，行二十四字。

《文選注》宋贛州州學刻本。九行，行十五字。

陳保　南宋紹興間浙江紹興地區刻工。刻有

《尚書正義》宋紹興三年兩浙東路茶鹽司刻本。八行，行十九字。

《周禮疏》宋兩浙東路茶鹽司刻本。八行，行十五至十七字。

陳俊　南宋初期杭州地區刻工。刻有

《尚書正義》宋紹興三年兩浙東路茶鹽司刻本。八行，行十九字。

《周禮疏》宋兩浙東路茶鹽司刻本。八行，行十五至十七字。

《周官講義》宋乾道刻本。九行，行十八字。

《集韻》十一行，行二十三字。

《諸史提要》宋乾道紹興府刻本。十行，行二十至二十二字。

《論衡》宋乾道三年紹興府刻本。九行，十四字。

《曹子建文集》宋嘉定六年刻本。八行，行十五字。

《陶淵明集》十行，行十六字。

陳叙　南宋紹興間杭州地區刻工。刻有

《臨川先生文集》宋紹興二十一年兩浙西路轉運司王珏刻本。十二行，行二十字。

陳叟　南宋乾道間江西贛州地區刻工。刻有

《文選注》宋贛州州學刻本。九行，行十五字。

陳高　南宋初期寧波地區刻工。刻有

《周禮疏》宋兩浙東路茶鹽司刻本。八行，行十五至十七字。

《集韻》明州本。十一行，行二十三字。

《水經注》十一行，行二十字。

《東都事略》宋眉山程氏五峰閣刻本。十二行，行二十四字。

《白氏六帖事類集》十三行，行二十四至二十七字。

《景德傳燈録》宋紹興四年釋果鑑刻本。十五行，行二十六至三十字。

《妙法蓮華經》十二行，行二十七字。

《徐公文集》宋紹興十九年明州刻本。十行，行十九字。

《文選注》宋紹興二十八年明州刻本。十行，行二十至二十二字。

陳浩　北宋景祐間刻工。刻有

《史記集解》十行，行十九字。

《漢書注》十行，行十九字。

陳浩　南宋紹興間杭州地區刻工。刻有

《尚書正義》宋紹熙三年兩浙東路茶鹽司刻本。八行，行十九字。

《周禮疏》宋兩浙東路茶鹽司刻本。八行，行十五至十七字。

《春秋經傳集解》衢州本。十四行，行十四字。

《春秋左傳正義》宋慶元六年紹興府刻本。八行，行十六字。

《春秋公羊傳解詁》宋撫州公使庫刻本。十行，行十六字。

《經典釋文》十一行，行十七字。

《說文解字》十行，行二十字。

《爾雅疏》十一行，行二十一字。

《古史》十一行，行二十二字。

《漢書注》宋紹興江南東路轉運司刻本。九行，行十六字。

《三國志注》衢州本。十行，行十九字。

《南齊書》、《魏書》均九行，行十八字。

《舊唐書》宋紹興兩浙東路茶鹽司刻本。十四行，行二十五字。

《國語解》十行，行二十字。

《資治通鑑綱目》八行，行十七字。

《外臺秘要方》宋紹興兩浙東路茶鹽司刻本。十三行，行二十四至二十五字。

陳祥　南宋乾道間浙江金華地區刻工。刻有

《三蘇先生文粹》宋乾道婺州吳宅桂堂刻本。

《文選注》宋淳熙八年池陽郡齋刻本。十行，行二十一字。

陳祥　南宋淳熙間江西撫州地區刻工。刻有

《禮記注》宋淳熙四年撫州公使庫刻本。十行，行十六字。

《春秋經傳集解》宋撫州公使庫刻本。十行，行十六字。

《春秋公羊傳解詁》宋淳熙撫州公使庫刻紹熙四年重修本。十行，行十六字。

陳訓　南宋紹定間江西吉安地區刻工。刻有

《慈溪黃氏日抄分類》宋紹定二年刻本。十

行，行二十字。

陳真　南宋紹興間杭州地區刻工。刻有

《禮記正義》宋紹熙三年兩浙東路茶鹽司刻本。八行，行十六字。

《集韻》明州本。十一行，行二十三字。

《漢書注》南宋初杭州刻本。十行，行十九字。

《漢書注》宋紹興江南東路轉運司刻本。九行，行十六字。

《漢雋》宋淳熙十年象山縣學刻本。九行，行字不等。

《文選注》宋紹興二十八年明州刻本。十行，行二十至二十二字。

《文選注》宋贛州州學刻本。九行，行十五字。

補刻有：

《儀禮疏》十五行，行二十七字。

《爾雅疏》十行，行二十字。

陳恭　南宋初期杭州地區刻工。刻有

《說文解字》十行，行二十字。

《于湖居士文集》宋嘉泰元年刻本。十行，行十六字。

陳遜　南宋紹興間杭州地區刻工。刻有

《後漢書注》宋紹興江南東路轉運司刻本。

九行，行十六字。

《魏書》九行，行十八字。

陳振　南宋紹興間杭州地區刻工。刻有

《史記集解索隱》宋淳熙三年張杅桐川郡齋

刻本。十二行，行二十五字。

《漢書注》南宋初杭州刻本。十行，行十九字。

《後漢書注》宋紹興江南東路轉運司刻本。九

行，行十六字。

《論衡》宋乾道三年紹興府刻本。十行，行

二十至二十二字。

陳哲　南宋紹興間杭州地區刻工。刻有

《毛詩正義》宋紹興九年紹興府刻本。十五

行，行二十四至二十六字。

《經典釋文》十一行，行十七字。

補刻有《史記集解》十行，行十九字。

陳盛　南宋紹興間浙江建德地區刻工。刻有

《儀禮注》宋紹興間刻本。十四行，行二十

五字。

《世説新語》宋紹興八年嚴州刻本。十行，行二十字。

《藝文類聚》宋紹興間刻本。十四行，行二十七、二十八字。

《劉夢得文集》十行，行十八字。

陳晉　北宋治平間刻工。刻有

《類篇》八行，行十六字。

陳厚　南宋後期江西吉安地區刻工。刻有

《慈溪黄氏日抄分類》宋紹定二年刻本。十行，行二十字。

陳晃　南宋中期杭州地區刻工。刻有

《春秋左傳正義》宋慶元六年紹興府刻本。八行，行十六字。

《大廣益會玉篇》十行，行字不等。

《大宋重修廣韻》十行，行二十字。

《古史》十一行，行二十二字。

《武經七書》十行，行二十字。

《晦庵先生文集》宋淳祐五年刻本。十行，行十九字。

補刻有：

《經典釋文》十一行，行十七字。

《說文解字》十行，行二十字。

《南齊書》、《魏書》、《北齊書》均九行，

行十八字。

陳范 南宋初期江西地區刻工。刻有

《輿地廣記》十三行，行二十四字。

《豫章黃先生文集》宋乾道間刻本。九行，

行十八字。

陳修 南宋乾道間南京地區刻工。刻有

《青山集》十行，行二十字。

陳清 北宋治平間刻工。刻有

《類篇》八行，行十六字。

陳新 南宋浙江建德地區刻工。刻有

《儀禮疏》十五行，行二十七字。

陳清 南宋嘉泰間浙江地區刻工。刻有

《麗澤論說集錄》宋嘉泰四年呂喬年刻本。

十行，行二十字。

《東萊呂太史文集》宋嘉泰四年呂喬年刻本

十行，行二十字。

陳濤 南宋寶祐安徽宣城地區刻工。刻有

《致堂讀史管見》宋寶祐二年宛陵刻本。十

二行，行二十三字。

陳章　南宋紹興間浙江地區刻工。刻有《後漢書注》十行，行十九字。《三國志注》十四行，行二十五字。補刻有《儀禮疏》十五行，行二十七字。

陳章　南宋紹興間福州地區刻工。刻有《天聖廣燈錄》宋紹興十八年刻福州開元寺毗盧大藏本。六行，行十七字。

陳章　南宋淳熙間江西地區刻工。刻有《詩集傳》宋淳熙七年筠州公使庫刻本。十行，行十九字。

陳珪　南宋中期浙江地區刻工。刻有《資治通鑑考異》十行，行二十二字。

陳晳　南宋初期杭州地區刻工。補刻有《史記集解》北宋刻本。十行，行十九字。

陳彬　南宋中期杭州地區刻工。刻有《春秋左傳正義》宋慶元六年紹興府刻本。八行，行十六字。《古史》十一行，行二十二字。《資治通鑑綱目》浙刻本。八行，行十七字。

《紹定吳郡志》宋紹定二年刻本。九行，行十八字。

《荀子注》八行，行十六字。

《揚子法言》十行，行十八字。

《太玄經集注》十行，行十七字。

《冲虛至德真經注》十四行，行二十五至二十六字。

《渭南文集》宋嘉定十三年陸子遹刻本。十行，行十七字。

《忘機集》十行，行十六字。

《攻媿先生集》宋嘉定樓氏家刻本。十行，行十八字。

《晦庵先生文集》宋淳祐五年刻本。十行，行十九字。

補刻有：

《儀禮疏》十五行，行二十七字。

《經典釋文》十一行，行十七字。

《說文解字》十行，行二十字。

《史記集解》宋紹興淮南路轉運司刻本。九行，行十六字。

《南齊書》、《梁書》、《北齊書》、《魏書》均九行，行十八字。

《國語解》十行，行二十字。

《通典》宋紹興刻。十五行，行二十五至二十八字。

陳通　南宋紹興間刻工。刻有

《漢書注》宋紹興湖北提舉茶鹽司刻淳熙、紹熙、慶元修本。十四行，行二十六至二十九字。

《白氏六帖事類集》十三行，行二十六字。

《增廣司馬温公全集》十二行，行二十字。

《王文公文集》宋紹興龍舒本。十行，十七字。

《錢唐韋先生文集》宋乾道臨汀刻本。十行，行二十字。

《文選注》宋贛州州學刻本。九行，行十五字。

《文選注》宋紹興二十八年明州刻本。十行，行二十至二十二字。

陳闓　南宋淳熙間江西地區刻工。刻有

《經典釋文》宋淳熙四年撫州公使庫刻本。十行，行十九、二十字不等。

《五朝名臣言行録》《三朝名臣言行録》宋

淳熙刻本。十行，行十七字。。

《孟東野詩集》十一行，行十六字。

陳華　南宋乾道間江西贛州地區刻工。刻有《豫章黄先生文集》宋乾道贛州州學刻本。九行，行十八字。

陳常　南宋紹興杭州地區刻工。刻有《周易正義》宋紹興十五至二十一年刻本。十五行，行二十五、二十六字。

陳圓　南宋後期浙江地區刻工。補刻有《春秋左傳正義》宋慶元六年紹興府刻本。八行，行十六字。

陳野　南宋後期福建地區刻工。刻有《押韻釋疑》宋嘉熙三年禾興郡齋刻本。十行，行字不等。

陳偉　北宋景祐間刻工。刻有《漢書注》十行，行十九字。

陳偉　南宋開禧間浙江地區刻工。刻有《石林奏議》宋開禧二年刻本。十行，二十五字。《晦庵先生文集》宋淳祐五年刻本。十行，行十九字。

陳僧　南宋紹興間浙江地區刻工。刻有

《外臺秘要方》宋紹興兩浙東路茶鹽司刻本。十三行，行二十四至二十五字。
《温國文正司馬公文集》宋紹興刻本。十二行，行二十字。

陳偉　北宋景祐間刻工。刻有《漢書注》十行，行十九字。

陳諧　南宋紹興間浙江地區刻工。刻有《外臺秘要方》宋紹興兩浙東路茶鹽司刻本。十三行，行二十四至二十五字。

陳得　南宋初期刻工。補刻有《三國志注》十四行，行二十五字。

陳從　南宋紹興間杭州地刻工。刻有《漢書注》宋紹興江南東路轉運司刻本。九行，行十六字。
《後漢書注》宋紹興江南東路轉運司刻本。九行，行十六字。
《重廣補注黄帝内經素問》十行，行二十字。
《漢書注》南宋初杭州刻本。十行，行十九字。
《後漢書注》南宋初杭州刻本。十行，行十九字。
補刻有《三國志注》十四行，行二十五字。

陳紹先　南宋紹興間浙江地區刻工。刻有
　《東坡集》宋乾道刻本。十行，行二十字。
　補刻有《新唐書》宋紹興刻本。十四行，行
　二十三至二十六字。

陳敏　南宋紹興間杭州地區刻工。刻有
　《後漢書注》南宋初杭州刻本。十行，行十九字。
　《後漢書注》宋紹興江南東路轉運司刻本。
　九行，行十六字。

陳富　北宋政和間福州地區刻工。刻有
　《福州開元寺毗盧大藏》六行，行十七字。
　補刻有《漢書注》十行，行十九字。

陳富或署陳付　南宋紹定間浙江地區刻工。刻有
　《重廣補注黄帝内經素問》十行，行二十字。

陳善壽　南宋乾道間江西贛州地區刻工。刻有
　《文選注》宋贛州州學刻本。九行，行十五字。

陳曾　南宋紹興間刻工。刻有
　《温國文正司馬公文集》宋紹興刻本。十二
　行，行二十字。

陳補　南宋紹興間浙江地區刻工。刻有
　《文選注》宋紹興二十八明州刻本。十行，

行二十至二十二字。

《文選注》宋贛州州學刻本。九行，行十五字。

陳博 南宋初期福建地區刻工。刻有

《晉書》十四行，行二十六、二十七字不等。

陳惠 北宋景祐間刻工。

《漢書注》十行，行十九字。

陳琳 南宋紹定間浙江地區刻工。刻有

《切韻指掌圖》宋紹定三年越之讀書堂刻本。

行字不等。

陳琮 南宋淳熙間江西地區刻工。刻有

《東坡集》宋孝宗間刻本。十行，行十八字。

陳琚 北宋四川地區刻工。刻有

《資治通鑑》（寝龍爪本）南宋鄂州孟太師

府三安撫位鵠山書院刻本。十一行，行十九字。

陳森 南宋淳熙間安徽貴池地區刻工。刻有

《文選注》宋淳熙八年池陽郡齋刻本。十行，

行二十一字。

陳朝俊 南宋嘉定間安徽地區刻工。刻有

《曹子建文集》宋嘉定六年刻本。八行十五字。

陳朝俊 南宋嘉定間安徽地區刻工。刻有

《曾子建文集》宋嘉定六年刻本。八行十五字。

陳雲　南宋淳熙間刻工。刻有

《皇朝仕學規範》十二行，行二十五字。

陳逵　南宋初期浙江寧波地區刻工。刻有

《文選注》宋紹興二十八年明州刻本。十行，行二十至二十二字。

陳達　南宋紹興間浙江地區刻工。刻有

《舊唐書》宋紹興兩浙東路茶鹽司刻本。十四行，行二十五字。

《資治通鑑》宋紹興三年兩浙東路茶鹽司刻本。十二行，行二十四字。

《景德傳燈録》十一行，行二十字。

《續高僧傳》宋紹聖十八年福州開元寺毘盧大藏本。

《文選注》宋贛州州學刻本。九行，行十五字。

《文選注》宋紹興二十一字。宋紹興二十八年明州刻本。十行，行二十至二十二字。

陳景昌　南宋紹興間浙江地區刻工。刻有

《文選注》宋紹興二十八年明州刻本。十行，行二十至二十二字。

《文選注》宋贛州州學刻本。九行，行十五字。

陳景通　南宋紹興間湖北常德地區刻工。刻有

《漢書注》宋紹興湖北提舉茶鹽司刻淳熙、紹熙、慶元修本。十四行，行二十六至二十九字。

陳萬二　南宋紹興間杭州地區刻工。刻有

《禮記正義》宋紹熙三年兩浙東路茶鹽司刻本。八行，行十六字。

《周禮疏》宋兩浙東路茶鹽司刻本。八行，行十五至十七字。

《後漢書注》宋紹興江南東路轉運司刻本。九行，行十六字。

《宋書》、《魏書》均九行，行十八字。

陳遇　南宋乾道間浙江地區刻工。刻有

《古史》十一行，行二十二字。

陳謹　南宋紹興間湖北常德地區刻工。刻有

《漢書注》宋紹興湖北路提舉茶鹽司刻淳熙、紹熙、慶元修本。十四行，行廿六至二十九字。

陳復　南宋中期杭州地區刻工。補刻有

《魏書》九行，行十八字。

陳勝　南宋嘉泰間浙江地區刻工。刻有《東萊呂太史文集》宋嘉泰四年呂喬年刻本。十行，行二十字。

陳勝伯　南宋端平間江西地區刻工。刻有《春秋集註》宋端平二年臨江軍學刻本。十行，行十八字。

陳智　南宋中期杭州地區刻工。刻有《宋書》、《陳書》均九行，行十八字。《資治通鑑綱目》浙本。八行，行十七字。《資治通鑑綱目》宋嘉定十二年溫陵郡齋刻本。八行，行十七字。

陳坐　南宋紹興間杭州地區刻工。刻有《資治通鑑目録》宋紹興二年兩浙東路茶鹽司刻本。行字不定。《資治通鑑》宋紹興三年兩浙東路茶鹽司刻本。十二行，行二十四字。《文選注》宋紹興二十八年明州刻本。十行，行二十至二十二字。《文粹》宋紹興九年臨安府刻本。十五行，行二十四至三十字。

陳晧　南宋紹興間浙江建德地區刻工。刻有《世説新語》宋紹興八年董弅刻本。十行，行二十字。

陳順　南宋乾道間刻工。刻有《孔氏六帖》宋乾道二年泉南郡庠刻本。十二行，行十八、九字。

陳遂　南宋中期浙江地區刻工。補刻有《陶淵明集》十行，行十六字。

陳源　南宋初期四川地區刻工。刻有《元包經傳注》張洮本。八行，行十六字。

陳靖　北宋治平間刻工。刻有《類篇》八行，行十六字。

陳靖　南宋嘉泰間浙江地區刻工。刻有《東觀餘論》宋嘉定三年刻本。《麗澤論説集録》宋嘉泰四年呂喬年刻本。十行，行二十字。《東萊呂太史文集》宋嘉泰四年呂喬年刻本。十行，行二十字。

陳道　南宋慶元間江西吉安地區刻工。刻有《歐陽文忠公集》宋慶元六年周必大刻本。

十行，行十六字。

陳新　南宋中期浙江地區刻工。刻有

《資治通鑑綱目》宋嘉定十二年温陵郡齋刻本。八行，行十七字。

《晦庵先生朱文公語録》池州本。十行，二十字。

《晦庵先生文集》宋淳祐五年刻本。十行，行十九字。

《文選注》宋淳熙八年池陽郡齋刻本。十行，行二十一字。

補刻有：

《周禮疏》宋兩浙東路茶鹽司刻本。八行，行十五至十七字。

《禮記正義》宋紹熙三年兩浙東路茶鹽司刻本。八行，行十六字。

《説文解字》十行，行二十字。

《宋書》、《魏書》、《北齊書》、《周書》均九行，行十八字。

《國語解》十行，行二十字。

陳詢　南宋紹興間杭州地區刻工。刻有

《春秋五禮例宗》十一行，行十九至二十四字。

《廣韻》十行，行字不等。

《漢書注》宋紹興江南東路轉運司刻本。九行，行十六字。

《禮記注》宋淳熙四年撫州公使庫刻本。十行，行十六字。

陳瑜　南宋紹熙間浙江紹興地區刻工。刻有

《禮記正義》宋紹熙三年兩浙東路茶鹽司刻本。八行，行十六字。

陳楫　南宋慶元間江西吉安地區刻工。刻有

《歐陽文忠公集》宋慶元二年周必大刻本。十行，行十六字。

陳敬甫　南宋寶慶間廣州地區刻工。刻有

《新刊校定集注杜詩》宋寶慶元年廣東漕司刻本。九行，行十六字。

陳詹　南宋咸淳間蘇州地區刻工。刻有

《分門纂類唐歌詩》宋咸淳元年刻本。十行，行十八字。

陳逸　南宋初期刻工。刻有

《吳志》十四行，行二十五字。

陳廣　南宋淳熙間江西地區刻工。刻有

《集韻》十行，大字三當小字四。
《歐陽文忠公集》宋慶元二年周必大刻本。
十行，行十六字。
陳廣之　南宋慶元間江西地區刻工。刻有
《歐陽文忠公集》宋慶元二年周必大刻本。
十行，行十六字。
陳慶　南宋紹興間湖北地區刻工。刻有
《漢書注》宋紹興湖北提舉茶鹽司刻淳熙、
紹熙、慶元修本。十四行，行二十四字。
《三國志注》十四行，行二十五字。
陳演　北宋宣和間福州地區刻工。刻有
《法苑珠林》福州開元寺毘盧大藏本。六行，
行十七字。
陳潤　南宋中期浙江地區刻工。刻有
《古史》十一行，行二十二字。
《資治通鑑綱目》宋浙刻本。八行，行十七字。
《晦庵先生文集》宋淳祐五年刻本。十行，
行十九字。
補刻有《宋書》、《魏書》均九行，行十八字。
陳榮　南宋紹興間浙江地區刻工。刻有

《儀禮鄭注》宋紹興嚴州刻本。十四行，行二十四、二十五字不等。《後漢注》十行，行十九字。《宋書》、《魏書》均九行，行十八字。《世說新語》宋紹興八年嚴州刻本。十行，行二十字。《藝文類聚》宋紹興嚴州刻本。十四行，行二十七、二十八字不等。《陶淵明集》宋紹興十年刻本。《劉夢得文集》十行，行十八字。《青山集》當塗本。十行，行二十字。《于湖居士集》宋嘉泰元年刻本。十行，行十六字。

陳說　南宋紹興間杭州地區刻工。刻有《漢書注》南宋初杭州刻本。十行，行十九字。《漢書注》宋紹興江南東路轉運司刻本。九行，行十六字。《新唐書》宋紹興刻本。十四行，行二十三至二十六字。

陳肇　南宋紹興間湖北常德地區刻工。刻有

《漢書注》宋紹興湖北提舉茶鹽司刻淳熙、
紹熙、慶元修本。十四行，行二十六至二十九字。
陳喜　南宋淳熙間浙江台州地區刻工。刻有
《荀子》宋淳熙八年台州刻本。八行，行十六字。
陳瑱　南宋乾道間浙江地區刻工。刻有
《唐鑑》十二行，行二十三字。
陳璉　北宋治平間刻工。刻有
《類篇》八行，行十六字。
陳瑾　南宋紹興間湖北地區刻工。刻有
《漢書注》宋紹興湖北提舉茶鹽司刻淳熙、紹
熙、慶元修本。十四行，行二十六至二十九字
陳摑　南宋紹興間杭州地區刻工。刻有
《經典釋文》十一行，行十七字。
陳壽　南宋紹興間杭州地區刻工。刻有
《經典釋文》十一行，行十七字。
《說文解字》十行，行二十字。
《大廣益會玉篇》十行，行二十字。
《大宋重修廣韻》十行，行二十字。
《史記集解》宋紹興淮南路轉運司刻本。九
行，行十六字。
《古史》十一行，行二十二字。

《漢書注》宋紹興江南東路轉運司刻本。九《宋書》、《南齊書》、《梁書》、《陳書》、《魏書》、《北齊書》均九行，行十八字。

《新唐書》宋紹興刻本。十四行，行二十三至二十六字。

《國語解》十行，行二十字。

《資治通鑑綱目》宋浙刻本。八行，行十七字。

《律》附音義九行，行十八字。

《紹定吳郡志》宋紹定二年刻本。九行十八字。

《咸淳臨安志》宋咸淳臨安府刻本。十行，行二十字。

《太平經集注》十行，行十七字。

《世說新語》宋紹興八年嚴州刻本。十行，行二十字。

《晦庵先生文集》宋淳祐五年刻本。十行，行十九字。

《文選注》宋贛州州學刻本。九行，行十五字。

《春秋經傳集解》宋嘉定九年興國軍學刻本。八行，行十七字。

補刻有：

《儀禮疏》十五行，行二十七字。

《新唐書》十四行，行二十三至二十六字。

陳顯　南宋淳祐間江西地區刻工。刻有

《義豐文集》宋淳祐三年王旦刻本。十行，行十八字。

陳萬　南宋紹興間南京地區刻工。刻有

《漢書注》宋紹興江南東路轉運司刻本。九行，行十六字。

陳德　南宋淳熙間浙江台州地區刻工。刻有

《荀子》宋淳熙八年台州刻本。八行，十六字。

《揚子法言注》唐仲友本。

陳僧　南宋紹興間刻工。刻有

《備急千金要方》十三行，行二十三字。

《溫國文正司馬公文集》宋紹興刻本。十二行，行二十字。

陳鳳　南宋紹定間江西吉安地區刻工。刻有

《慈溪黃氏日抄分類》宋紹定二年刻本。十行，行二十字。

陳賓　南宋乾道間刻工。刻有

《孔氏六帖》宋乾道二年泉南郡庠刻本。十

二行，行約十八九字。

陳濙 南宋中期江西地區刻工。刻有《自警編》宋端平元年刻本。十行，行二十字。

陳潛 南宋嘉定間福建地區刻工。刻有《資治通鑑綱目》宋嘉定十二年温陵郡斋刻本。八行，行十七字。

陳震 南宋紹興間南京地區刻工。刻有《史記集解》宋紹興淮南路轉運司刻本。九行，行十六字。《後漢書注》南宋初杭州刻本。十行，行十九字。《後漢書注》宋紹興江南東路轉運司刻本。九行，行十六字。《兩漢博聞》宋乾道八年胡元質姑孰郡斋刻本。十行，行十九字。《青山集》當塗本。十行，行二十字。

陳慧 北宋景祐間刻工。刻有《漢書注》北宋刻本。十行，行十九字。

陳德 南宋紹興間杭州地區刻工。刻有《史記集解》宋紹興淮南路轉運司刻本。九行，行十六字。

《輿地廣記》十二行，行二十四字。

《重廣補注黄帝内經素問》十行，行二十字。

陳德達　南宋咸淳間杭州地區刻工。刻有

《咸淳臨安志》宋咸淳臨安府刻本。十行，行二十字。

陳德新　南宋紹興間浙江寧波地區刻工。刻有

《文選注》宋紹興二十八年明州刻本。十行，行二十至二十二字。

陳乾　南宋乾道間江西贛州地區刻工。刻有

《豫章黄先生文集》宋乾道刻本。九行十八字。

陳璞　北宋景祐間刻工。刻有

《儀禮疏》十五行，行二十七字。

陳擇　北宋景祐間刻工。刻有

《史記集解》北宋刻遞修本。十行，行十九字。

《漢書注》北宋刻遞修本。十行，行十九字。

陳選　南宋中期浙江地區刻工。刻有

《春秋左傳正義》宋慶元六年紹興府刻本。八行，行十六字。

《尚書正義》宋紹熙三年兩浙東路茶鹽司刻本。八行，行十九字。

《周禮疏》宋兩浙東路茶鹽司刻本。八行，

行十五至十七字。

《春秋傳》宋乾道四年刻慶元五年黄汝嘉修補本。十行，行二十字。

陳遷　南宋初期杭州地區刻工。刻有《後漢書注》十行，行十九字。

陳彝　南宋淳熙間安徽貴池地區刻工。刻有《文選注》宋淳熙八年池陽郡齋刻本。十行，行二十一字。

陳暹（或署陳先）　南宋紹興間建德地區刻工。刻有《儀禮注》宋紹興間嚴州刻本。十四行，行二十七字。

《世説新語》宋紹興八年嚴州刻本。十行，行二十字。

《藝文類聚》宋紹興間刻本。十四行，行二十七、二十八字不等。

《劉夢得文集》十行，行十八字。

《資治通鑑綱目》八行，行十七字。

補刻有《漢書注》十行，行十九字。

陳興　南宋紹興間杭州地區刻工。刻有

《後漢書注》南宋初杭州刻本。十行，十九字。

《後漢書注》宋紹興江南東路轉運司刻本。九行，行十六字。

《經典釋文》十一行，行十七字。

《資治通鑑目録》宋紹興二年兩浙東路茶鹽司公使庫刻本。行字不定。

《東坡集》宋乾道刻本。十行，行二十字。補刻有《儀禮疏》十五行，行二十七字。

陳興　南宋後期刻工。刻有

《文章正宗》十行，行二十字。

陳舉　南宋乾道間浙江吳興地區刻工。刻有

《新唐書》宋紹興間刻本。十四行，行二十三至二十六字。

《北山小集》十行，行二十字。

陳錫　南宋初期杭州地區刻工。刻有

《周易注疏》宋兩浙東路茶鹽司刻本。八行，行十九字。

《尚書正義》宋紹興兩浙東路茶鹽司刻本。八行，行十九字。

《毛詩正義》宋紹興九年紹興府刻本。十五

行，行二十四至二十六字。

《周禮疏》宋兩浙東路茶鹽司刻本。八行，行十五至十七字。

《禮記正義》宋紹熙三年兩浙東路茶鹽司刻本。八行，行十六字。

《經典釋文》十一行，行十七字。

《禮記注》宋淳熙四年撫州公使庫刻本。十行，行十六字。

《宋書》、《魏書》九行，行十八字。

《舊唐書》宋紹興兩浙東路茶鹽司刻本。十四行，行二十五字。

《廣韻》南北宋之交刻。十行，行字不等。

《水經注》十一行，行二十字。

《戰國策注》宋紹興刻本。十一行，行二十字。

《事類賦注》宋紹興十六年兩浙東路茶鹽司刻本。八行，行十四至十六字。

《樂府詩集》十三行，行二十三字。

陳應　南宋慶元間江西吉安地區刻工。刻有

《歐陽文忠公集》宋慶元二年周必大刻本。十行，行十六字。

陳濟　南宋紹興間浙江地區刻工。刻有《舊唐書》宋紹興兩浙東路茶鹽司刻本。十四行，行二十五字。

陳禮　南宋紹興間杭州地區刻工。刻有《説文解字系傳》七行，行十四字。

陳聰　南宋初期浙江地區刻工。刻有《三國志注》十四行，行二十五字。

陳覲仁　南宋後期蘇州地區刻工。刻有《磧砂藏》六行，行十七字。

陳鋏　南宋紹興間南京地區刻工。刻有《漢書注》宋紹興江南東路轉運司刻本。九行，行十六字。

陳藏　南宋慶元間江西吉安地區刻工。刻有《歐陽文忠公集》宋慶元二年周必大刻本。十行，行十六字。

陳歸　北宋咸平間刻工。刻有《三國志注》十四行，行二十五字。

陳鎮　南宋紹興間杭州地區刻工。刻有《春秋公羊疏》宋紹興間刻本。十五行，行二十三至二十八字。

《説文解字》十行，行二十字。

《漢書注》宋紹興江南東路轉運司刻本。九行，行十六字。

《後漢書注》宋紹興江南東路轉運司刻本。九行，行十六字。

《宋書》、《南齊書》均九行，行十八字。

《武經七書》十行，行十九字。

《東觀餘論》宋嘉定三年刻本。九行，行十八字。

陳贇　北宋咸平間刻工。刻有

《三國志注》十四行，行二十五字。

陳權　南宋紹興間南京地區刻工。刻有

《史記集解》宋紹興淮南路轉運司刻本。九行，行十六字。

陳覺　北宋景祐間刻工。刻有

《漢書注》十行，行十九字。

陳顯　南宋紹興間浙江紹興地區刻工。刻有

《資治通鑑》宋紹興三年兩浙東路茶鹽司刻本。十二行，行二十四字。

陳繡　南宋寶祐間安徽地區刻工。刻有

《致堂讀史管見》宋寶祐二年宛陵刻本。十

二行，行二十三字。

陳顯　南宋淳熙間浙江地區刻工。刻有

《禮記正義》宋紹熙三年兩浙東路茶鹽司刻本。八行，行十六字。

《荀子》宋淳熙八年台州刻本。八行，十六字。

《揚子法言》唐仲友本。

《宗門統要集》宋淳熙刻本。十行，行二十字。

《佛鑑師語録》宋淳祐刻本。十一行，二十一字。

《義豐文集》宋淳祐三年王旦刻本。十行，行十八字。

《文選注》宋贛州州學刻本。九行行十五字。

陳顯一　南宋初期江西贛州地區刻工。刻有

《文選注》宋贛州州學刻本。九行，行十五字。

陳觀仁　南宋後期杭州地區刻工。刻有

《大廣益會玉篇》十行，行字不定。

《磧砂藏》六行，行十七字。

陸文　南宋紹興間杭州地區刻工。刻有

《漢官儀》宋紹興九年臨安府刻本。十行，行十七字。

陸文彬　北宋天聖間刻工。刻有

《故唐律疏議》九行，行十八字。

陸公才　南宋乾道初湖南零陵地區刻工。刻有《唐柳先生文集》宋乾道元年永州零陵郡庠刻本。九行，行十八字。

陸公正　南宋乾道初湖南零陵地區刻工。刻有《唐柳先生文集》宋乾道元年永州零陵郡庠刻本。九行，行十八字。

陸永　南宋紹興間蘇州地區刻工。刻有《春秋經傳集解》宋嘉定九年興國軍學刻本。八行，行十七字。《漢書注》宋紹興江南東路轉運司刻本。九行，行十六字。《後漢書注》宋紹興江南東路轉運司刻本。九行，行十六字。《宋書》、《南齊書》、《梁書》、《陳書》《魏書》均九行，行十八字。

陸祐　南宋乾道間刻工。刻有《龍川志略》十一行，行二十二字。

陸春　南宋紹興間杭州地區刻工。刻有《宋書》、《南齊書》、《梁書》、《陳書》

《魏書》、《北齊書》均九行，行十八字。

陸春　南宋淳熙間安徽地區刻工。刻有《史記集解索隱》宋淳熙三年張杅桐川郡齋刻淳熙八年耿秉補修本。十二行，行二十五字。

陸祥　南宋乾道間江西贛州地區刻工。刻有《豫章黃先生文集》宋乾道贛州州學刻本。九行，行十八字。

陸訓　南宋紹興間浙江紹興地區刻工。刻有《禮記正義》宋紹興三年兩浙東路茶鹽司刻本。八行，行十六字。

陸通　北宋嘉祐間刻工。刻有《新唐書》十四行，行二十三至二十六字。

陸廂　北宋景祐間刻工。刻有《漢書注》十行，行十九字。

陸逸　南宋淳祐間江西地區刻工。刻有《昭德先生郡齋讀書志》宋淳祐十年袁州刻本。十行，行二十字。

陸榮　南宋乾道江蘇地區刻工。刻有《春秋經傳集解》宋乾道江陰軍學刻本。十行，行十八至二十字。

《宣和奉使高麗圖經》宋乾道三年澂江郡齋刻本。九行，行十七字。

陸選　南宋中期杭州地區刻工。刻有
《尚書正義》宋紹熙三年兩浙東路茶鹽司刻本。八行，行十九字。
《大廣益會玉篇》十行，行字不等。
《大宋重修廣韻》十行，行二十字。
《歷代故事》宋嘉定四年刻本。八行，十六字。
《晦庵先生文集》宋淳祐五年刻本。十行，行十九字。
補刻有《周禮疏》宋兩浙東路茶鹽司刻本。八行，行十五至十七字。

陶中　南宋初期杭州地區刻工。刻有
《魏書》九行，行十八字。
《大唐六典注》宋紹興四年溫州州學刻本。十行，行二十字。

陶彥　南宋紹熙間浙江地區刻工。刻有
《禮記正義》宋紹熙三年兩浙東路茶鹽司刻本。八行，行十六字。
《中興館閣録》九行，行十八字。

陶春　南宋中期杭州地區刻工。刻有
《尚書正義》宋紹熙三年兩浙東路茶鹽司刻本。八行，行十九字。
補刻有：
《周禮疏》宋兩浙東路茶鹽司刻本。八行，行十五至十七字。
《經典釋文》十一行，行十七字。
《李太白文集》十一行，行二十字。
《宋書》、《陳書》、《魏書》均九行，行十八字。

執中（湯姓）南宋嘉泰間安徽地區刻工。刻有
《皇朝文鑑》宋嘉泰四年新安郡齋刻本。十行，行十九字。

崔仁　南宋紹興間福州地區刻工。刻有
《天聖廣燈錄》宋紹興十八年刻福州開元寺毘盧大藏本。六行，行十七字。

崔迪　南宋紹興間福州地區刻工。刻有
《經律異相》福州開元寺毘盧大藏本。六行，行十七字。

崔茂　南宋紹興間杭州地區刻工。刻有
《梁書》九行，行十八字。

崔孝　南宋初期杭州地區刻工。刻有
《漢書注》南宋初杭州刻本。十行，行十九字。

常得　南宋嘉泰間安徽地區刻工。刻有
《皇朝文鑑》宋嘉泰四年新安郡齋刻本，十行，行十九字。

國夫　南宋初期福建地區刻工。刻有
《資治通鑑釋文》宋建刻本。十二行，行十九至二十二字。

國用　南宋慶元間福建建陽地區刻工。刻有
《五代史記》宋慶元刻本。十行，行十八字。

國資　南宋中期江西地區刻工。刻有
《新唐書》十行，行十九字。
《五代史記》宋慶元五年刻本。十行，行十八字。

婁正　南宋紹興間杭州地區刻工。刻有
《周禮疏》宋兩浙東路茶鹽司刻本。八行，行十五至十七字。
《禮記正義》宋紹興三年兩浙東路茶鹽司刻本。八行，行十六字。
《春秋左傳正義》宋慶元六年紹興府刻本，

八行，行十六字。

《論語注疏解經》宋紹熙兩浙東路茶鹽司刻本。九行，行十五字。

《後漢書注》宋紹興江南東路轉運司刻本。九行，行十六字。

《宋書》、《梁書》、《南齊書》、《魏書》均九行，行十八字。

婁成　南宋中期浙江地區刻工。刻有

《北磵詩集》宋崔尚書宅刻本。十四行，行二十四字。

婁成　南宋淳熙間江西撫州地區刻工。刻有

《春秋公羊傳解詁》宋淳熙撫州公使庫刻紹熙四年重修本。十行，行十六字。

婁先　南宋紹興間浙江紹興地區刻工。刻有

《資治通鑑》宋紹興三年兩浙東路茶鹽司刻本。十二行，行二十四字。

婁忠　南宋紹興間浙江紹興地區刻工。刻有

《資治通鑑》宋紹興三年兩浙東路茶鹽司刻本。十二行，行二十四字。

婁常　南宋初期杭州地區刻工。刻有

《龍龕手鑑》十行，行字不等。

《龍龕手鑑》十行，行字不等。

婁僅　南宋紹興間浙江地區刻工。刻有《事類賦注》宋紹興十六年兩浙東路茶鹽司刻本。八行，行十四至十六字。

婁瑾　南宋紹興間南京地區刻工。刻有《漢書注》宋紹興江南東路轉運司刻本。九行，行十六字。

婁巩　南宋乾道間浙江地區刻工。刻有《唐鑑》十二行，行二十三字。

婁錦　南宋紹興間浙江紹興地區刻工。刻有《毛詩正義》宋紹興九年紹興府刻本。十五行，行二十四至二十六字。

婁謹　南宋初期杭州地區刻工。刻有《漢書注》南宋初杭州刻本。十行，行十九字。《舊唐書》宋紹興兩浙東路茶鹽司刻本。十四行，行二十五字。

莫中　南宋紹興間浙江吳興地區刻工。刻有《新唐書》宋紹興刻本。十四行，行二十三至二十六字。

莫允　南宋紹興間浙江地區刻工。刻有

《新唐書》宋紹興刻本。十四行，行二十三至二十六字。

《外臺秘要方》宋紹興兩浙東路茶鹽司刻本。十三行，行二十四至二十七字。

莫忠　北宋嘉祐間刻工。刻有

《新唐書》十四行，行二十三至二十六字。

莫珍　南宋中期杭州地區刻工。刻有

《揚子法言注》十行，行十八字。

莫衍　南宋寶慶間廣州地區刻工。刻有

《新刊校定集注杜詩》宋寶慶元年廣東漕司刻本。九行，行十六字。

莊文　南宋乾道江西贛州地區刻工。刻有

《豫章黄先生文集》宋乾道刻本。九行，行十八字。

《青山集》當塗本。十行，行二十字。

莊奉　南宋寶慶間福建建甌地區刻工。刻有

《東漢會要》宋寶慶二年建寧郡齋刻本。十一行，行二十字。

黄一松　南宋後期浙江金華地區刻工。刻有

《新刊山堂先生章宫講考索》南宋金華曹氏刻本。十三行，行二十四字。

黄七　南宋绍興间福建建瓯地区刻工。刻有《群经音辨》宋绍興十二年汀州寧化縣学刻本。八行，行十四字。

黄大　南宋绍興间浙江寧波地区刻工。刻有《文選注》宋绍興二十八年明州刻本。十行，行二十至二十二字。

黄大壽　南宋淳祐间江西地区刻工。刻有《昭德先生郡斋讀書志》宋淳祐十年袁州刻本。十行，行二十字。

黄子旻　南宋绍定间江西地区刻工。刻有《慈溪黄氏日抄分類》宋绍定二年刻本。十行，行二十字。

黄么　南宋初期杭州或寧波地区刻工。刻有《陶淵明集》十行，行十六字。

黄文　南宋绍定间江西地区刻工。刻有《慈溪黄氏日抄分類》宋绍定二年刻本。十行，行二十字。《東坡集》十行，行十八字。

黄文　南宋後期刻工。刻有《磧砂藏》六行，行十七字。補刻有《魏書》九行，行十八字。

黄元　南宋淳熙江西贛州地區刻工。刻有

《三朝名臣言行録》宋淳熙刻本。十行，行十七字。

《文選注》宋贛州州學刻本。九行，行十五字。

黄天越　南宋中期福建地區刻工。刻有

《資治通鑑》十一行，行二十字。

黄太　南宋紹興間浙江地區刻工。刻有

《後漢書注》宋紹興江南東路轉運司刻本。九行，行十六字。

《河南程氏經説》十一行，行二十字。

《聖宋文選全集》十六行，行二十八字。

黄太　南宋寶慶間廣州地區刻工。刻有

《新刊校定集注杜詩》宋寶慶元年廣東漕司刻本。九行，行十六字。

黄中　南宋紹興間浙江紹興地區刻工。刻有

《毛詩正義》宋紹興九年紹興府刻本。十五行，行二十四至二十六字。

黄中　南宋中期刻工。刻有

《河南程氏經説》十一行，行二十字。

《夷堅志》九行，行十八字。

《新刊校定集注杜詩》宋寶慶元年廣東漕司

刻本。九行，行十六字。

黄升　南宋中期浙江地區刻工。刻有

《論語纂疏》九行，行二十字。

黄仁　南宋淳祐間疑金華地區刻工。刻有

《河南程氏遺書》十一行，行二十一字。

黄公甫　南宋初期四川地區刻工。刻有

《李衛公文集》十行，行十八字。

黄永　南宋嘉定間江西吉安地區刻工。刻有

《漢書集注》宋嘉定十七年白鷺洲書院刻本。

八行，行十六字。

黄石　南宋初期福建地區刻工。刻有

《王右丞文集》南宋初刻小字本。十一行，

行二十字。

黄正　南宋乾道間江西贛州地區刻工。刻有

《豫章黄先生文集》宋乾道贛州州學刻本。

九行，行十八字。

《文選注》宋贛州州學刻本。九行，行十五字。

黄正　南宋紹熙間四川眉山地區刻工。刻有

《東都事略》宋眉山程氏七峰閣刻本。十二

行，行二十四字。

黄戊　南宋中期浙江地區刻工。刻有《律》附音義九行，行十八字。補刻有《梁書》、《南齊書》、《魏書》、《北齊書》均九行，行十八字。

黄可　南宋後期浙江地區刻工。刻有《唐陸宣公集》十行，行十七字。

黄中　南宋寶慶間廣州地區刻工。刻有《新刊校定集注杜詩》宋寶慶元年廣東漕司刻本。九行，行十六字。

黄申　南宋嘉泰間安徽地區刻工。刻有《皇朝文鑑》宋嘉泰四年新安郡齋刻本。十行，行十九字。

黄由　南宋寶慶間廣州地區刻工。刻有《新刊校定集注杜詩》宋寶慶元年廣東漕司刻本。九行，行十六字。

黄田　南宋淳熙間江西南昌地區刻工。刻有《本草衍義》宋淳熙十二年江西轉運司刻慶元元年重修本。十一行，行二十一字。

黄四榮　南宋中期杭州地區刻工。補刻有《魏書》九行，行十八字。

黄生　南宋淳熙間安徽貴池地區刻工。刻有
《文選注》宋淳熙八年池陽郡齋刻本。十行，
行二十一字。
黄亨　南宋中期杭州地區刻工。補刻有
《春秋左傳正義》宋慶元六年紹興府刻本。
八行，行十六字。
《禮記正義》宋紹熙三年兩浙東路茶鹽司刻
本。八行，行十六字。
《漢書注》宋紹興江南東路轉運司刻本。九
行，行十六字。
《後漢書注》宋紹興江南東路轉運司刻本。
九行，行十六字。
《宋書》、《魏書》均九行，行十八字。
黄安　南宋紹興間浙江地區刻工。刻有
《周禮疏》宋兩浙東路茶鹽司刻本。八行，
行十五至十七字。
《舊唐書》宋紹興兩浙東路茶鹽司刻本。十
四行，行二十五字。
黄安上　南宋慶元間浙江地區刻工。刻有
《春秋左傳正義》宋慶元六年紹興府刻本。

八行，行十六字。

黄冲　南宋乾道間浙江金華地區刻工。刻有《聖宋文選全集》宋乾道刻本。十六行，行二十八字。

黄成　南宋中期杭州地區刻工。刻有《律》附音義九行，行十八字。補刻有《後漢書注》宋紹興江南東路轉運司刻本。九行，行十六字。《梁書》九行，行十八字。

黄光　南宋嘉定間浙江地區刻工。刻有《資治通鑑綱目》宋浙刻本。八行，行十七字。《資治通鑑綱目》宋嘉定十二年温陵郡斋刻本。八行，行十七字。

黄仲　南宋江西吉安地區刻工。刻有《前漢六帖》十行，行二十字。

黄仲　南宋福建建甌地區刻工。刻有《夷堅志》九行，行十八字。

黄仲　南宋寶慶間廣州地區刻工。刻有《新刊校定集注杜詩》宋寶慶元年廣東漕司刻本。九行，行十六字。

黄守　南宋紹興間杭州地區刻工。補刻有《史記集解》北宋刻遞修本。十行，行十九字。

黄企　南宋中期杭州地區刻工。刻有《三蘇先生文粹》十行，行十八字。

黄佑　南宋寶祐間浙江吴興地區刻工。刻有《通鑑紀事本末》宋寶祐五年趙與𥲅刻本。十一行，行十九字。

黄延年　南宋紹興間杭州地區刻工。刻有《臨川先生文集》宋紹興二十一年兩浙西路轉運司王珏刻本。十二行，行二十字。

黄建　南宋乾道間江西贛州地區刻工。刻有《豫章黄先生文集》宋乾道贛州州學刻本。九行，行十八字。

黄劭　南宋後期浙江地區刻工。刻有《晦庵先生文集》宋淳祐五年刻本。十行，行十九字。

黄志海　南宋淳熙間江西撫州地區刻工。刻有《周易注》宋淳熙撫州公使庫刻本。十行，行十六字。

黄佛　南宋淳祐间福建地区刻工。刻有《晦庵先生朱文公文集》十行，行十八字。

黄定　南宋嘉泰间安徽贵池地区刻工。刻有《晋書》宋嘉泰四年至開禧元年秋浦郡斋刻本。九行，行十六字。

黄吕　南宋乾道间福建建瓯地区刻工。刻有《夷堅志》九行，行十八字。

黄明　南宋淳熙间江西地区刻工。刻有《温國文正司馬公文集》宋绍興刻本。十二行，行二十字。《王荆公唐百家詩選》十行，行十八字。

黄明道　南宋淳祐间江西地区刻工。刻有《昭德先生郡斋讀書志》宋淳祐袁州郡斋刻本。十行，行二十字。

黄昇　南宋嘉定间安徽地区刻工。刻有《漢雋》宋嘉定四年滁陽郡斋刻本。九行，行十五字。

黄全　南宋淳熙间安徽貴池地区刻工。刻有《文選注》宋淳熙八年池陽郡斋刻本。十行，行二十一字。

黄季官　南宋初期浙江紹興地區刻工。刻有
《外臺秘要方》宋紹興兩浙東路茶鹽司刻本。
十三行，行二十四至二十五字。
黄季常　南宋初期浙江紹興地區刻工。刻有
《舊唐書》宋紹興兩浙東路茶鹽司刻本。十
四行，行二十五字。
《外臺秘要方》宋紹興兩浙東路茶鹽司刻本。
十三行，行二十五字。
黄宣　南宋乾道間安徽地區刻工。刻有
《兩漢博聞》宋乾道八年胡元質姑孰郡齋刻
本。十行，行十九字。
黄宥　南宋紹興間湖北地區刻工。刻有
《漢書注》宋紹興湖北提舉茶鹽司刻淳熙、
紹熙、慶元修本。十四行，行二十六至二十九字。
《建康實録》宋紹興十八年荆湖北路安撫使
司刻本。十一行，行二十字。
黄宥　南宋後期杭州地區刻工。刻有
《論語纂疏》九行，行二十字。
黄彦　南宋初期浙江地區刻工。刻有
《文選注》宋紹興二十八年明州刻本。十行，行二十至二十二字。

《文選注》宋贛州州學刻本。九行，行十五字。

《古靈先生文集》十行，行十八字。

《詩集傳》八行，行十七字。

黄祐　南宋中期浙江地區刻工。刻有

《通鑑紀事本末》宋寶祐五年趙與𥲅刻本。

十一行，行十九字。

《律》九行，行十八字。

黄政　南宋淳熙間江西撫州地區刻工。刻有

《春秋公羊傳解詁》宋淳熙撫州公使庫刻本

紹熙四年重修。

《經典釋文》宋淳熙四年撫州公使庫刻本。

十行，行十九、二十字不等。

黄珍　南宋淳熙間江西撫州地區刻工。刻有

《禮記注》宋淳熙四年撫州公使庫刻本。十

行，行十六字。

《春秋經傳集解》宋撫州公使庫刻本。十行，

行十六字。

《春秋公羊經傳解詁》宋淳熙撫州公使庫刻

紹熙四年重修本。十行，行十六字。

《經典釋文》宋淳熙四年撫州公使庫刻本。十行，行十九、二十字不等。《容齋隨筆》宋嘉定五年章貢郡齋刻本。十行，行二十一字。

黃保　南宋淳祐間浙江地區刻工。刻有《晦庵先生文集》宋淳祐五年刻本。十行，行十九字。

黃是　南宋後期江西地區刻工。刻有《慈溪黃氏日抄分類》宋紹定二年刻本。十行，行二十字。

黃昱　南宋紹興間福州地區刻工。刻有《天聖廣燈錄》宋紹興十八年刻福州開元寺毗盧大藏本。六行，行十七字。

黃俊英　南宋刻工。刻有《本草集方》十行，行十六字。

黃俊卿　南宋刻工。刻有《本草集方》十行，行十六字。

黃康　南宋乾道間江蘇地區刻工。刻有《宣和奉使高麗圖經》宋乾道三年澂江郡齋刻本。九行，行十七字。

黄祥　南宋紹興間南京地區刻工。刻有

《儀禮注》宋紹興間嚴州刻本。十四行，行二十四至二十五字。

《青山集》當塗本。十行，行二十字。

《花間集》宋紹興十八年建康郡齋刻本。十行，行十七、十八字。

黄通　南宋初期四川地區刻工。刻有

《李衛公文集》十行，行十八字。

黄通　南宋乾道間江西贛州地區刻工。刻有

《豫章黄先生文集》宋乾道刻本。九行，行十八字。

黄執　南宋紹興間湖北常德地區刻工。刻有

《漢書注》宋紹興湖北提舉茶鹽司刻淳熙、紹熙、慶元修本。十四行，行二十六至二十九字。

黄琮　南宋初期杭州地區刻工。刻有

《周禮疏》宋兩浙東路茶鹽司刻本。八行，行十五至十七字。

《春秋經傳集解》宋刻小字本。十三行，行二十四字。

《漢書注》宋紹興湖北提舉茶鹽司刻淳熙、

慶元修本。十四行，行二十六至二十九字。
《備急千金要方》十三行，行二十三字。
黄琮　南宋後期福建地區刻本。刻有
《漢書注》宋福唐郡斋刻本。十行，行十九字。
黄梓　南宋初期福建地區刻工。刻有
《資治通鑑》十一行，行二十一字。
黄楚　南宋淳祐浙江地區刻工。刻有
《周易本義》七行，行十五字。杭州本。
《詩集傳》七行，行十五字。湖州本。
《磧砂藏》六行，行十七字。
黄彬　南宋紹興間浙江紹興地區刻工。刻有
《舊唐書》宋紹興兩浙東路茶鹽司刻本。十四行，行二十五字。
黄堅　南宋嘉定間刻工。刻有
《記纂淵海》宋嘉定二年刻本。十三行，行二十二字。
黄呂　南宋中期安徽地區刻工。刻有
《晦庵先生朱文公語録》池州本。十行，行二十字。
黄華　南宋紹興間浙江地區刻工。刻有

《舊唐書》宋紹興兩浙東路茶鹽司刻本。十四行，行二十五至二十六字。

《藝文類聚》宋紹興間嚴州刻本。十四行，行二十七、二十八字不等。

黄常　南宋紹興間杭州地區刻工。刻有

《春秋五禮例宗》十一行，行十九至二十字。

《武經七書》十行，行二十字。

《東坡集》宋乾道刻本。十行，行二十字。

《樂府詩集》宋紹興刻本。十三行，行二十三或二十四字。

補刻有《儀禮疏》十五行，行二十七字。

黄富　南宋初期江蘇地區刻工。刻有

《吴郡圖經續記》九行，行十七至十九字。

黄富成　南宋初期江蘇地區刻工。刻有

《吴郡圖經續記》九行，行十七至十九字。

黄善　南宋紹興間湖北地區刻工。刻有

《漢書注》宋紹興湖北提舉茶鹽司刻淳熙、紹熙、慶元修本。十四行，行二十六至二十九字

黄逢　南宋紹定間杭州地區刻工。刻有

《重廣補注黄帝内經素問》十行，行二十字。

黄暉　南宋初期浙江地區刻工。刻有
《尚書正義》宋紹興刻本。十五行，行二十四字。
《資治通鑑》宋紹興三年兩浙東路茶鹽司刻本。十二行，行二十四字。
《資治通鑑目録》宋紹興二年兩浙東路茶鹽司刻本。行字不定。序八行，行十七字。
《舊唐書》宋紹興兩浙東路茶鹽司刻本。十四行，行二十五字。
《陶淵明集》十行，行十六字。
《北山小集》湖州本。十行，行二十字。
《文選注》宋紹興二十八年明州刻本。十行，行二十至二十二字。
補刻有：
《史記集解》北宋刻本。十行，行十九字。
《漢書注》北宋刻本。十行，行十九字。

黄森　南宋中期浙江金華地區刻工。刻有
《音注韓文公文集》十二行，行二十二字。

黄雲　南宋中期浙江地區刻工。刻有

《迂齋標注諸家文集》九行，行十八字。

黃遇　南宋嘉定間江西地區刻工。刻有《容齋隨筆》宋嘉定五年章貢郡齋刻本。十行，行二十一字。

黃寬　南宋嘉定間江西地區刻工。刻有《容齋隨筆》宋嘉定五年章貢郡齋刻本。十行，行二十一字。

黃道　南宋淳祐間福州地區刻工。刻有《國朝諸臣奏議》宋淳祐十年史季溫福州刻本。十一行，行二十三字。

黃戩　南宋紹興間福建地區刻工。刻有《群經音辨》宋紹興十二年汀州寧化縣學刻本。八行，行十五字。《豫章黃先生文集》宋乾道刻本。九行，行十八字。

黃暄　南宋紹定間江西吉安地區刻工。刻有《慈溪黃氏日抄分類》宋紹定二年刻本。十行，行二十字。

黃敬叔　南宋初期福建地區刻工。刻有《資治通鑑》十一行，行二十一字。

黄興 南宋紹定間杭州地區刻工。刻有
《重廣補注黄帝内經素問》十行，行二十字。

黄廣 南宋淳祐間江西地區刻工。刻有
《昭德先生郡齋讀書志》宋淳祐十年袁州刻
本。十行，行二十字。

黄鼎 南宋淳熙間江西地區刻工。刻有
《春秋繁露》宋嘉定四年江右計臺刻本。十
行，行十八字。
《吕氏家塾讀詩記》宋淳熙九年江西漕臺刻
本。九行，行十九字。
《樂全先生文集》十二行，行二十二字。
《東萊先生詩集》宋慶元五年黄汝嘉刻本。
十行，行二十字。
《詩梧老人詩集》宋慶元五年黄汝嘉刻本。
十行，行二十字。
《坡門酬唱集》九行，行十六字。

黄著 南宋紹興間浙江建德地區刻工。刻有
《儀禮注》十四行，行二十四至二十五字。

黄憲 南宋乾道間安徽地區刻工。刻有
《傷寒要旨》宋乾道七年姑孰郡齋刻本。九

行，行十六字。
《洪氏集驗方》宋乾道六年姑孰郡斋刻本。
九行，行十六字。
黄潘　南宋绍兴间刻工。刻有
《備急千金要方》十三行，行二十三字。
《温國文正司馬公文集》宋绍兴刻本。十二
行，行二十字。
黄淵　南宋绍兴间南京地區刻工。刻有
《杜工部集》宋建康府學刻本。十行，二十字。
《青山集》當塗本。十行，行二十字。
《花間集》宋绍兴十八年建康郡斋刻本。八
行，行十七字。
黄諤　南宋绍兴间杭州地區刻工。刻有
《臨川先生文集》宋绍兴二十一年兩浙西路
轉運司王珏刻本。十二行，行二十字。
黄應　南宋淳祐间江西地區刻工。刻有
《昭德先生郡斋讀書志》宋淳祐十年袁州刻
本。十行，行二十字。
黄璿　南宋乾道间杭州地區刻工。刻有
《東坡集》宋乾道刻本。十行，行二十字。

黄興　南宋绍定间杭州地区刻工。刻有
《重廣補注黄帝内經素問》十行，行二十字。

黄鍾　南宋绍興间浙江地区刻工。刻有
《尚書正義》十五行，行二十四字。

黄寶　南宋乾道间安徽地区刻工。刻有
《青山集》當塗本。十行，行二十字。
《文選注》宋淳熙八年池陽郡齋刻本。十行，行二十一字。

黄歸　南宋淳熙间江西地区刻工。刻有
《夷堅志》九行，行十八字。
《東坡集》十行，行十八字。

黄鎮　南宋绍興间杭州地区刻工。刻有
《宋書》、《魏書》均九行，行十八字。

黄覺　南宋绍興间浙江地区刻工。刻有
《資治通鑑》宋绍興两浙東路茶鹽司刻本。十二行，行二十字。
《資治通鑑目録》宋绍興二年两浙東路茶鹽司公使庫刻本。行字不定。
《藝文類聚》宋绍興间嚴州刻本。十四行，行二十七、二十八字。

《文選注》宋紹興二十八年明州刻本。十行，行二十至二十二字。

黄顯　南宋咸淳間福建建甌地區刻工。刻有

《張子語録》宋福建漕治刻本。十行，行十八字。

《龜山先生語録》宋福建漕治刻本。十行，行十八字。

畢貴　南宋嘉泰間浙江地區刻工。刻有

《東萊吕太史文集》宋嘉泰四年吕喬年刻本。十行，行二十字。

畢仁　南宋紹興間刻工。刻有

《温國文正司馬公文集》宋紹興刻本。十二行，行二十字。

國夫　南宋紹興間福建地區刻工。刻有

《資治通鑑釋文》宋紹興三十年刻本。十二行，行十九至二十二字。

常存　北宋治平間刻工。刻有

《類篇》十行，行十八字。

偉成　南宋開禧間浙江地區刻工。刻有

《石林奏議》宋開禧二年台州刻本。十行，行二十五字。

從文　南宋紹定間安徽貴池地區刻工。刻有《昌黎先生考異》宋紹定二年張洽刻本。十行二十字。

從元龍　南宋淳熙間安徽貴池地區刻工。刻有《文選注》宋淳熙八年池陽郡齋刻本。十行，行二十一字。

從林　南宋紹定間安徽貴池地區刻工。刻有《昌黎先生考異》宋紹定二年張洽刻本。十行，行二十字。

從善　南宋咸淳間杭州地區刻工。刻有《昌黎先生集》宋咸淳廖氏世綵堂刻本。九行，行十七字。《河東先生集》宋咸淳廖氏世綵堂刻本。九行，行十七字。

符君　南宋紹熙間浙江地區刻工。刻有《論語注疏解經》宋紹熙兩浙東路茶鹽司刻本。八行，行十六字。

符茂　南宋初期浙江地區刻工。補刻有《儀禮疏》十五行，行二十七字。

符彦　南宋紹熙間浙江紹興地區刻工。刻有

《春秋左傳正義》宋慶元六年紹興府刻本。八行，行十六字。《論語注疏解經》宋紹熙兩浙東路茶鹽司刻本。八行，行十六字。

符修　南宋紹興間杭州地區刻工。刻有《武經七書》十行，行二十字。

十二畫

馮九　北宋治平間刻工。刻有《類篇》八行，行十六字。

馮六　北宋治平間刻工。刻有《類篇》八行，行十六字。

馮五ナ　南宋慶元間四川地區刻工。刻有《太平御覽》宋慶元五年成都府學刻本。十三行，行二十二至二十四字。

馮杞　南宋乾道間四川眉山地區刻工。刻有《蘇文忠公奏議》九行，行十五字。

馮祖　南宋嘉定間福建地區刻工。刻有《資治通鑑綱目》宋嘉定十二年溫陵郡齋刻本。八行，行十七字。

馮祂　南宋乾道間四川眉山地區刻工。刻有

《蘇文定公文集》九行，行十五字。

馮奕之　南宋咸淳間杭州地區刻工。刻有

《昌黎先生集》宋咸淳廖氏世綵堂刻本。九行，行十七字。

《河東先生集》宋咸淳廖氏世綵堂刻本。九行，行十七字。

馮相　南宋乾道間四川眉山地區刻工。刻有

《蘇文定公文集》九行，行十五字。

馮祥　南宋紹興間杭州地區刻工。刻有

《史記集解》十行，行十九字。

馮詔　南宋紹興間安徽當塗地區刻工。刻有

《青山集》十行，行二十字。

馮會　南宋紹興間杭州地區刻工。刻有

《魏書》九行，行十八字。

馮壽　南宋慶元間南昌地區刻工。補刻有

《本草衍義》宋淳熙十二年江西轉運司刻慶元元年重修本。十一行，行二十一字。

曾乂　南宋紹興間江西上饒地區刻工。刻有

《重廣眉山三蘇先生文集》宋紹興三十年饒州德興縣銀山莊谿董應夢集古堂刻本。十三行，行二十七字。

曾大中　南宋嘉定间湖南地区刻工。刻有《致堂讀史管見》宋嘉定十一行衡陽郡斋刻本。十二行，行二十三字。

曾大有　南宋嘉定间湖南地区刻工。刻有《致堂讀史管見》宋嘉定十一年衡陽郡斋刻本。十二行，行二十三字。

曾千　南宋嘉泰间江西吉安地区刻工。刻有《文苑英華》宋嘉泰元年至四年周必大刻本。十三行，行二十二字。

曾文　南宋绍興间江西地区刻工。刻有《重廣眉山三蘇先生文集》宋绍興三十年饒州德興縣銀山莊谿董應夢集古堂刻本。十三行，行二十七字。《普濟本事方》宋淳熙刻本。八行，行十六字。

曾立　南宋绍興间江西地区刻工。刻有《竹友集》宋绍興二十二年撫州州學刻本。十行，行十八字。《春秋傳》宋乾道四年刻慶元五年黄汝嘉修補本。十行，行二十字。

曾立　南宋嘉定间浙江地区刻工。刻有
《资治通鉴纲目》宋浙刻本。八行，行十七字。
《资治通鉴纲目》宋嘉定十二年温陵郡斋刻本。八行，行十七字。

曾沂　南宋端平间江西地区刻工。刻有
《朱文公编昌黎先生传》此即朱校《昌黎先生集》首册。七行，行十五字。
《诚斋集》宋端平二年刻本。十行，行十六字。

曾光明　北宋浙江地区刻工。刻有
《大广益会玉篇》十行，行二十字。

曾何　南宋嘉泰间安徽歙县地区刻工。刻有
《皇朝文鉴》宋嘉泰四年新安郡斋刻本。十行，行十九字。

曾角　南宋淳熙间江西地区刻工。刻有
《孟东野诗集》十一行，行十六字。

曾宣　南宋中期江西吉安地区刻工。刻有
《资治通鉴纲目》宋庐陵刻本。八行，十七字。
《放翁先生剑南诗稿》十行，行二十字。

曾柏　南宋淳熙间江西地区刻工。刻有
《周易注》宋淳熙抚州公使库刻本。十行，

行十六字。

《春秋公羊經傳解詁》宋淳熙撫州公使庫刻紹熙四年重修本。十行，行十六字。

曾春　南宋慶元間江西吉安地區刻工。刻有《漢書集注》宋嘉定十七年白鷺洲書院刻本。八行，行十六字。

《後漢書注》宋嘉定元年建安蔡琪純父一經堂刻本。八行，行十六字。

《歐陽文忠公集》宋慶元二年周必大刻本。十行，行十六字。

曾茂　南宋慶元間江西地區刻工。刻有《東萊先生詩集》宋慶元五年黃汝嘉刻江西詩派本。十行，行二十字。

曾柏　南宋淳熙間江西撫州地區刻工。刻有《周易注》宋淳熙撫州公使庫刻本。十行，行十六字。

曾振　南宋嘉定間江西吉安地區刻工。刻有《漢書集注》宋嘉定十七年白鷺洲書院刻本。八行，行十六字。

曾挺　南宋紹興間江西地區刻工。刻有

《輿地廣記》十三行，行二十四字。

《普濟本事方》宋淳熙間刻本。八行，十六字。

曾鹿鳴　北宋浙江地區刻工。刻有

《大廣益會玉篇》十行，行二十字。

曾游　南宋乾道間江西贛州地區刻工。刻有

《文選注》宋贛州州學刻本。九行，行十五字。

曾添　南宋乾道間江西贛州地區刻工。刻有

《文選注》宋贛州州學刻本。九行，行十五字。

曾雲　南宋嘉定間江西吉安地區刻工。刻有

《漢書集注》宋嘉定十七年白鷺洲書院刻本。八行，行十六字。

曾預　北宋大觀間福州地區刻工。刻有

《宗鏡録》福州東禪寺萬壽大藏本。六行，行十七字。

曾慶　南宋嘉定間福建建甌地區刻工。刻有

《西漢會要》宋嘉定建寧郡齋刻本。十一行，行二十字。

曾榮　南宋嘉泰間江西吉安地區刻工。刻有

《帝王經世圖譜》宋嘉泰元年刻本。十五行，行二十八字。

曾震　南宋嘉定間江西吉安地區刻工。刻有《漢書集注》宋嘉定十七年白鷺洲書院刻本。八行，行十六字。

曾鷹　南宋初期江西地區刻工。刻有《輿地廣記》宋九江郡齋刻，嘉泰四年、淳祐十年遞修本。十三行，行二十四字。

善定　金皇統間刻工。刻有《金藏》每版三十行，行二十四字。

善慶　南宋中期福建地區刻工。刻有《監本附音春秋公羊傳注疏》南宋福建刻本。十行，行十七字。《監本附釋音春秋穀梁傳注疏》十行，行十七字。

普輪　金大定間燕京弘法寺刻工。刻有《金藏》每版三十行，行二十四字。

雇仲　北宋嘉祐間刻工。刻有《新唐書》十四行，行二十三至二十六字。

游元　南宋乾道間福建建甌地區刻工。刻有《夷堅志》九行，行十八字。

游仁　南宋後期刻工。刻有

《磧砂藏》平江府磧砂延聖院刻。六行，行十七字。

游安 南宋淳祐間安徽地區刻工。刻有《周易要義》宋淳祐十二年魏克愚刻本。九行，行十八字。《儀禮要義》宋淳祐十二年魏克愚刻本。九行，行十八字。《禮記要義》宋淳祐十二年魏克愚刻本。九行，行十八字。

游有明 南宋後期杭州地區刻工。刻有《東齋小集》十行，行十八字。

游先 南宋紹熙間江西地區刻工。刻有《東坡集》十行，行十八字。

游名 南宋紹定間江西吉安地區刻工。刻有《慈溪黃氏日抄分類》宋紹定二年刻本。十行，行二十字。

游亨 南宋淳熙間江西地區刻工。刻有《春秋左氏音義》。

游是 南宋嘉定間福建長汀地區刻工。刻有《九章算經》宋嘉定六年鮑澣之刻本。九行，行十八字。

游明仲 南宋淳祐间浙江地区刻工。刻有

《晦庵先生文集》宋淳祐五年刻本。十行，

行十九字。

游和 南宋咸淳间刻工。刻有

《碛砂藏》六行，行十七字。

游究 南宋嘉泰间浙江地区刻工。刻有

《丽泽论说集录》宋嘉泰四年吕乔年刻本。

十行，行二十字。

《东莱吕太史文集》宋嘉泰四年吕乔年刻本

十行，行二十字。

游僧 南宋中期福建建阳地区刻工。刻有

《四朝名臣言行录》十四行，行十九字。

游熙 南宋咸淳间杭州地区刻工。刻有

《周易本义》七行，行十五字。

《诗集传》七行，行十五字。

游谦 南宋后期杭州地区刻工。刻有

《东斋小集》陈道人书籍铺本。十行，十八字

《碛砂藏》六行，行十七字。

汤二日 南宋淳熙间长沙地区刻工。刻有

《集韻》十行，大字二當小字四，小字行二十九至三十一字。

湯文中　南宋嘉泰間安徽地區刻工。刻有《皇朝文鑑》宋嘉泰四年新安郡齋刻本。十行，行十九字。

湯立　北宋景祐間刻工。刻有《史記集解》十行，行十九字。《漢書注》十行，行十九字。

湯立　南宋初期杭州地區刻工。刻有《安吉州思溪資福禪寺大藏經》宋紹興二年王永從刻本。六行，行十七字。

湯安仲　南宋嘉泰間安徽地區刻工。刻有《皇朝文鑑》宋嘉泰四年新安郡齋刻本。十行，行十九字。

湯安仲　南宋咸淳間江蘇地區刻工。刻有《説苑》宋咸淳元年鎮江府學刻本。九行，行十八字。

湯仲　南宋紹熙間安徽貴池地區刻工。刻有《文選注》宋淳熙八年池陽郡齋刻本。十行，行二十一字。

湯念八　南宋紹興間江西上饒地區刻工。刻有《重廣眉山三蘇先生文集》宋紹興三十年饒州德興縣銀山莊谿董應夢集古堂刻本。十二行，行二十七字。

湯祐　南宋初期湖北地區刻工。刻有《南華真經注》十行，行十五字。

湯執　南宋乾道間江西贛州地區刻工。刻有《豫章黄先生文集》宋乾道贛州州學刻本。九行，行十八字。

湯執中　南宋淳熙間浙江地區刻工。刻有《白氏六帖事類集》十三行，行二十四至二十七字。

《文選注》宋淳熙八年池陽郡齋刻本。十行，行二十一字。

《皇朝文鑑》宋嘉泰四年新安郡齋刻本。十行，行十九字。

湯盛　南宋淳熙間安徽貴池地區刻工。刻有《文選注》宋淳熙八年池陽郡齋刻本。十行，行二十一字。

湯榮　南宋乾道間江蘇地區刻工。刻有

《春秋經傳集解》宋乾道江陰軍學刻本。十行，行十八至二十字。

《文選注》宋贛州州學刻本。九行，行十五字。

湯儀　南宋紹興間江西地區刻工。刻有

《重廣眉山三蘇先生文集》宋紹興三十年饒州德興縣銀山莊谿董應夢集古堂刻本。十三行，行二十七字。

湯贇　南宋紹興間江西地區刻工。刻有

《重廣眉山三蘇先生文集》宋紹興三十年饒州德興縣銀山莊谿董應夢集古堂刻本。十三行，行二十七字。

湟參　南宋嘉泰間安徽歙縣地區刻工。刻有

《皇朝文鑑》宋嘉泰四年新安郡齋刻本。十行，行十九字。

甯壬　南宋嘉泰間江西吉安地區刻工。刻有

《文苑英華》宋嘉泰元年至四年周必大刻本。十三行，行二十二字。

甯羽　南宋淳熙間安徽貴池地區刻工。刻有

《文選注》宋淳熙八年池陽郡齋刻本。十行，行二十一字。

甯言　北宋治平間刻工。刻有《類篇》八行，行十六字。

甯義　北宋治平間刻工。刻有《類篇》八行，行十六字。

甯德進　北宋治平間刻工。刻有《類篇》八行，行十六字。

甯聲　南宋淳熙間江西南昌地區刻工。刻有《詩集傳》宋淳熙七年筠州公使庫刻本。十行，行十九字。

童一　南宋乾道間刻工。刻有《龍川志略》十一行，行二十二字。

童升　南宋中期浙江地區刻工。補刻有《春秋左傳正義》宋慶元六年紹興府刻本。八行，行十六字。

童合　南宋乾道間浙江地區刻工。刻有《唐鑑》十二行，行二十三字。

童泳　南宋淳熙間浙江地區刻工。刻有《通鑑紀事本末》宋淳熙二年嚴陵郡庠刻本。十三行，行二十四字。

童泳　南宋咸淳間杭州地區刻工。刻有

《臨安志》宋咸淳臨安府刻本。十行，行二十字。

童祈　南宋乾道間浙江吴興地區刻工。刻有《北山小集》湖州本十行，行二十字。

童志　南宋乾道間浙江紹興地區刻工。刻有《禮記正義》宋紹熙三年兩浙東路茶鹽司刻本。八行，行十六字。《論衡》宋乾道三年紹興府刻本。十行，行二十至二十二字。

童昕　北宋嘉祐間刻工。刻有《新唐書》十四行，行二十三至二十六字。

童春　南宋中期杭州地區刻工。補刻有《經典釋文》十一行，行十七字。

童通　南宋初期杭州地區刻工。刻有《妙法蓮華經》宋臨安府賈官人經書鋪刻本。十二行，行二十九字。《三蘇文粹》十行，行十八字。

童雯　南宋嘉定間江西吉安地區刻工。刻有《漢書集注》宋嘉定十七年白鷺洲書院刻本。八行，行十六字。

童愿　南宋乾道間浙江地區刻工。刻有
《唐鑑》十二行，行二十三字。

童遇　南宋中期杭州地區刻工。刻有
《尚書正義》宋紹熙三年兩浙東路茶鹽司刻本。八行，行十六字。
《古史》十一行，行二十二字。
《資治通鑑綱目》浙本。八行，行十七字。
《太玄經集注》十行，行十七字。
《皇朝文鑑》宋嘉泰四年新安郡齋刻本。十行，行十九字。
補刻有：
《周禮疏》宋兩浙東路茶鹽司刻本。八行，十五至十七字。
《春秋公羊疏》宋紹興間刻本。十五行，行二十三至二十八字。
《經典釋文》十一行，行十七字。
《後漢書注》南宋初杭州刻本。十行，十九字。
《後漢書注》宋紹興江南東路轉運司刻本。九行，行十六字。

童新　南宋初期福建地區刻工。刻有

《資治通鑑》十一行，行二十一字。

童道　南宋嘉定間杭州地區刻工。刻有《渭南文集》宋嘉定十三年陸子遹刻本。十行，行十七字。

童澄　南宋中期浙江嘉興地區刻工。刻有《重校添注音辯唐柳先生文集》九行，十七字。

詠泳　南宋嘉泰間浙江紹興地區刻工。刻有《孟子注疏解經》宋嘉泰兩浙東路茶鹽司刻本。八行，行十六字。

惠九　南宋中期四川地區刻工。刻有《太平寰宇記》十一行，行二十字。

惠先　南宋中期四川地區刻工。刻有《太平寰宇記》十一行，行二十字。

惠重　南宋中期四川地區刻工。刻有《太平寰宇記》十一行，行二十字。

彭六　南宋淳熙間江西南昌地區刻工。刻有《本草衍義》宋淳熙十二年江西轉運司刻慶元元年重修本。十一行，行二十一字。

彭下　南宋淳熙間江西地區刻工。刻有《本草衍義》宋淳熙十二年江西轉運司刻慶元元年重修本。十一行，行二十一字。

《坡門酬唱集》九行，行十六字。

彭元慶　南宋端平間江西吉安地區刻工。刻有《誠齋集》宋端平二年刻本。十行，行十六字。

彭元德　南宋端平間江西吉安地區刻工。刻有《誠齋集》宋端平二年刻本。十行，行十六字。

彭仁山　南宋端平間江蘇地區刻工。刻有《太上靈寶感應篇三教至言詳解》宋端平真大圭刻本。九行，行十九字。

彭立　南宋乾道間江西贛州地區刻工。刻有《豫章黃先生文集》宋乾道刻本。九行十八字。

彭世寧　南宋紹興間湖北地區刻工。刻有《王黃州小畜集》十一行，行二十二字。《王黃州小畜外集》十一行，行二十一字。《豫章黃先生文集》宋乾道刻本。九行十八字。

彭卞　南宋乾道間江西南昌地區刻工。刻有《春秋傳》宋乾道四年刻慶元五年黃汝嘉修補本。十行，行二十字。

彭辛　南宋乾道間江西贛州地區刻工。刻有《豫章黃先生文集》宋乾道刻本。九行，行十八字。

彭祥　南宋紹興間杭州地區刻工。刻有

《史記集解》十行，行十九字。

《史記集解》宋紹興江南東路轉運司刻本。九行，行十六字。

《王黄州小畜集》十一行，行二十二字。

彭師文　南宋淳熙間江西撫州地區刻工。刻有

《王荊公唐百家詩選》十行，行十八字。

彭達　南宋乾道間江西地區刻工。刻有

《呂氏家塾讀詩記》宋淳熙九年江西漕台刻本。九行，行十九字。

《豫章黄先生文集》九行，行十八字。

彭雲　南宋淳熙間江西地區刻工。刻有

《重刊許氏説文解字五音韻譜》七行，行十三字。

《漢書集注》宋嘉定十七年白鷺洲書院刻本。八行，行十六字。

《後漢書注》宋嘉定白鷺洲書院刻本。八行，行十六字。

《後漢書注》宋建安蔡琪純父一經堂刻本。八行，行十六字。

《本草衍義》宋淳熙十二年江西轉運司刻慶元元年重修本。

彭慶　南宋中期江西吉安地區刻工。刻有《資治通鑑綱目》宋廬陵本。八行，行十五字。

彭新　南宋乾道間江西贛州地區刻工。刻有《豫章黄先生文集》宋乾道刻本。九行，行十八字。

彭寧　南宋紹興間湖北黄岡地區刻工。刻有《王黄州小畜集》十一行，行二十二字。

彭德彰　南宋端平間江西吉地區刻工。刻有《誠齋集》宋端平二年刻本。十行，行十六字。

彭震甫　南宋紹興間福建地區刻工。刻有《重校資治通鑑》十一行，行二十一字。

彭鼐　南宋紹興間湖北地區刻工。刻有《漢書注》宋紹興湖北提舉茶鹽司刻，淳熙、紹熙、慶元修本。十四行，行二十六至二十九字。

揚中　南宋紹興間四川地區刻工。刻有《劉夢得文集》十行，行十八字。

揚記　南宋紹興間浙江地區刻工。刻有《管子注》十二行，行二十三字。

梅榮　南宋淳熙間安徽廣德地區刻工。刻有

《史記集解索隱》宋淳熙三年張杅桐川郡齋刻淳熙八年耿秉補刻本。十二行，行二十五字。

靳從　南宋淳熙間安徽貴池地區刻工。刻有《文選注》宋淳熙八年池陽郡齋刻本。十行，行二十字。

婺徐　南宋寶祐間浙江吳興地區刻工。刻有《通鑑紀事本末》宋寶慶五年趙與篡刻本。十一行，行十九字。

惠文　南宋淳熙間江西撫州地區刻工。刻有《春秋經傳集解》宋淳熙撫州公使庫刻本。十行，行十六字。

惠中　南宋乾道間浙江地區刻工。刻有《作邑自箴》十一行，行十九字。《東萊先生詩集》宋乾道二年刻本。十一行，行二十字。

惠立　南宋紹興間杭州地區刻工。刻有《臨川先生文集》宋紹興二十一年兩浙西路轉運司刻本。十二行，行二十字。

惠先　南宋中期四川地區刻工。刻有《太平寰宇記》十一行，行二十字。

惠珉　南宋乾道間江蘇地區刻工。刻有

《春秋經傳集解》宋乾道江陰軍學刻本。十行，行十八字。

惠重　南宋中期四川地區刻工。刻有

《太平寰宇記》十一行，行二十字。

惠道　南宋紹興間杭州地區刻工。刻有

《春秋經傳集解》宋乾道江陰軍學刻本。十行，行十八字。

《漢書注》南宋初杭州刻本。十行，行十九字。

《漢書注》宋紹興江南東路轉運司刻本。九行，行十六字。

《三國志注》十行，行十九字。

《備急總效方》宋紹興二十四年刻本。十行，行十六字。

《東坡集》宋乾道刻本。十行，行二十字。

《臨川先生文集》宋紹興二十一年兩浙西路轉運司刻本。十二行，行二十字。

朝四（王姓）南宋慶元間四川地區刻工。刻有

《太平御覽》宋慶元五年成都府學刻本。十三行，行二十二至二十四字不等。

堯米　南宋紹定間江西吉安地區刻工。刻有
《慈溪黃氏日抄分類》宋紹定二年刻本。十行，行二十字。

賀思　北宋治平間刻工。刻有
《類篇》八行，行十六字。

賀息　北宋治平間刻工。刻有
《類篇》八行，行十六字。

賀榮　北宋治平間刻工。刻有
《類篇》八行，行十六字。

費擇　南宋紹興間浙江紹興地區刻工。刻有
《資治通鑑目錄》宋紹興二年兩浙東路茶鹽司公使庫刻本。行字不定。

項文　南宋後期浙江地區刻工。刻有
《晦庵先生文集》宋淳祐五年刻本。十行，行十九字。
《磧砂藏》六行十七字。

項中　南宋紹興間杭州地區刻工。刻有
《三國志注》十行，行十九字。
《備急總效方》宋紹興二十四年刻本。十行，行十六字。

《臨川先生文集》宋紹興二十一年兩浙西路轉運司王珏刻本。十二行，行二十字。

項仁　南宋中期杭州地區刻工。刻有《古史》十一行，行二十字。《太玄經集注》十行，行十七字。補刻有《宋書》、《南齊書》、《陳書》、《魏書》均九行，行十八字。

項思　南宋慶元間江西地區刻工。刻有《東萊先生詩集》宋慶元五年黃汝嘉刻江西詩派本。十行，行二十字。

項思中　南宋初期浙江地區刻工。刻有《作邑自箴》十一行，行十九字。

戴世榮　南宋淳熙間安徽地區刻工。刻有《漢雋》宋淳熙五年滁陽刻本。九行，小字三十。

戴良臣　南宋淳熙間安徽地區刻工。刻有《漢雋》宋淳熙五年滁陽刻本。九行，小字三十。

陽壽　南宋嘉定間江西吉安地區刻工。刻有《漢書集注》宋嘉定十七年白鷺洲書院刻本。

八行，行十六字。

閔孝中　南宋紹興間南宋地區刻工。刻有
《史記集解》宋紹興淮南路轉運司刻本。九
行，行十六字。

閔昱　南宋紹興間刻工。刻有
《史記集解》十行，行十九字。
《南華真經注》（湖北）十行，行十五字。
《王黄州小畜外集》（湖北）十一行，行二十字。
《青山集》當塗本十行，行二十字。

單正　南宋慶元間四川地區刻工。刻有
《盤洲文集》十行，行二十字。

單亥　南宋慶元間四川地區刻工。刻有
《太平御覽》宋慶元五年成都府學刻本。十
三行，行二十二至二十四字。

單亨　南宋紹興間杭州地區刻工。刻有
《陳書》、《魏書》均九行，行十八字。

單回　南宋慶元間四川地區刻工。刻有
《太平御覽》宋慶元五年成都府學刻本。十
三行，行二十二字至二十四字。
《新刊經進詳注昌黎先生文集》十行，十八字。

單升　南宋紹興間刻工。刻有《陳書》、《魏書》均九行，行十八字。《劉夢得文集》十行，行十八字。

單侶　南宋中期杭州地區刻工。補刻有《後漢書注》宋紹興江南東路轉運司刻本。九行，行十六字。《宋書》、《南齊書》、《陳書》、《魏書》均九行，行十八字。

單和九　南宋慶元間四川地區刻工。刻有《太平御覽》宋慶元五年成都府學刻本。十三行，行二十二至二十二至二十四字。

單桂　南宋慶元間四川地區刻工。刻有《太平御覽》宋慶元五年成都府學刻本。十三行，行二十二至二十四字。

單桂一　南宋慶元間四川地區刻工。刻有《太平御覽》宋慶元五年成都府學刻本。十三行，行二十二至二十四字。

單桂二　南宋慶元間四川地區刻工。刻有《太平御覽》宋慶元五年成都府學刻本。十三行，行二十二至二十四字。

單逵　南宋紹興間四川地區刻工。刻有《劉夢得文集》十行，行十八字。

單陸　南宋紹興間四川地區刻工。刻有《劉夢得文集》十行，行十八字。

單道　南宋乾道間眉山地區刻工。刻有《蘇文忠公奏議》九行，行十五字。《蘇文定公文集》九行，行十五字。

單道一　南宋乾道間四川眉山地區刻工。刻有《蘇文定公文集》九行，行十五字。

單壽　南宋慶元間四川地區刻工。刻有《太平御覽》宋慶元五年成都府學刻本。十三行，行二十二至二十四字。

單壽一　南宋慶元間四川地區刻工。刻有《太平御覽》宋慶元五年成都府學刻本。十三行，行二十二至二十四字。

單壽二　南宋慶元間四川地區刻工。刻有《太平御覽》宋慶元五年成都府學刻本。十三行，行二十二至二十四字。

單壽三　南宋慶元間四川地區刻工。刻有《太平御覽》宋慶元五年成都府學刻本。十三行，行二十二至二十四字。

單壽四　南宋慶元間四川地區刻工。刻有
《太平御覽》宋慶元五年成都府學刻本。十
三行，行二十二至二十四字。

單遠　南宋慶元間四川地區刻工。刻有
《太平御覽》宋慶元五年成都府學刻本。十
三行，行二十二至二十四字。

單輪　南宋慶元間四川地區刻工。刻有
《太平御覽》宋慶元五年成都府學刻本。十
三行，行二十二至二十四字。

單輪保　南宋慶元間四川地區刻工。刻有
《太平御覽》宋慶元五年成都府學刻本。十
三行，行二十二至二十四字。

喻乙　南宋慶元間江西吉安地區刻工。刻有
《歐陽文忠公集》宋慶元二年周必大刻本。
十行，行十六字。

喻中　南宋嘉定間江西吉安地區刻工。刻有
《漢書集注》宋嘉定十七年白鷺洲書院刻本
八行，行十六字。

喻杞　南宋嘉定間江西吉安地區刻工。刻有

《漢書集注》宋嘉定十七年白鷺洲書院刻本。八行，行十六字。

喻岩　南宋端平间江西吉安地區刻工。刻有《誠齋集》宋端平二年刻本。十行，行十六字。

喻春　南宋嘉定间江西吉安地區刻工。刻有《漢書集注》宋嘉定十七年白鷺洲書院刻本。八行，行十六字。

喻根　南宋嘉定间江西吉安地區刻工。刻有《漢書集注》宋嘉定十七年白鷺洲書院刻本。八行，行十六字。

喻樽　南宋慶元间江西吉安地區刻工。刻有《漢書集注》宋嘉定十七年白鷺洲書院刻本。八行，行十六字。《歐陽文忠公集》宋慶元二年周必大刻本。十行，行十六字。

喻潊　南宋嘉泰间江西吉安地區刻工。刻有《文苑英華》宋嘉泰元年至四年周必大刻本。十三行，行二十二字。

景中　南宋紹定间江西吉安地區刻工。刻有《慈溪黄氏日抄分類》宋紹定二年刻本。十行，行二十字。

景仁　南宋景定间福建地区刻工。刻有

《列子鬳斋口义》王庚本九行，行十八字。

景平　南宋庆元间江西吉安地区刻工。刻有

《帝王经世图谱》宋嘉泰元年金式、赵善镓刻本。十五行，行二十字。

景年　南宋嘉泰江西吉安地区刻工。刻有

《资治通鉴纲目》宋庐陵本。八行，行十五字。

《愧郯录》九行，行十七字。

《周益文忠公集》宋开禧二年刻本。十行，行十六字。

《文苑英华》宋嘉泰元年至四年周必大刻本。

景舟　南宋绍定间江西吉安地区刻工。刻有

《慈溪黄氏日抄分类》宋绍定二年刻本。十行，行二十字。

景从　南宋中期福建地区刻工。刻有

《资治通鉴》十一行，行二十一字。

景寳　南宋中期浙江地区刻工。刻有

《资治通鉴考异》十行，行二十二字。

华文　南宋庆元间福建地区刻工。刻有

《東漢會要》宋寶慶二年建寧郡齋刻本。十一行，行二十字。

華元　南宋初期浙江地區刻工。刻有《五代史記》十二行，行二十二字。補刻有《新唐書》十四行，行二十三至二十六字。

華甫　南宋中期江西地區刻工。刻有《新唐書》十行，行十九字。

華志　南宋嘉泰間浙江地區刻工。刻有《麗澤論説集録》宋嘉泰四年吕喬年刻本。十行，行二十字。《東萊吕太史文集》宋嘉泰四年吕喬年刻本。十行，行二十字。

華再興　南宋紹興間刻工。刻有《史記集解》宋紹興淮南東路轉運司刻本。九行，行十六字。《鮑氏集》十行，行十六字。

華宗　北宋治平間刻工。刻有《類篇》八行，行十六字。

華定　南宋紹興間杭州地區刻工。刻有《後漢書注》南宋初杭州刻本。十行，十九字。

《後漢書注》宋紹興江南東路轉運司刻本。

九行，行十六字。

華連　北宋景祐間刻工。刻有

《史記集解》宋景祐二年刻本。十行，十九字。

《漢書注》宋景祐二年刻本。十行，行十九字。

華璘　南宋淳祐間江西上饒地區刻工。刻有

《朱文公訂正門人蔡九峰書集傳》宋淳祐十

年呂遇龍上饒郡學刻本。十行，行十八字。

遇春　南宋中期浙江地區刻工。刻有

《唐陸宣公集》十行，行十七字。

傅十　南宋紹興間浙江寧波地區刻工。刻有

《大般若波羅蜜多經》宋紹興三十二年奉化

王公祠堂本。六行，行十七字。

傅才　北宋咸平間刻工。刻有

《三國志·吳志》十四行，行二十五字。

傅上　南宋中期杭州地區刻工。刻有

《荀子注》杭州本。八行，行十六字。

《晦庵先生文集》宋淳祐五年刻本。十行，

行十九字。

傅文　南宋嘉定間福建地區刻工。刻有

《周髀算經》宋嘉定六年鮑澣之刻本。九行，
行十八字。
《五曹算經》宋嘉定六年鮑澣之刻本。九行，
行十八字。
《張丘建算經》宋嘉定六年鮑澣之刻本。九
行，行十六字。

傅方　南宋淳祐間刻工。刻有
《磧砂藏》平江府磧砂延聖院刻。六行，行
十七字。

傅及　南宋初期杭州地區刻工。刻有
《後漢書注》十行，行十九字。
《重廣補注黄帝内經素問》十行，行二十字。

傅中　南宋紹興間浙江地區刻工。刻有
《舊唐書》宋紹興兩浙東路茶鹽司刻本。十
四行，行二十五字。
補刻有《儀禮疏》十五行，行二十七字。

傅必上　南宋紹定間刻工。刻有
《磧砂藏》六行，行十七字。

傅必方　南宋嘉熙間刻工。刻有
《磧砂藏》六行，行十七字。

傅正　南宋初期湖北地區刻工。刻有
《南華真經注》十行，行十五字。

傅成　南宋淳熙間江西地區刻工。刻有
《呂氏家塾讀書記》宋淳熙九年江西漕台刻本。九行，行十九字。

傅成　南宋福建地區刻工。刻有
《夷堅志》建寧本九行，行十八字。

傅先　北宋紹聖間福州地區刻工。刻有
《十誦律》宋紹聖四年刻福州東禪寺萬壽大藏本。六行，行十七字

傅先　南宋紹興間浙江地區刻工。刻有
《五代史記》南宋初刻本。十二行，行二十二字。
《安吉州思溪法寶資福禪寺大藏經》宋紹興二年王永從刻本。六行，行十七字。

傅汶　南宋嘉定間福建地區刻工。刻有
《張丘建算經》宋嘉定六年鮑澣之刻本。九行，行十八字。

傅言　南宋紹定間浙江地區刻工。刻有
《重廣補注黃帝内經素問》十行，行二十字。

傅忠　南宋紹興間湖北地區刻工。刻有

《南華真經注》十行，行十五字。
傅芳　南宋中期杭州地區刻工。刻有
《荀子注》杭州本。八行，行十六字。
《晦庵先生文集》宋淳祐五年刻本。十行，
行十九字。
傅宥　北宋咸平間刻工。刻有
《三國志·吴志》十四行，行二十五字。
傅郁　南宋淳祐間刻工。刻有
《磧砂藏》六行，行十七字。
傅雲方　南宋後期刻工。刻有
《磧砂藏》六行，行十七字。
傅溢　南宋紹定間浙江地區刻工。刻有
《重廣補注黄帝内經素問》十行，行二十字。
傅璋　南宋嘉定間福建地區刻工。刻有
《孫子算經》宋嘉定六年鮑澣之刻本。九行，
行十八字。
傀平山　南宋浙江地區刻工。補刻有
《儀禮疏》十五行，行二十七字。
傀端　南宋紹興間江西贛州地區刻工。刻有
《古靈先生文集》宋紹興重刻本。十行，十八字。

焦議　南宋嘉泰間浙江地區刻工。刻有

《麗澤論説集録》宋嘉泰四年吕喬年刻本。

十行，行二十字。

《東萊吕太史文集》宋嘉泰四年吕喬年刻本。

十行，行二十字。

智平（高姓）南宋紹興間江西撫州地區刻工。刻有

《謝幼槃文集》宋紹興二十二年撫州州學刻

本。十行，行十八字。

智政　金大定間刻工。刻有

《金藏》每版二十三行，行十四字。

智廣（高姓）南宋紹興間江西撫州地區刻工。

《謝幼槃文集》即竹友集十行，行十八字。

喬世忠　北宋治平間刻工。刻有

《類篇》八行，行十六字。

喬恕　南宋淳熙浙江地區刻工。刻有

《皇朝仕學規範》十二行，行二十五字。

程小六　南宋乾道間四川地區刻工。刻有

《南華真經注》宋蜀中安仁趙諫議宅刻本。

九行，行十五字。

程元　南宋中期江西地區刻工。刻有

《新唐書》十行，行十九字。

《五代史記》宋慶元五年刻本。十行，行十八字。

程公慶　北宋治平間刻工。刻有

《類篇》八行，行十六字。

程仁壽　南宋淳祐間安徽地區刻工。刻有

《儀禮要義》宋淳祐十二年魏克愚刻本。九行，行十八字。

程正　南宋紹興間四川眉山地區刻工。刻有

《東都事略》宋眉山程氏五峰閣刻本。十二行，行二十四字。

程生　南宋紹興間四川眉山地區刻工。刻有

《東都事略》宋眉山程氏五峰閣刻本。十二行，行二十四字。

程用　南宋紹興南京地區刻工。刻有

《後漢書注》宋紹興江南東路轉運司刻本。九行，行十六字。

程成　南宋慶元間江西地區刻工。刻有

《致堂讀史管見》宋寶祐二年宛陵刻本。十二行，行二十三字。

《歐陽文忠公集》宋慶元二年周必大刻本。

十行，行十六字。

《禮記要義》宋淳祐十二年魏克愚刻本。九行，行十八字。

程亨　南宋初期杭州地區刻工。刻有《樂府詩集》十三行，行二十三字。

程作　南宋嘉泰間安徽地區刻工。刻有《皇朝文鑑》宋嘉泰四年新安郡齋刻本。十行，行十九字。

程武　南宋慶元間四川地區刻工。刻有《太平御覽》宋慶元五年成都府學刻本。十三行，行二十二至二十四字。

程忠　南宋中期浙江地區刻工。補刻有《增廣司馬温公全集》十二行，行二十字。

程昇　南宋紹興間杭州地區刻工。刻有《魏書》九行，行十八字。

程和　南宋紹熙間四川眉山地區刻工。刻有《東都事略》宋眉山程氏五峰閣刻本。十二行，行二十四字。

程柳　南宋乾道間四川眉山地區刻工。刻有《蘇文忠公奏議》九行，行十五字。

《蘇文忠公文集》九行，行十五字。

程高　南宋紹興間四川眉山地區刻工。刻有《東都事略》宋眉山程氏五峰閣刻本。十二行，行二十四字。

程保　南宋紹興間福州地區刻工。刻有《福州開元寺毗盧大藏》宋紹興十九年。六行，行十七字。補刻有《漢書注》十行，行十九字。

程保　南宋紹定間浙江地區刻工。刻有《重廣補注黄帝内經素問》十行，行二十字。

程童　南宋慶元間四川地區刻工。刻有《太平御覽》宋慶元五年成都府學刻本。十三行，行二十二至二十四字。

程祺　北宋紹聖間福州地區刻工。刻有《福州東禪寺萬壽大藏》宋元豐三年至政和二年刻本。六行，行十七字。

程萬　南宋淳祐間安徽地區刻工。刻有《儀禮要義》宋淳祐十二年魏克愚刻本。九行，行十八字。

程景思　南宋紹定間浙江地區刻工。刻有

《切韻指掌圖》宋紹定三年讀書堂刻本。八行，行字不等。

《宋宰相編年錄》徐居誼本。

《瓜廬詩》十一行，行十六字。

程慶　南宋慶元間四川地區刻工。刻有

《太平御覽》宋慶元五年成都府學刻本。十三行，行二十二至二十四字。

程慶　南宋淳祐間安徽地區刻工。刻有

《儀禮要義》宋淳祐十二年魏克愚刻本。九行，行十八字。

程龍　南宋慶元間四川地區刻工。刻有

《太平御覽》宋慶元五年成都府學刻本。十三行，行二十二至二十四字。

程龍一　南宋慶元間四川地區刻工。刻有

《太平御覽》宋慶元五年成都府學刻本。十三行，行二十二至二十四字。

程龍言　南宋慶元間四川地區刻工。刻有

《太平御覽》宋慶元五年成都府學刻本。十三行，行二十二至二十四字。

程龍慶　南宋慶元間四川地區刻工。刻有

程禮　南宋淳祐间安徽地區刻工。刻有

《儀禮要義》宋淳祐十二年魏克愚刻本。九行，行十八字。

嵇起　北宋景祐间刻工。刻有

《史記集解》十行，行十九字。

《漢書注》十行，行十九字。

順仲　南宋紹興间杭州地區刻工。刻有

《龍龕手鑑》十行，行字不等。

順卿　南宋後期福建地區刻工。刻有

《列子鬳齋口義》九行，行十八字。

舜椿　南宋紹興间浙江寧波地區刻工。刻有

《文選注》宋紹興二十八年明州刻本。十行，行二十至二十二字。

俞信之　南宋初期福建地區刻工。刻有

《春秋經傳集解》宋鶴林于氏家塾棲雲閣刻本。十行，行十六至十七字。

十三畫

雍下　南宋紹興間杭州地區刻工。刻有《通典》十五行，行二十五至二十九字。

慈昌　南宋慶元間四川地區刻工。刻有《太平御覽》宋慶元五年成都府學刻本。十三行，行二十二至二十四字。

新秀　南宋中期福建地區刻工。刻有《資治通鑑》十一行，行二十一字。

福祖（張姓）南宋慶元間四川地區刻工。刻有《太平御覽》宋慶元五年成都府學刻本。十三行，行二十二至二十四字。

福孫　南宋慶元間四川地區刻工。刻有《太平御覽》宋慶元五年成都府學刻本。十三行，行二十二至二十四字。

禔甫　南宋中期福建地區刻工。刻有《監本附釋音春秋穀梁傳注疏》十行，行十七字

褚蘇　南宋初期浙江地區刻工。刻有《三國志注》衢州本。十行，行十八字。

道七（王姓）南宋慶元間四川地區刻工。刻有《太平御覽》宋慶元五年成都府學刻本。十

三行，行二十二至二十四字。

道清　南宋中期江西地區刻工。刻有

《詩說》九行，行二十二字。

愧汝善　南宋淳祐間福建地區刻工。刻有

《晦庵先生朱文公文集》十行，行十八字

愧伯夫　南宋紹興間南京地區刻工。刻有

《後漢書注》宋紹興江南東路轉運司刻本。

九行，行十六字。

愧謙　南宋淳祐間福建地區刻工。刻有

《晦庵先生朱文公文集》十行，行十八字。

楊一　北宋治平間刻工。刻有

《類篇》八行，行十六字。

楊十二　南宋初期杭州地區刻工。補刻有

《儀禮疏》十五行，行二十七字。

楊十三　南宋初期杭州地區刻工。刻有

《經典釋文》十一行，行十七字。

《說文解字》十行，行二十字。

《後漢書注》宋紹興江南東路轉運司刻本。

九行，行十六字。

《宋書》、《陳書》、《魏書》均九行，行十八字。

《國語解》十行，行二十字。

《皇朝文鑑》宋嘉泰四年新安郡齋刻本。十行，行十九字。

補刻有《儀禮疏》十五行，行二十七字。

楊十四　南宋後期刻工。刻有

《磧砂藏》六行，行十七字。

楊乂　北宋治平間刻工。刻有

《類篇》八行，行十六字。

楊三　北宋治平間刻工。刻有

《類篇》八行，行十六字。

楊三　金山西臨汾地區刻工。刻有

《尚書注疏》十三行，行二十六至二十九字。

《史記集解索隱》十行，行十九字。

《重修政和經史證類備用本草》晦明軒本。

楊大　北宋治平間刻工。刻有

《類篇》八行，行十六字。

楊才　南宋乾道間江西贛州地區刻工。刻有

《豫章黄先生文集》宋乾道刻本。九行，行十八字。

楊文　北宋天禧間刻工。刻有

《南華真經》十行，行十六至十七字。

楊文　南宋紹興間福州地區刻工。刻有

《續高僧傳》宋紹興十八年刻福州開元寺毘盧大藏本。

楊文　南宋後期杭州地區刻工。刻有

《磧砂藏》六行，行十七字。

補刻有：

《儀禮疏》十五行，行二十七字。

《梁書》九行，行十八字。

楊文中　南宋嘉泰間安徽地區刻工。刻有

《皇朝文鑑》宋嘉泰四年新安郡齋刻本。十行，行十九字。

楊五　南宋慶元間四川地區刻工。刻有

《太平御覽》宋慶元五年成都府學刻本。十三行，行二十二至二十四字。

楊中　北宋景祐間刻工。刻有

《儀禮疏》十五行，行二十七字。

楊中　南宋紹興間福州地區刻工。刻有

《天聖廣燈録》宋紹興十八年刻福州開元寺毘盧大藏本。六行，行十七字。

楊仁　南宋中期杭州地區刻工。刻有
《武經七書》十行，行二十字。
補刻有《宋書》九行，行十八字。

楊永　南宋淳熙間浙江地區刻工。刻有
《通鑑紀事本末》宋淳熙二年嚴陵郡庠刻本。
十三行，行二十四字。
補刻有《文選注》宋紹興二十八年明州刻本。
十行，行二十至二十二字。

楊永年　南宋初期四川地區刻工。刻有
《李衛公文集》十行，行十八字。

楊玉　北宋景祐間刻工。刻有
《漢書注》十行，行十九字。

楊生　南宋紹興間安徽當塗地區刻工。刻有
《青山集》十行，行二十字。

楊安　南宋紹興間南京地區刻工。刻有
《史記集解》宋紹興淮南路轉運司刻本。九
行，行十六字。

楊守　北宋杭州地區刻工。刻有
《史記集解》十行，行十九字。
《漢書注》十行，行十九字。

《後漢注》十行，行十九字。

楊守道　南宋紹興間南京地區刻工。刻有《史記集解》宋紹興淮南路轉運司刻本。九行，行十六字。

楊再十三　南宋中期浙江杭州地區刻工。補刻有《宋書》九行，行十八字。

楊羽　南宋中期杭州地區刻工。補刻有《魏書》九行，行十八字。

楊先　南宋紹興間安徽當塗地區刻工。刻有《青山集》十行，行二十字。《東萊呂太史文集》宋嘉泰四年呂喬年刻本。十行，行二十字。

楊回　南宋慶元間四川地區刻工。刻有《太平御覽》宋慶元五年成都府學刻本。十三行，行二十二至二十四字。

楊先　南宋中期浙江地區刻工。刻有《麗澤論説集錄》宋嘉泰四年呂喬年刻本。十行，行二十字。《東萊呂太史文集》宋嘉泰四年呂喬年刻本。十行，行二十字。

楊先　南宋嘉泰江蘇揚州地區刻工。刻有《注東坡先生詩》宋嘉泰淮東倉司刻本。九行，行十六字。

楊先　南宋中期四川眉山地區刻工。刻有《新刊經進詳注昌黎先生文集》十行，十八字。

楊先　南宋初期江西地區刻工。刻有《輿地廣記》宋江州刻，嘉泰四年等年遞修本。十三行，行二十四字。

楊亨　南宋後期福建地區刻工。刻有《押韻釋疑》宋嘉熙三年禾興郡齋刻本。十行，小字二十五。

《漢書注》宋福唐郡庠刻本。十九行，行十九字。

《國朝諸臣奏議》宋淳祐十年史季溫福州刻本。十一行，行二十三字。

《古靈先生文集》十行，行十八字。

楊良臣　南宋中期浙江地區刻工。刻有《資治通鑑考異》十行，行二十二字。

楊辰　南宋嘉定間湖南地區刻工。刻有《致堂讀史管見》宋嘉定十一年衡陽郡齋刻本。十二行，行二十三字。

楊宗　南宋紹興間杭州地區刻工。刻有《史記集解》十行，行十九字。

楊宜　南宋慶元間四川地區刻工。刻有《太平御覽》宋慶元五年成都府學刻本。十三行，行二十二至二十四字。

楊宜　南宋寶慶間廣州地區刻工。刻有《新刊校定集注杜詩》宋寶慶元年廣東漕司刻本。九行，行十六字。

楊定　南宋中期四川眉山地區刻工。刻有《新刊經進詳注昌黎先生文集》十一行，行十八字。

楊定　南宋寶慶間廣州地區刻工。刻有《新刊校定集注杜詩》宋寶慶元年廣東漕司刻本。九行，行十六字。

楊泳　南宋淳熙間浙江建德地區刻工。刻有《通鑑紀事本末》宋淳熙二年嚴陵郡庠刻本。十三行，行二十四至二十五字。

楊武　南宋紹興間浙江紹興地區刻工。刻有《舊唐書》宋紹興兩浙東路茶鹽司刻本。十四行，行二十五字。

楊珍　北宋嘉祐間刻工。刻有

《漢書注》十行，行十九字。

楊阿回　南宋慶元間四川地區刻工。刻有

《太平御覽》宋慶元五年成都府學刻本。十三行，行二十二至二十四字。

楊阿成　南宋慶元間四川地區刻工。刻有

《太平御覽》宋慶元五年成都府學刻本。十三行，行二十二至二十四字。

楊阿宜　南宋慶元間四川地區刻工。刻有

《太平御覽》宋慶元五年成都府學刻本。十三行，行二十二至二十四字。

楊明　南宋紹興間杭州地區刻工。刻有

《周禮疏》宋兩浙東路茶鹽司刻本。八行，行十五至十七字。

《史記集解》宋紹興淮南路轉運司刻本。九行，行十六字。

《後漢書注》宋紹興江南東路轉運司刻本。九行，行十六字。

《魏書》九行，行十八字。

《國語解》十行，行二十字。

《論語注疏解經》宋紹興兩浙東路茶鹽司刻本。八行，行十六字。

《世説新語》宋紹興八年董弅刻本。十行，行二十字。

《劉賓客文集》宋紹興八年嚴州刻本。十二行，行十二字。

補刻有《儀禮疏》十五行，行二十七字。

楊昌　南宋紹興間杭州地區刻工。刻有

《禮記正義》宋紹熙三年兩浙東路茶鹽司刻本。八行，行十六字。

《春秋左傳正義》宋慶元六年紹興府刻本。八行，行十六字。

《孟子注疏》宋嘉泰兩浙東路茶鹽司刻本。八行，行十六字。

《後漢書注》宋紹興江南東路轉運司刻本。九行，十六字。

《宋書》、《梁書》、《陳書》均九行，十八字。

《大唐六典注》宋紹興四年温州州學刻本。十行，行二十字。

《景德傳燈錄》宋紹興四年釋思鑑刻本。十五行，行二十六至三十字。

《論衡》宋乾道三年紹興府刻本。十行，行二十至二十二字。

《陶淵明集》十行，行十六字。

《文選注》宋紹興二十八年明州刻本。十行，行二十至二十二字。

《聖宋文選全集》宋乾道婺州刻本。十六行，行二十八字。

《後漢書注》南宋初杭州刻本。十行，行十九字。

《集韻》明州本，十一行，行二十二至二十六字。

《宗門統要集》宋乾道刻本。十行，行二十字。

楊咏　南宋淳熙間浙江地區刻工。刻有

《春秋左傳正義》宋慶元六年紹興府刻本。八行，行十六字。

《通鑑紀事本末》宋淳熙二年嚴陵郡庠刻本。十三行，行二十四至二十五字。

楊忠　南宋浙江地區刻工。刻有

《楚辭集注》十行，行十八字。

楊全　西夏乾祐間刻工。刻有《三世屬明言集文》（佛經）

楊岳　南宋慶元間四川地區刻工。刻有《太平御覽》宋慶元五年成都府學刻本。十三行，行二十二至二十四字。

楊岳同　南宋慶元間四川地區刻工。刻有《太平御覽》宋慶元五年成都府學刻本。十三行，行二十二至二十四字。

楊和　南宋紹興間杭州地區刻工。刻有《梁書》、《陳書》、《魏書》均九行，十八字。

楊釆　南宋端平間浙江地區刻工。刻有《皇朝文鑑》宋嘉泰四年新安郡齋刻本。十行，行十九字。《磧砂藏》六行，行十七字。補刻有《史記集》、《宋書》、《陳書》、《魏書》。

楊神　南宋淳祐間福建地區刻工。刻有《晦庵先生朱文公文集》十行，行十八字。

楊祖　南宋乾道間四川眉山地區刻工。刻有《蘇文定公文集》九行，行十五字。

楊記　南宋初期杭州地區刻工。刻有

《管子》十二行，行二十三字。

楊垓　南宋紹興間杭州地區刻工。刻有

《史記集解》宋紹興淮南路轉運司刻本。九行，行十六字。

《後漢書注》宋紹興江南東路轉運司刻本。九行，行十六字。

《後漢書注》南宋初杭州刻本。十行，行十九字。

楊春　南宋初期杭州地區刻工。刻有

《尚書正義》宋紹興三年兩浙東路茶鹽司刻本。八行，行十九字。

《説文解字》十行，行二十字。

《宋書》九行，行十八字。

《文選注》宋紹興二十八年明州刻本。十行，行二十至二十二字。

楊玲　南宋淳熙間安徽貴池地區刻工。刻有

《文選注》宋淳熙八年池陽郡齋刻本。十行，行二十一字。（此爲淳熙十五年重刻之）。

楊英　南宋紹興間安徽當塗地區刻工。刻有

《青山集》富塗本。十行，行二十字。

楊茂　南宋紹興間南京地區刻工。刻有

《杜工部集》宋紹興建康府學刻本。十行，行二十字。

楊茂　南宋紹興間福建地區刻工。刻有

《天聖廣燈錄》宋紹興十八年刻福州開元寺毘盧藏本。六行，行十七字。

補刻有《儀禮疏》十五行，行二十七字。

楊茂　南宋寶慶間廣州地區刻工。刻有

《新刊校定集注杜詩》宋寶慶元年廣東漕司刻本。九行，行十六字。

楊思（或署羊思）南宋紹興間浙江建德刻工。刻有

《儀禮注》宋紹興嚴州刻本。十四行，行二十五字。

《通鑑紀事本末》宋淳熙二年嚴陵郡庠刻本。十三行，行二十四至二十五字。

《國語解》十行，行二十字。

《世說新語》宋紹興八年嚴州刻本。十行，行二十字。

《劉賓客文集》宋紹興八年嚴州刻本。十三

行，行二十二字。

楊思成　南宋寶祐間安徽地區刻工。刻有

《致堂讀史管見》宋寶祐二年宛陵刻本。十二行，行二十三字。

楊珪　南宋乾道間安徽當塗地區刻工。刻有

《兩漢博聞》宋乾道八年胡元質姑孰郡齋刻本。十行，行十九字。

楊恭　南宋嘉定間浙江地區刻工。刻有

《資治通鑑綱目》浙本。八行，行十七字。

《資治通鑑綱目》宋嘉定十二年温陵郡齋刻本。八行，行十七字。

楊康　南宋後期刻工。補刻有

《漢書注》十行，行十八字。

楊惇　南宋紹興間杭州地區刻工。刻有

《三國志注》十行，行十九字。

楊諶　南宋初期杭州地區刻工。刻有

《史記集解》十行，行十九字。

《漢書注》十行，行十九字。

《後漢書注》十行，行十九字。

楊通　南宋紹興間安徽舒城地區刻工。刻有

《太平聖惠方》宋紹興十六年淮南轉運司刻本。十三行，行二十五、二十六字。

楊通　南宋嘉泰間浙江地區刻工。刻有《麗澤論説集録》宋嘉泰四年呂喬年刻本。十行，行二十字。《東萊呂太史文集》宋嘉泰四年呂喬年刻本。十行，行二十字。

楊郴　南宋淳熙間江西地區刻工。刻有《五朝名臣言行録》宋淳熙刻本。十行，行十七字。

楊溧　南宋中期浙江金華地區刻工。刻有《音注韓文公文集》宋婺州刻本。十二行，行二十一至二十二字。

楊乾　南宋淳祐間福建地區刻工。刻有《晦庵先生朱文公文集》十行，行十八字。

楊閏　南宋淳祐間福建地區刻工。刻有《晦庵先生朱文公文集》十行，行十八字。補刻有《梁書》九行，行十八字。

楊詠　南宋慶元間浙江紹興地區刻工。刻有《春秋左傳正義》宋慶元六年紹興府刻本。

楊森　南宋刻工。刻有《本草集方》十行，行十六字。

楊景仁　南宋紹興間杭州地區刻工。刻有《春秋經傳集解》八行，行十七字。《史記集解》宋紹興江南東路轉運司刻本。九行，行十六字。《梁書》、《魏書》均九行，行十八字。《武經七書》十行，行二十字。

楊復　南宋中期浙江地區刻工。刻有《資治通鑑考異》十行，行二十二字。

楊程　南宋紹興間南京地區刻工。刻有《後漢書注》宋紹興江南東路轉運司刻本。九行，行十六字。

楊順　北宋咸平間刻工。刻有《三國志·吳志》十四行，行二十五字。

楊順　南宋中期浙江地區刻工。刻有《資治通鑑考異》十行，行二十二字。

楊雍　南宋中期安徽地區刻工。刻有《晦庵先生朱文公語錄》池州本。十行，行二十字。

楊肇　南宋初期江西地區刻工。刻有
《輿地廣記》宋江州刻，嘉泰、嘉定、淳祐
遞修本。十三行，行二十四字。
楊詵　南宋紹興間南京地區刻工。刻有
《杜工部集》宋建康府學刻本。十行，行二
十字。
《青山集》當塗本。十行，行二十字。
《花間集》宋紹興十八年建康郡齋刻本。八
行，行十七字。
楊琦　南宋初期浙江寧波地區刻工。刻有
《集韻》明州本。十一行，行二十三字。
楊潤　南宋紹定間江蘇地區刻工。刻有
《吴郡志》宋紹定二年刻本。九行，行十八字。
楊瀾　南宋中期杭州地區刻工。補刻有
《儀禮疏》十五行，行二十七字。
《南齊書》、《梁書》、《魏書》、《北齊
書》。均九行，行十八字。
《通典》宋紹興刻本。十五行，行廿十五至二
十九字。
刻有：

《尚書正義》宋紹熙三年兩浙東路茶鹽司刻本。八行，行十九字。

《禮記正義》宋紹熙三年兩浙東路茶鹽司刻本。八行，行十六字。

《古史》十一行，行二十二字。

《資治通鑑綱目》浙本。八行，行十七字。

《紹定吳郡志》宋紹定二年刻本。九行，十八字。

《律》附音義九行，行十八字。

《荀子》宋淳熙八年台州刻本。八行，行十六字。

《晦庵先生文集》十行，行十九字。

楊廣　南宋紹興間浙江地區刻工。刻有

《外臺秘要》宋紹興兩浙東路茶鹽司刻本。十三行，行二十四字。

楊慶　南宋淳祐間福建地區刻工。刻有

《押韻釋疑》宋嘉熙三年禾興郡齋刻本。十行，小字二十五字。

《鬳齋考工記解》十行，行十八字。

《漢書注》福唐郡庠刻本。十行，行十九字。

《國朝諸臣奏議》宋淳祐十年史季溫福州刻本。十一行，行二十三字。

《古靈先生文集》十行，行十八字。

楊端　南宋紹興間浙江衢州地區刻工。刻有

《東家雜記》衢州本。十行，行十八字。

《居士集》宋紹興衢州刻本。七行，行十四字。

楊說　南宋乾道間南京地區刻工。刻有

《杜工部集》宋建康府學刻本。十行，行二十字。

《青山集》當塗本。十行，行二十字。

楊榮　南宋初期杭州地區刻工。刻有

《古文》十一行，行二十二字。

《後漢書》宋紹興江南東路茶鹽司刻本。九行，行十六字。

《宋書》、《南齊書》、《梁書》、《魏書》《北齊書》均九行，行十八字。

《資治通鑑考異》十行，行二十二字。

《資治通鑑綱目》浙本。八行，行十七字。

《荀子》浙本。八行，行十六字。

補刻有：

《經典釋文》十一行，行十七字。

《通典》宋紹興刻。十五行，行二十五至二

十九字。

楊壽　南宋嘉定間江西吉安地區刻工。刻有《漢書集注》宋嘉定十七年白鷺洲書院刻本。八行，行十六字。

楊德　北宋景祐間刻工。刻有《漢書注》十行，行十九字。

楊惠　南宋紹興間湖北常德地區刻工。刻有《漢書注》宋紹興湖北提舉茶鹽司刻、淳熙、紹熙、慶元修本。十四行，行二十六至二十九字。

楊貴　南宋後期刻工。刻有《磧砂藏》六行，行十七字。

楊諒　南宋嘉定間湖南地區刻工。刻有《致堂讀史管見》宋嘉定十一年衡陽郡齋刻本。十二行，行二十三字。

楊震　北宋元豐間福州地區刻工。刻有《六度集經》宋福州東禪寺萬壽大藏本。六行，行十七字。

楊儀　南宋乾道間江西地區刻工。刻有《龍川志略》十一行，行二十二字。

楊澤　南宋淳祐間福建地區刻工。刻有《晦庵先生朱文公文集》十行，行十八字。

楊聰　南宋淳祐間福建地區刻工。刻有《晦庵先生朱文公文集》十行，行十八字。

楊善　南宋中期浙江地區刻工。刻有《資治通鑑考異》十行，行二十二字。

楊暹　南宋淳熙間浙江地區刻工。刻有《春秋左傳正義》宋慶元六年紹興府刻本。八行，行十六字。《通鑑紀事本末》宋淳熙二年嚴陵郡庠刻本。十三行，行二十四至二十五字。

楊應辰　南宋慶元間湖南地區刻工。刻有《致堂讀史管見》宋嘉定十一年衡陽郡齋刻本。十二行，行二十三字。

楊謹　南宋初期浙江地區刻工。刻有《春秋經傳集解》宋衢州本。十四行，行二十四字。《春秋左傳正義》宋慶元六年紹興府刻本。八行，行十六字。《史記集解》宋紹興淮南路轉運司刻本。九行，行十六字。

《三國志注》十行，行十九字。

《資治通鑑》宋紹興三年兩浙東路茶鹽司刻本。十二行，行二十四字。

《管子》十二行，行二十二至二十五字。

《洪氏集驗方》宋乾道六年姑孰郡齋刻本。九行，行十六字。

《沖虛至德真經注》十四行，行二十六字。

楊璿　南宋慶元間浙江紹興地區刻工。刻有

《春秋左傳正義》宋慶元六年紹興府刻本。八行，行十六字。

楊顯　南宋嘉定間杭州地區刻工。刻有

《渭南文集》宋嘉定十三年陸子遹刻本。十行，行十七字。

賈二（或署賈小二）金崇慶初河北地區刻工。刻有

《改併五音集韻》荊珍本。十三行，小字約三十四字。

賈祚　南宋初期杭州地區刻工。刻有

《周禮疏》宋兩浙東路茶鹽司刻本。八行，行十五至十七字。

《禮記正義》宋紹熙三年兩浙東路茶鹽司刻

本。八行，行十六字。
《宋書》、《南齊書》、《梁書》、《陳書》、
《魏書》均九行，行十八字。
補刻有《唐書》十四行，行二十三至二十六字。
贾林　南宋淳熙间安徽貴池地區刻工。刻有
《晋書》宋嘉泰四年至開禧元年秋浦郡齋刻
本。九行，行十六字。
《文選注》宋淳熙八年池陽郡齋刻本。十行，
行二十一字。
贾直　南宋淳祐间浙江吴興地區刻工。刻有
《詩集傳》七行，行十五字。
贾祐　南宋紹興间浙江紹興地區刻工。刻有
《禮記正義》宋紹興三年兩浙東路茶鹽司刻
本。八行，行十六字。
贾政　南宋中期浙江地區刻工。刻有
《資治通鑑考異》十行，行二十二字。
贾茂　南宋寶祐间浙江吴興地區刻工。刻有
《通鑑紀事本末》宋寶祐五年趙與篡刻本。
十一行，行十九字。
贾祥　南宋紹興间南京地區刻工。刻有
《漢書注》宋紹興江南東路轉運司刻本。九

行，行十六字。

賈唐　南宋中期浙江地區刻工。刻有

《資治通鑑考異》十行，行二十二字。

賈真　南宋後期浙江地區刻工。刻有

《詩集傳》七行，行十五字。

《論語纂疏》九行，行二十字。

賈陳　南宋初期杭州地區刻工。刻有

《三國志注》十行，行十九字。

賈裕　南宋中期蘇州地區刻工。刻有

《紹定吴郡志》宋紹定二年刻本。九行，十八字。

《營造法式》十一行，行二十二字。

《磧砂藏》六行，行十七字。

《注東坡先生詩》宋嘉泰二年淮東倉司刻本。

九行，行十六字。

賈琚　南宋初期杭州地區刻工。刻有

《三國志注》十行，行十九字。

《吴郡圖經續記》九行，行十七至十九字。

《備急總効方》宋紹興二十四年刻本。十行，

行十六字。

《韋蘇州集》宋紹興刻大字本。十行，行十

八字。

《白氏文集》十三行，行二十二至二十六字。

《東萊先生詩集》宋乾道刻本。十一行二十字。

賈順　北宋治平间刻工。刻有

《類篇》八行，行十六字。

賈義　南宋嘉定间浙江地區刻工。刻有

《北磵詩集》崔尚書宅刻本。十四行，行十四字。

《北磵文集》崔尚書宅刻本。十四行，行十四字。

賈端　南宋後期杭州地區刻工。刻有

《通鑑紀事本末》宋寶祐五年趙與𥲅刻本。

十一行，行十九字。

補刻有《羣經音辨》宋紹興九年臨安府刻。

八行，行十五字。

賈端仁　南宋後期杭州地區刻工。刻有

《周易本義》七行，行十五字。

《詩集傳》七行，行十五字。

《心經》附《政經》宋淳祐二年趙時棣刻本。

十行，行十八字。

《棠陰比事》宋端平元年刻本。十行，十八字。

雷升　南宋初期杭州地區刻工。刻有

《樂府詩集》宋紹興间刻本。十三行，行二

十三或二十四字。

雷梁　北宋治平間刻工。刻有《類篇》八行，行十六字。

雷寧　北宋景祐間刻工。刻有《儀禮疏》十五行，行二十七字。

裘蓋　南宋乾道間江蘇地區刻工。刻有《春秋經傳集解》宋乾道江陰軍學刻本。十行，行十八至二十字。

裘裕　南宋淳祐間江蘇地區刻工。刻有《古文苑》宋淳祐刻本。十行，行十八至二十字。

裘興　南宋乾道間江蘇地區刻工。刻有《春秋經傳集解》宋乾道江陰軍學刻本。十行，行十八至二十字。

裘舉　南宋乾道間江蘇地區刻工。刻有《宣和奉使高麗圖經》宋乾道三年澂江郡齋刻本。九行，行十七字。

楚慶一　南宋中期杭州地區刻工。補刻有《史記集解》十行，行十九字。《陳書》九行，行十八字。

頓文慶　南宋紹定間江西地區刻工。刻有

《朱文公編昌黎先生傳》宋紹定六年臨江軍學刻本。七行，行十五字。

惠章　南宋中期江西地區刻工。刻有《詩說》九行，行二十二字。

董大用　南宋後期杭州地區刻工。補刻有《史記集解》十行，行十九字。《魏書》九行，行十八字。《資治通鑑目錄》行字不等。

董文浦　南宋嘉定間杭州地區刻工。刻有《渭南文集》宋嘉定十三年陸子遹刻本。十行，行十七字。

董中　南宋紹興間吳興地區刻工。刻有《新唐書》宋紹興刻本。十四行，行二十三至二十六字。

董永　南宋淳熙間浙江建德地區刻工。刻有《通鑑紀事本末》宋淳熙二年嚴陵郡庠刻本。十三行，行二十四或二十五字。

董用　南宋紹興間刻工。刻有《周禮疏》宋兩浙東路茶鹽司刻本。八行，行十五至十七字。《禮記正義》宋紹熙三年兩浙東路茶鹽司刻本。八行，行十六字。

《春秋左傳正義》宋慶元六年紹興府刻本。八行，行十六字。

《孟子注疏解經》宋嘉泰兩浙東路茶鹽司刻本。八行，行十六字。

《大乘本生心地觀經》六行，行十七字。

董定　北宋嘉祐間刻工。刻有

《新唐書》十四行，行二十三至二十六字。

董宇　南宋乾道間浙江地區刻工。刻有

《北山小集》十行，行二十字。

董先　南宋中期安徽貴池地區刻工。刻有

《晦庵先生朱文公語録》十行，行二十字。

董沂　南宋乾道間浙江吳興地區刻工。刻有

《北山小集》十行，行二十字。

董辰　南宋中期杭州地區刻工。補刻有

《梁書》、《魏書》、《北齊書》均九行，行十八字。

《新唐書》十四行，行二十三至二十六字。

董吴　南宋紹興間浙江吳興地區刻工。刻有

《新唐書》宋紹興刻本。十四行，行二十三至二十六字。

董明　南宋初期杭州地區刻工。刻有

《漢書注》南宋初杭州刻本。九行，行十九字。

《漢書注》宋紹興江南東路轉運司刻本。九行，行十六字。

《資治通鑑》宋紹興三年兩浙東路茶鹽司刻本。十二行，行二十四字。

《資治通鑑目錄》宋紹興二年兩浙東路茶鹽司刻本。行字不定。

《外臺秘要方》宋紹興兩浙東路茶鹽司刻本。十三行，行二十四至二十五字。

《漢官儀》宋紹興九年臨安府刻本。十行，行十七字。

《世說新語》宋紹興八年嚴州刻本。十行，行二十字。

《思溪藏》宋紹興二年王永從刻本。六行，行十七字

《宗門統要集》宋淳熙刻本。十行，行二十字。

《北山小集》湖州本。十行，行二十字。

《文選注》宋紹興二十八年明州刻本。十行，行二十至二十二字。

《文粹》宋紹興九年臨安府刻本。十五行，行二十四至三十字。
補刻有：
《漢書注》北宋刻。十行，行十九字。
《新唐書》十四行，行二十三至二十六字。

董昕　南宋初期杭州地區刻工。刻有
《禮記注》杭州本。十行，行十六七字。
《新唐書》宋紹興刻本。十四行，行二十三至二十六字。
《北山小集》湖州本。十行，行二十字。

董昇　南宋淳熙間浙江寧波地區刻工。刻有
《漢雋》宋淳熙五年象山縣學刻本。九行，小字雙行三十字。

董忠　北宋治平間刻工。刻有
《類篇》八行，行十六字。

董洪　南宋中期杭州地區刻工。補刻有
《三國志注》十行，行十九字。

董參　北宋嘉祐間刻工。刻有
《新唐書》十四行，行二十三至二十六字。

董易　南宋初期浙江地區刻工。刻有

《景德传燈録》十三行，行二十三字。

《新唐書》宋紹興刻本。十四行，行二十三至二十六字。

董姚　南宋乾道间江西赣州地區刻工。刻有《文選注》宋赣州州学刻本。九行，行十五字。

董源　南宋淳熙间浙江地區刻工。刻有《寒山子詩集》十一行，行十八字。

董雲　南宋淳熙江西吉安地區刻工。刻有《放翁先生劍南詩稿》十行，行二十字。

董登　南宋中期杭州地區刻工。補刻有《三國志注》十行，行十九字。

董燠　南宋嘉泰间安徽地區刻工。刻有《皇朝文鑑》宋嘉泰四年新安郡斋刻本。十行，行十九字。

董暘　南宋紹興间浙江吳興地區刻工。刻有《新唐書》宋紹興刻本。十四行，行二十三至二十六字。

董暉　南宋初期杭州地區刻工。刻有《史記集解索隱》宋淳熙三年張杅川郡斋刻本。十二行，行二十五字。

《漢書注》南宋初年杭州刻本。十行，行十九字。

《漢書注》宋紹興江南東路轉運司刻本。九行，行十六字。

《後漢書注》宋紹興江南東路轉運司刻本。九行，行十六字。

《新唐書》宋紹興刻本。十四行，行二十三至二十六字。

《臨川先生文集》宋紹興二十一年兩浙西路轉運司王珏刻本。十二行，行二十字。

《東坡集》宋乾道刻本。十行，行二十字。

《北山小集》宋乾道刻本。十行，行二十字。

董澄　南宋嘉定間杭州地區刻工。刻有

《古史》十一行，行二十二字。

《愧郯錄》宋嘉定刻本。九行，行十七字。

《太玄經集注》十行，行十七字。

《重校添注音辯唐柳先生文集》九行，行十七字。

《攻媿先生文集》四明樓氏家刻本。十行，行十八字。

《渭南文集》宋嘉定十三年陸子遹刻本。十

行，行十七字。
《晦庵先生文集》宋淳祐五年刻本。十行，
行十九字。
補刻有：
《周易注疏》宋紹熙兩浙東路茶鹽司刻本。
八行，行十九字。
《經典釋文》十一行，行十七字。
《說文解字》十行，行二十字。
《南齊書》、《梁書》、《陳書》、《魏書》、
《北齊書》均九行，行十八字。

董榮　南宋淳熙間江西吉安地區刻工。刻有
《放翁先生劍南詩稿》十行，行二十字。

董輝　南宋乾道間浙江吳興地區刻工。刻有
《北山小集》湖州本十行，行十九字。

董濟　南宋中期浙江地區刻工。刻有
《資治通鑑考異》十行，行二十二字。

萬十四　南宋淳熙間江西地區刻工。刻有
《五朝名臣言行錄》十行，行十七字。

萬八　南宋開慶間四川地刻工。刻有
《六家文選》宋廣都裴氏刻本。十一行，行十八字。

萬千　南宋紹定間浙江地區刻工。刻有《切韻指掌圖》宋紹定三年越州讀書堂刻本。八行，行字不等。

萬六　南宋紹興間杭州地區刻工。刻有《魏書》九行，行十八字。

萬文　南宋乾道間杭州地區刻工。刻有《唐鑑》十二行，行二十三字。

萬中　南宋寶慶間廣州地區刻工。刻有《新刊校定集注杜詩》宋寶慶元年廣東漕司刻本。九行，行十六字。

萬正　南宋紹興間浙江溫州地區刻工。刻有《大唐六典》宋紹興四年溫州州學刻本。十行，行二十字。

萬可　南宋紹定間浙江紹興地區刻工。刻有《切韻指掌圖》宋紹定三年越州讀書堂本。八行，行字不等。

萬成　南宋初期浙江地區刻工。刻有《南華真經注》八行，行十五字。

萬全　南宋紹定間浙江紹興地區刻工。刻有《切韻指掌圖》宋紹定三年越州讀書堂刻本八行，行字不等。

萬全　南宋開禧間江西吉安地區刻工。刻有《周益文忠公集》宋開禧二年周綸刻本。十行，行十六字。

萬全　南宋淳祐間廣東地區刻工。刻有《義豐文集》宋淳祐三年王旦刻本。十行，行十八字。

萬光　南宋紹興間浙江溫州地區刻工。刻有《大唐六典》宋紹興四年溫州州學刻本。十行，行二十字。

萬呈　南宋初期浙江地區刻工。刻有《南華真經注疏》八行，行十五字。

萬忠　南宋寶慶間廣州地區刻工。刻有《新刊校定集注杜詩》宋寶慶元年廣東漕司刻本。九行，行十六字。

萬宥　南宋刻工。刻有《本草集方》十行，行十六字。

萬信　南宋中期浙江地區刻工。刻有《律》附音義九行，行十八字。

萬勉　南宋紹興間浙江溫州地區刻工。刻有

《大唐六典》宋紹興四年溫州州學刻本。十行，行二十字。

葛通 南宋初期杭州地區刻工。刻有

《妙法蓮華經》六行，行十七字。

葛一 南宋中期浙江地區刻工。補刻有

《禮記正義》宋紹興三年兩浙東路茶鹽司刻本。八行，行十六字。

葛小七 南宋慶元間江西吉安地區刻工。刻有

《歐陽文忠公集》宋江西覆刻本。十行，行十六字。

《歐陽文忠公集》宋慶元二年周必大刻本。十行，行十六字。

葛文 南宋景定間福建地區刻工。刻有

《漢書注》宋福唐郡齋刻本。十行，行十九字。

《國朝諸臣奏議》宋淳祐十年史季溫福州刻本。十一行，行二十三字。

《古靈先生文集》宋末福建刻本。十行，行十八字。

葛文 南宋初期浙江地區刻工。刻有

《莊子南華真經注疏》八行，行十五字。

葛方　南宋紹興間紹興地區刻工。刻有《舊唐書》宋紹興兩浙東路茶鹽司刻本。十四行，行二十五字。

葛正之　南宋慶元間江西吉安地區刻工。刻有《歐陽文忠公集》宋慶元二年周必大刻本。十行，行十六字。

葛串　南宋初期浙江紹興地區刻工。刻有《資治通鑑目錄》宋紹興二年兩浙東路茶鹽司刻本。行字不定。

葛閏　北宋紹聖間印刷工。承印有《佛說孫多耶致經》、《佛說父母恩難報經》、《佛說新歲經》、《佛說群牛譬經》、《佛說九橫經》。均福州東禪寺萬壽大藏本。

葛臼　南宋紹熙間浙江地區刻工。刻有《禮記正義》宋紹熙三年兩浙東路茶鹽司刻本。八行，行十六字。

葛佛一　南宋初期杭州地區刻工。刻有《禮記正義》宋紹熙三年兩浙東路茶鹽司刻本。八行，行十六字。《春秋左傳正義》宋慶元六年紹興府刻本。

八行，行十六字。

《後漢書》宋紹興江南東路轉運司刻本。九行，行十六字。

《北齊書》九行，行十八字。

《皇朝文鑑》宋嘉泰四年新安郡齋刻本。十行，行十九字。

葛辛　南宋初期杭州地區刻工。刻有

《尚書正義》宋紹熙三年兩浙東路茶鹽司刻本。八行，行十九字。

《周禮疏》宋兩浙東路茶鹽司刻本。八行，行十五至十七字。

《禮記正義》宋紹熙三年兩浙東路茶鹽司刻本。八行，行十六字。

《春秋左傳正義》宋慶元六年紹興府刻本。八行，行十六字。

《史記集解》南宋初年杭州刻本。十行，行十九字。

《後漢書注》宋紹興江南東路轉運司刻本。九行，行十六字。

《宋書》、《南齊書》、《梁書》、《魏書》

均九行，行十八字。

蔣幸　南宋嘉泰间杭州地区刻工。刻有《皇朝文鑑》宋嘉泰四年新安郡斋刻本。十行，行十九字。
補刻有《陳書》九行，行十八字。

蔣昌　南宋绍興间浙江绍興地区刻工。刻有《禮記正義》宋绍興三年两浙東路茶盐司刻本。八行，行十六字。
《春秋左傳正義》宋慶元六年绍興府刻本。八行，行十六字。

蔣政　南宋慶元间江西吉安地区刻工。刻有《歐陽文忠公集》宋慶元二年周必大刻本。十行，行十六字。
《歐陽文忠公集》宋江西覆刻本。十行，行十六字。

蔣珍　南宋绍興间杭州地区刻工。刻有《尚書正義》宋绍興刻本。十五行，行二十四字。
《儀禮疏》宋绍興嚴州刻本。十四行，行二

十五字。

《經典釋文》十一行，行十七字。

《舊唐書》宋紹興兩浙東路茶鹽司刻本。十四行，行二十五字。

《世說新語》宋紹興八年嚴州刻本。十行，行二十字。

《藝文類聚》宋紹興嚴州刻本。十四行，行二十七、二十八字。

《文選注》宋紹興二十八年明州刻本。十行，行二十至二十二字。

《樂府詩集》宋紹興間刻本。十三行，行二十三字。

葛珍　南宋中期四川地區刻工。刻有

《劉夢得集》十行，行十八字。

葛桂　南宋寶慶間浙江寧波地區刻工。刻有

《四明志》宋紹定二年刻本。十行，行十八字。

葛彬　南宋初期杭州地區刻工。刻有

《樂府詩集》宋紹興間刻本。十三行，行二十三字。

葛興　南宋紹興間浙江紹興地區刻工。刻有

《禮記正義》宋紹熙三年兩浙東路茶鹽司刻本。八行，行十六字。

葛從　南宋初期江蘇蘇州地區刻工。刻有

《杜工部集》十行，行十八至二十一字。

葛道民　南宋端平間江西地區刻工。刻有

《自警編》宋端平元年刻本。十行，行二十字。

葛雲　南宋慶元間江西吉安地區刻工。刻有

《漢隸字源》五行，附碑目九行，行十九字。

《歐陽文忠公集》宋慶元二年周必大刻本。十行，行十六字。

《歐陽文忠公集》宋江西覆刻周必大本。十行，行十六字。

葛澄　南宋景定間刻工。刻有

《傷寒明理論》慶有堂本。十行，行二十字。

葛璽　南宋紹興間杭州地區刻工。刻有

《尚書正義》十五行，行二十四字。

葉十　南宋初期浙江地區刻工。刻有

《白氏六帖事類集》十三行，行二十四至二十七字不等。

葉十七　南宋乾道間江西贛州地區刻工。刻有

《豫章黄先生文集》宋乾道刻本，九行，行十八字。

葉巳　南宋紹興间浙江建德地區刻工。刻有《世說新語》宋紹興八年董弅刻本。十行，行二十字。

葉才　南宋紹興间南京地區刻工。刻有《史記集解》宋紹興淮南路轉運司刻本。九行，行十六字。

葉才　南宋開禧间江西吉安地區刻工。刻有《周益文忠公全集》宋開禧二年周綸刻本。十行，行十六字。

葉才　南宋嘉定间福建地區刻工。刻有《國朝諸臣奏議》宋淳祐十年史季温福州刻本。十一行，行二十三字。《周髀算經》宋嘉定六年鮑澣之刻本。九行，行十八字。《五曹算經》宋嘉定六年鮑澣之刻本。九行，行十八字。《曹子建文集》宋嘉定六年刻本。八行，行十五字。

~~《文苑英華》宋嘉泰元年至四年周必大刻本。~~

葉友　南宋淳熙間安徽貴池地區刻工。刻有
《文選注》宋淳熙八年池陽郡斋刻本。十行，
行二十一字。

葉友　南宋嘉定間福建地區刻工。刻有
《資治通鑑綱目》宋嘉定十二年溫陵郡斋刻
本。八行，行十七字。

葉中　南宋淳熙間江西撫州地區刻工。刻有
《禮記注》宋淳熙四年撫州公使庫刻本。十
行，行十六字。
《春秋經傳集解》宋撫州公使庫刻本。十行，
行十六字。
《春秋公羊經傳解詁》宋淳熙撫州公使庫刻紹
熙四年重修本。十行，行十六字。

葉天　南宋紹熙間浙江紹興地區刻工。刻有
《尚書正義》宋紹熙三年兩浙東路茶鹽司刻
本。八行，行十九字。

葉仁　南宋嘉定間福建建甌地區刻工。刻有
《育德堂集》宋蔡氏家刻本。九行，行十八字。
《育德堂奏議》宋嘉定間建寧府刻本。九行，

行十八字。

葉仁　南宋嘉泰间安徽地區刻工。刻有

《皇朝文鑑》宋嘉泰四年新安郡斋刻本。十

行，行十九字。

葉允　南宋乾道间杭州地區刻工。刻有

《東坡集》宋乾道刻本。十行，行二十字。

葉允中　南宋乾道间杭州地區刻工。刻有

《東坡集》宋乾道刻本。十行，行二十字。

葉永　南宋淳熙间江西地區刻工。刻有

《東坡集》十行，行十八字。

葉永　南宋嘉定间浙江地區刻工。刻有

《資治通鑑綱目》宋浙刻本。八行，行十七字。

《資治通鑑綱目》宋嘉定十二年温陵郡斋刻

本。八行，行十七字。

葉必先　南宋淳熙间安徽貴池地區刻工。刻有

《昌黎先生考異》宋紹定二年張洽刻本。十

行，行二十字。

《文選注》宋淳熙八年池陽郡斋刻本。十行，

行二十一字。

葉正　南宋淳熙间安徽地區刻工。刻有

《晦庵先生朱文公語録》池州本。十行，行二十字。

《山海經傳》宋淳熙七年池陽郡齋刻本。十行，行二十一字至二十三字。

《文選注》宋淳熙八年池陽郡齋刻本。十行，行二十一字。

《文選注》宋贛州州學刻本。九行，行十五字。

葉正　南宋寶慶間廬州地區刻工。刻有

《新刊校正集注杜詩》宋寶慶元年廣東漕司刻本。九行，行十六字。

葉正　南宋初期刻工。刻有

《丹陽後集》十二行，行二十一字。

《樂全先生文集》十二行，行二十二字。

《晦庵先生文集》宋淳祐五年刻本。十行，行十九字。

葉玉　南宋後期江西地區刻工。刻有

《文章正宗》宋江西刻大字本。十行，行二十字。

葉石　南宋紹興間南京地區刻工。刻有

《史記集解》宋紹興間淮南路轉運司刻本。九行，行十六字。

葉平　南宋淳熙間安徽貴池地區刻工。刻有《文選注》宋淳熙八年池陽郡齋刻。十行，行二十一字。

葉田　南宋淳祐間浙江地區刻工。刻有《晦庵先生文集》宋淳祐五年刻本。十行，行十九字。

葉甲　南宋淳祐間浙江地區刻工。刻有《晦庵先生文集》宋淳祐五年刻本。十行，行十九字。

葉旦　南宋紹興間浙江紹興地區刻工。刻有《舊唐書》宋紹興兩浙東路茶鹽司刻本。十四行，行二十五字。

葉生　南宋初期浙江地區刻工。刻有《丹陽後集》十二行，行二十一字。

葉禾　南宋中期杭州地區刻工。刻有《孟子注疏解經》宋嘉泰兩浙東路茶鹽司刻本。八行，行十六字。《律》附音義九行，行十八字。《皇朝文鑑》宋嘉泰四年新安郡齋刻本。十行，行十九字。

補刻有：
《尚書正義》宋紹興三年兩浙東路茶鹽司刻本。八行行十九字。
《儀禮疏》十五行行二十七字。
《後漢書注》宋紹興江南東路轉運司刻本。九行行十六字。
《三國志注》宋衢州本。十行行十九字。
《宋書》、《南齊書》、《陳書》、《魏書》均九行十八字。

葉用　南宋淳祐間浙江地區刻工。刻有
《晦庵先生文集》宋淳祐五年刻本。十行十九字。

葉卯　南宋慶元間福建地區刻工。刻有
《四朝名臣言行錄》十一行二十一字。

葉安　南宋淳祐間福州地區刻工。刻有
《國朝諸臣奏議》宋淳祐十年史季溫福州刻本。十一行二十三字。

葉守　南宋初期杭州地區刻工。刻有
《東坡集》宋乾道刻本。十行二十字。

葉成　南宋紹興間浙江地區刻工。刻有
《資治通鑑》宋紹興二年兩浙東路茶鹽司刻本。十二行二十四字。
《資治通鑑目錄》宋紹興二年兩浙東路茶鹽

司刻本。行字不定。

葉全　南宋嘉定間福建地區刻工。刻有《五曹算經》宋嘉定六年鮑澣之刻本。九行，行十八字。《周髀算經》宋嘉定六年鮑澣之刻本。九行，行十八字。

葉合　南宋嘉泰間安徽貴池地區刻工。刻有《昌黎先生考異》宋紹定二年張洽刻本。十行，行二十字。

葉先　南宋初期杭州地區刻工。刻有《備急總效方》宋紹興二十四年刻本。十行，行十六字。《臨川先生文集》宋紹興二十一年兩浙西路轉運司王珏刻本。十二行，行二十字。

葉克己　南宋紹興間杭州地區刻工。刻有《漢書注》南宋初年杭州刻本。十行行十九字《漢書注》宋紹興江南東路轉運司刻本。九行，行十六字。

葉克明　南宋中期福建地區刻工。刻有《資治通鑑》宋建本。十一行行二十一字。

葉迂　南宋乾道間浙江金華地區刻工。刻有

《周官講義》宋乾道刻本。九行，行十八字。
《聖宋文選全集》宋乾道刻本。十六行，行二十八字。
《三蘇先生文粹》宋乾道婺州吳宅桂堂刻本。十四行，行二十六字。

葉志 南宋淳熙間福建地區刻工。刻有
《禹貢論》宋淳熙八年泉州州學刻本。十二行，行二十二字。

葉材 南宋嘉定間安徽地區刻工。刻有
《曹子建文集》宋嘉定六年刻本。八行，行十五字。

葉仲 南宋乾道間福建建甌地區刻工。刻有
《夷堅志》九行，行十八字。

葉廷 南宋慶元間福建地區刻工。刻有
《四朝名臣言行錄》十一行，行二十一字。

葉定 南宋嘉定間福建地區刻工。刻有
《資治通鑑綱目》宋嘉定十年温陵郡齋刻本。八行，行十七字。
《五曹算經》宋嘉定六年鮑澣之刻本。九行，行十八字。

《夏侯陽算經》宋嘉定六年鮑澣之刻本。九行，行十八字

《晦庵先生文集》宋淳祐五年浙江刻本。十行，行十九字。

葉林　南宋紹興間安徽舒城地區刻工。刻有

《王文公文集》宋紹興龍舒本。十行，十七字。

葉林　南宋湖南長沙地區刻工。刻有

《集韻》十行，大小字不等。

葉松　南宋初期浙江地區刻工。刻有

《通鑑紀事本末》宋淳熙二年嚴陵郡庠刻本。十三行，行二十四至二十五字。

《皇朝名臣續碑傳琬琰録》十二行，行二十三字。

《文選注》宋紹興二十八年明州刻本。十行，行二十至二十二字。

葉松　南宋初期江西贛州地區刻工。刻有

《古靈先生文集》宋紹興重刻本。十行，行十八字。

《文選注》宋贛州州學刻本。九行，行十五字

葉枝　南宋紹定間浙江寧波地區刻工。刻有

《四明志》宋紹定二年刻本。十行，行十八字

葉青　南宋初期刻工。刻有
《詩集傳》宋淳熙七年蘄州公使庫刻本。十行，行十九字。
《集韻》十行，行字不等。
《史記集解》宋紹興淮南路轉運司刻本。九行，行十六字。
《河南程氏遺書》十一行，行二十一字。
《曹子建文集》宋嘉定六年刻本。八行，行十五字。
《東坡集》宋乾道刻本。十行，行二十字。
《王文公集》宋紹興龍舒刻本。十行，行十七字。

葉明　南宋紹興間浙江地區刻工。刻有
《儀禮注》宋紹興嚴州刻本。十四行，行二十五字。
《資治通鑑目録》宋紹興二年兩浙東路茶鹽司公使庫刻本。
《世説新語》宋紹興八年董棻刻本。十行，行二十字。
《藝文類聚》宋紹興嚴州刻本。十四行，行二十七、二十八字。
《增廣司馬温公全集》十二行，行二十字。

《劉賓客文集》宋紹興八年嚴州刻本。十三行，行二十二字。

《劉夢得集》宋蜀刻本。十行，行十八字。

《宛陵先生文集》宋紹興十年宣州本。十行，行十九字。

《王文公文集》宋紹興龍舒本。十行，行十七字。

《王黄州小畜集》十一行，行二十一字。

葉旺　南宋慶元間江西吉安地區刻工。刻有

《歐陽文忠公集》宋慶元二年周必大刻本。十行，行十六字。

葉秀　南宋紹興間江西地區刻工。刻有

《重廣眉山三蘇先生文集》宋紹興三十年饒州德興縣銀山莊谿董應夢集古堂刻本。十三行，行二十七字。

葉邦　南宋紹興間浙江地區刻工。刻有

《説文解字》十行，行二十字。

《舊唐書》宋紹興兩浙東路茶鹽司刻本。十四行，行二十五字。

《外臺秘要方》宋紹興兩浙東路茶鹽司刻本。

葉室　南宋紹定間浙江紹興地區刻工。刻有

《切韻指掌圖》宋紹定三年越州讀書堂刻本。

八行行字不等。

葉彥　南宋乾道間刻工。刻有

《孔氏六帖》宋乾道二年韓仲通泉南郡齋刻

本。十二行行二十四字。

《補注蒙求》十二行行二十字。

葉桓　南宋淳祐間浙江地區刻工。刻有

《晦庵先生文集》宋淳祐五年刻本。十行行

十九字。

葉茂　南宋中期浙江地區刻工。刻有

《資治通鑑綱目》宋嘉定十二年溫陵郡齋刻

本。八行十七字。

《河南程氏經說》十一行行二十字。

《東坡集》宋乾道刻本。十行行二十字。

《晦庵先生朱文公語錄》宋池州本。十行行

二十字。

葉思　南宋嘉定間福建地區刻工。刻有

《西漢會要》宋嘉定建寧郡齋刻本。十一行

行二十字。

《西漢會要》宋嘉定建寧郡齋刻本。十一行，行二十字。

葉祐　南宋淳熙間浙江地區刻工。刻有
《荀子》宋淳熙八年台州刻本。八行，行十六字。
《揚子法言》台州本。八行，行十六字。

葉春　南宋淳熙間長沙地區刻工。刻有
《集韻》十行，小字雙行二十九至三十字。

葉盧　南宋紹興間刻工。刻有
《溫國文正司馬公文集》宋紹興刻本。十二行，行二十字。

葉浚又作葉濬　南宋紹興間安徽貴池刻工。刻有
《太平聖惠方》宋紹興十六年淮南轉運司刻本。十三行，行二十五、二十六字。

葉桂　北宋崇寧間杭州地區刻工。刻有
《妙法蓮華經》宋崇寧二年杭州刻本。每版三十行，行十七字。

葉真　南宋淳祐間福建地區刻工。刻有
《晦庵先生朱文公文集》十行，行十八字。

葉從　南宋乾道間福建地區刻工。刻有

《錢塘韋先生文集》宋乾道臨汀刻本。十行，行二十字。

葉從　南宋淳熙間江西撫州地區刻工。刻有《春秋公羊經傳解詁》宋淳熙撫州公使庫刻紹熙四年重修本。十行，行十六字。

葉清　南宋初期江西地區刻工。刻有《詩集傳》宋淳熙七年筠州公使庫刻本。十行，行十九字。《溫國文正司馬公文集》宋紹興刻本。十二行，行二十字。

葉清　南宋紹興間福州地區刻工。刻有《天聖廣燈錄》宋紹興十八年刻福州開元寺毘盧大藏本。六行，行十七字。

葉清　南宋後期杭州地區刻工。刻有《南宋群賢小集》宋嘉定至景定刻。十行，行十八字。

葉雪　南宋紹興間福建地區刻工。刻有《東觀餘論》宋紹興十七年莫詔刻本。十行，行二十字。

葉閭　南宋乾道間浙江地區刻工。刻有

《唐鑑》十二行，行二十三字。

葉崇　南宋淳祐间福建地区刻工。刻有《晦庵先生朱文公文集》十行，行十八字。

葉華　南宋乾道间江西赣州地区刻工。刻有《文選注》宋赣州州学刻本。九行，行十五字。

葉智　南宋咸淳间福建建瓯地区刻工。刻有《張子語錄》宋福建漕治刻本。十行，行十八字。《龜山先生語錄》宋福建漕治刻本。十行，行十八字。

葉渙　南宋嘉定间福建建瓯地区刻工。刻有《西漢會要》宋嘉定建寧郡斋刻本。十一行，行二十字。

葉祺　南宋初期浙江地区刻工。刻有《南華真經注疏》八行，行十五字。

葉雲　南宋淳祐间浙江地区刻工。刻有《晦庵先生文集》宋淳祐五年刻本。十行，行十九字。

葉發　南宋淳熙间江西撫州地区刻工。刻有《春秋經傳集解》宋撫州公使庫刻本。十行，行十六字。

葉森　南宋乾道間浙江地區刻工。刻有《唐鑑》十二行，行二十三字。

葉達　南宋紹興間浙江地區刻工。刻有《藝文類聚》宋紹興嚴州刻本。十四行，行二十七至二十八字。《文選注》宋紹興二十七年明州刻本。十行，行二十至二十二字。

葉瑞　南宋嘉定間浙江建德地區刻工。刻有《禮記集説》宋嘉定四年新定郡齋刻本。十三行，行二十四至二十六字不等。

葉源　南宋慶元間江西吉安地區刻工。刻有《歐陽文忠公集》宋慶元二年周必大刻本。十行，行十六字。

葉新　南宋淳熙間江西地區刻工。刻有《呂氏家塾讀詩記》宋淳熙九年江西計台刻本。九行，行十九字。《五朝名臣言行録》宋淳熙刻本。十行，行十七字。《歐陽文忠公集》宋慶元二年周必大刻本。十行，行十六字。

葉褚　南宋乾道间杭州地区刻工。刻有《武经七書》十行，行二十字。

葉椿年　南宋寶祐间浙江地区刻工。刻有《通鑑纪事本末》宋寶祐五年趙與𥲅刻本。十行，行十九字。《五燈會元》宋寶祐元年刻本。十三行，行二十四字。

葉敔　南宋淳祐间福建地区刻工。刻有《晦庵先生朱文公文集》十行，行十八字。

葉尋　南宋绍定间江西地区刻工。刻有《慈溪黄氏日抄分類》宋绍定二年刻本。十行，行二十字。

葉敏　南宋慶元间浙江绍興地区刻工。刻有《春秋左傳正義》宋慶元六年绍興府刻本。八行，行十六字。

葉賓　南宋淳祐间福州地区刻工。刻有《國朝諸臣奏議》宋淳祐十年史季温福州刻本。十一行，行二十三字。

葉柜　南宋嘉定间福建建甌地区刻工。刻有《育德堂奏議》宋嘉定间建寧府刻本。九行，行十八字。

《育德堂集》宋蔡氏家刻本。九行，行十八字。

葉遷　南宋初期福建地區刻工。刻有

《輿地廣記》十三行，行二十四字。

《東觀餘論》宋紹興十七年黄誌刻本。十行，行二十字。

葉翰　北宋景祐間刻工。刻有

《儀禮疏》十五行，行二十七字。

葉禮　南宋淳祐間福建地區刻工。刻有

《晦庵先生朱文公文集》十行，行十八字。

葉聲　南宋乾道間杭州地區刻工。刻有

《東坡集》宋乾道刻本。十行，行二十字。

葉聳　南宋乾道間福建泉州地區刻工。刻有

《孔氏六帖》宋乾道二年韓仲通刻本。十二行，行二十四字。

敬中　南宋中期福建地區刻工。刻有

《監本附釋音春秋穀梁傳注疏》十行，行十七字。

敬中明　南宋慶元間江西地區刻工。刻有

《東萊先生詩集》宋慶元五年黄汝嘉刻江西

詩派本。十行，行二十字。

敖甫（陳姓） 南宋寶慶間廣州地區刻工。刻有《新刊校定集注杜詩》宋寶慶元年廣東漕司刻本。九行，行十六字。

虞千 南宋嘉定間福建建甌地區刻工。刻有《育德堂奏議》宋嘉定間建寧府刻本。九行，行十八字。

《育德堂集》宋蔡氏家刻本。十行，行十八字。

虞子記 南宋紹定間江西吉安地區刻工。刻有《慈溪黃氏日抄分類》宋紹定二年刻本。十行，行二十字。

虞子得 南宋紹定間江西吉安地區刻工。刻有《慈溪黃氏日抄分類》宋紹定二年刻本。十行，行二十字。

虞大全 南宋淳熙間江西撫州地區刻工。刻有《周易注》宋淳熙撫州公使庫刻本。十行，行十六字。

《春秋經傳集解》宋撫州公使庫刻本。十行，行十六字。

《春秋公羊經傳解詁》宋淳熙撫州公使庫刻

本。十行，行十六字。

虞大全　南宋淳熙间安徽地区刻工。刻有

《文選注》宋淳熙八年池陽郡斋刻本。十行，行二十一字。

《皇朝文鑑》宋嘉泰四年新安郡斋刻本。十行，行十九字。

虞才　南宋後期杭州地区刻工。刻有

《碧雲集》宋陳道人書籍鋪刻本。十行，十八字。

虞文　南宋嘉定间浙江地区刻工。刻有

《資治通鑑綱目》宋浙刻本。八行，行十七字。

《資治通鑑綱目》宋嘉定十二年温陵郡斋刻本。八行，行十七字。

虞仁　南宋中期江西地区刻工。刻有

《河南程氏遗書》十一行，行二十二字。

虞正　南宋初期杭州地区刻工。刻有

《廣韻》宋刻中箱本。十行，行十五字。

虞丙　南宋慶元间江西吉安地区刻工。刻有

《儀禮經傳通解》宋嘉定十七年南康郡斋刻本。七行，行十五字。

《資治通鑑綱目》浙本。八行，行十七字。

《资治通鑑纲目》宋嘉定十二年温陵郡斋刻本。八行，行十七字。

虞生　南宋嘉定间江西地区刻工。刻有《儀禮經傳通解》宋嘉定十年南康道院刻本。七行，行十五字。

虞安　南宋嘉定间福建地区刻工。刻有《西漢會要》宋嘉定建寧郡斋刻本。十一行，行二十字。

虞老　南宋淳祐间福州地区刻工。刻有《國朝諸臣奏議》宋淳祐十年史季温福州刻本。十一行，行二十三字。

虞因　南宋乾道间杭州地区刻工。刻有《廣韻》宋刻中箱本。十行，行十五字。

虞先　南宋绍興间浙江地区刻工。刻有《國語解》十行，行二十字。

虞仲　南宋淳熙间撫州地区刻工。刻有《王荆公唐百家詩選》十行，行十八字。

虞仲　南宋淳祐间福州地区刻工。刻有《國朝諸臣奏議》宋淳祐十年史季温福州刻本。十一行，行二十三字。

虞全　南宋嘉定间江西地区刻工。刻有
《儀禮經傳通解》宋嘉定十年南康道院刻本。
七行，行十五字。
《儀禮集傳集注》七行，行十五字。
《資治通鑑綱目》八行，行十五字。(廬陵本)。
《資治通鑑綱目》浙本。八行，行十七字。
《資治通鑑綱目》宋嘉定十二年溫陵郡齋刻
本。八行，行十七字
虞良　南宋中期浙江地区刻工。補刻有
《春秋左傳正義》宋慶元六年紹興府刻本。
八行，行十六字。
《後漢書注》宋紹興江南東路轉運司刻本。
九行，行十六字。
《宋書》、《魏書》、《周書》均九行，十八字。
虞良　南宋乾道间江西贛州地区刻工。刻有
《文選注》宋贛州州學刻本。九行，行十五字。
虞何　南宋初期杭州地区刻工。刻有
《龍龕手鑑》十行，行字不等。
虞亮　南宋紹定间江西吉安地区刻工。刻有
《慈溪黃氏日抄分類》宋紹定二年刻本。十

行，行二十字。

虞拱　南宋淳熙间江西地區刻工。刻有《孟東野詩集》十一行，行十六字。

虞重　南宋淳祐间福州地區刻工。刻有《國朝諸臣奏議》宋淳祐十年史季温福州刻本。十一行，行二十三字。

虞羔　南宋淳熙间四川地區刻工。刻有《孟東野詩集》十二行，行二十一字。

虞桂　南宋嘉泰间江西吉安地區刻工。刻有《放翁先生劍南詩稿》十行，行二十字。

虞祠　南宋寶祐间浙江地區刻工。刻有《通鑑紀事本末》宋寶祐五年趙與篡刻本。十一行，行十九字。《磧砂藏》六行，行十七字。

虞棋　南宋淳熙间四川地區刻工。刻有《孟東野詩集》十二行，行二十一字。

虞孫　南宋初期福建地區刻工。刻有《晋書》十四行，行二十六至二十七字。

虞淳　南宋淳祐间福州地區刻工。刻有《國朝諸臣奏議》宋淳祐十年史季温福州刻本，十一行，行二十三字。

虞崇　南宋紹興間福建地區刻工。刻有《羣經音辨》宋紹興十二年汀州寧化縣學刻本。八行，行十四字。

虞崇　南宋乾道間江西地區刻工。刻有《豫章黃先生文集》宋乾道刻本。九行，十八字。

虞道堅　南宋初期杭州地區刻工。刻有《廣韻》宋刻巾箱本。十行，行十五字。

虞源　南宋淳祐間浙江吳興地區刻工。刻有《通鑑紀事本末》宋寶祐五年趙與𥲅刻本。十一行，行十九字。

虞集　南宋紹興間浙江吳興地區刻工。刻有《新唐書》宋紹興刻本。十四行，行二十三至二十六字。

補刻有《漢書注》北宋刻遞修本。十行，十九字。

圓胡　金皇統間山西臨汾地區刻工。刻有《金藏》金皇統九年至大定十三年刻。每版二十三行，行十四字。

詹才　南宋紹定間浙江地區刻工。刻有《重廣補注黃帝內經素問》十行，行二十字。

詹大全　南宋淳祐間浙江地區刻工。刻有《晦庵先生文集》宋淳祐五年刻本。十行，行十九字。

詹文　南宋淳熙間浙江地區刻工。刻有《通鑑紀事本末》宋淳熙二年嚴陵郡庠刻本。十三行，行二十四至二十五字。《五朝名臣言行録》宋淳熙江西刻本。十行，行十七字。

詹元　南宋紹興間湖北地區刻工。刻有《建康實録》宋紹興十八年荆湖北路安撫使司刻本。十一行，行二十字。《南華真經注》十行，行十五字。

詹允　南宋初期杭州地區刻工。刻有《史記集解》十行，行十九字。

詹世榮　南宋中期杭州地區刻工。刻有《古史》十一行，行二十二字。《資治通鑑綱目》宋浙刻本。八行，行十七字。《荀子注》八行，行十六字。《太玄經集注》十行，行十七字。補刻有：

《經典釋文》十一行，行十七字。
《說文解字》十行，行二十字。
《三國志注》十行，行十九字。
《宋書》、《南齊書》、《梁書》、《陳書》
《魏書》、《北齊書》均九行，行十八字。
《新唐書》宋紹興刻本。十四行，行二十三
至二十六字。
《揚子法言》十行，行十八字。
《沖虛至德真經》十四行，行二十六字。
《國語解》十行，行二十字。
《通典》十五行，行二十五至二十九字。

詹仲　南宋嘉定間湖北武昌地區刻工。刻有
《春秋經傳集解》宋嘉定九年興國軍學刻本。
八行，行十七字。
補刻有《史記集解》宋紹興淮南路轉運司刻
本。九行，行十六字。

詹仲亨　南宋中期刻工。補刻有
《史記集解》宋紹興淮南路轉運司刻本。九
行，行十六字。

詹仲羊　南宋中期刻工。補刻有

《史記集解》宋紹興淮南路轉運司刻本。九行，行十六字。

虞思　南宋初期江西地區刻工。刻有《白氏六帖事類集》十三行，行二十四至二十七字。

虞單　南宋景定間福建地區刻工。刻有《列子鬳齋口義》王庚本。九行，行十八字。

虞奐（或署占渙、占奐）南宋淳熙間撫州刻工。刻有《周易注》宋淳熙撫州公使庫刻本。十行，行十六字。

《春秋經傳集解》宋撫州公使庫刻本。十行，行十六字。

虞祥　南宋初期浙江地區刻工。刻有《增廣司馬温公全集》南宋初刻本。十二行，行二十字。

虞真　南宋紹興間杭州地區刻工。刻有《龍龕手鑑》十行，行字不等。

虞現　南宋紹定間江西吉安地區刻工。刻有《慈溪黄氏日抄分類》宋紹定二年刻本。十行，行二十字。

詹週　南宋咸淳間杭州地區刻工。刻有《春秋經傳》八行，行十七字。《咸淳臨安志》宋咸淳臨安府刻本。十行，行二十字。《磧砂藏》六行，行十七字。《分門纂類唐歌詩》十行，行十八字。

詹德潤　南宋後期或元代刻工。補版有《儀禮疏》十五行，行二十七字。《春秋左傳正義》宋慶元六年紹興府刻本。八行，行十六字。《後漢書》宋紹興江南東路轉運司刻本。九行，行十六字。

詹興　南宋乾道間江西地區刻工。刻有《白氏六帖事類集》十三行，行二十四至二十七字。《豫章黄先生文集》宋乾道刻本。九行，行十八字

鄒元　南宋乾道間刻工。刻有《尚書》十行，行二十字。

鄒付　南宋淳祐間浙江地區刻工。刻有

《晦庵先生文集》宋淳祐五年刻本。十行，行十九字。

鄒洙　南宋寶祐間湖北地區刻工。刻有《大方廣佛華嚴經》宋寶祐三年江陵府先鋒隘李安檜刻本。五行，行十七字。

鄒郁　南宋淳熙間江西撫州地區刻工。刻有《周易注》宋淳熙撫州公使庫刻本。十行，行十六字。《禮記注》宋淳熙四年撫州公使庫刻本。十行，行十六字。

鄒通　南宋淳熙間江西撫州地區刻工。刻有《周易注》宋淳熙撫州公使庫刻本。十行，行十六字。

媿才　南宋嘉定間福建地區刻工。刻有《周髀算經》宋嘉定六年鮑澣之刻本。九行，行十八字。

媿元　南宋嘉定間福建地區刻工。刻有《張丘建算經》宋嘉定六年鮑澣之刻本。九行，行十八字。

媿中　南宋嘉定間福建地區刻工。刻有

《張丘建算經》宋嘉定六年鮑澣之刻本。九行，行十八字。

媿名　南宋紹定間江西吉安地區刻工。刻有《慈溪黄氏日抄分類》十行，行二十字。

媿甫　南宋嘉定間福建地區刻工。刻有《周髀算經》宋嘉定六年鮑澣之刻本。九行，行十八字。

媿茂　南宋嘉定間福建地區刻工。刻有《張丘建算經》宋嘉定六年鮑澣之刻本。九行，行十八字。

媿賓　南宋紹興間安徽舒城地區刻工。刻有《王文公文集》宋紹興龍舒本。十行，行十七字。

愛之（王姓）南宋中期江西地區刻工。刻有《新唐書》十行，行十九字。《五代史記》宋慶元五年刻本。十行，十九字。

十四畫

齊永裕　南宋端平間江蘇地區刻工。刻有《古文苑》宋端平三年常州刻淳祐六年盛如杞重修本。十行，行十八字。

齊明　南宋中期杭州地區刻工。刻有
《皇朝文鑑》宋嘉泰四年新安郡齋刻本。十行，行十九字。
補刻有：
《說文解字》十行，行二十字。
《後漢書注》宋紹興江南東路轉運司刻本。九行，行十六字。
《三國志注》宋衢州刻本。十行，行十九字。
《宋書》、《魏書》九行，行十八字。
《國語解》十行，行二十字。

齊昌　南宋初期浙江地區刻工。補刻有
《三國志·吳志》北宋刻南宋修本。十四行，行二十五字。

廣超　金皇統間刻工。刻有
《金藏》金皇統九年至大定十三年刻。每版二十三行，行十四字。

廣定　金皇統間刻工。刻有
《金藏》金皇統九年至大定十三年刻。每版二十三行，行十四字。

廖安　南宋紹興間湖北常德地區刻工。刻有

《漢書注》宋紹興湖北提舉茶鹽司刻淳熙、紹熙、慶元修本。十四行，行二十六至二十九字。

慶二（程姓）　南宋慶元間四川地區刻工。刻有《太平御覽》宋慶元五年成都府學刻本。十三行，行二十二至二十四字。

慶本　南宋初期浙江地區刻工。補刻有《儀禮疏》十五行，行二十七字。

漢三　北宋治平間刻工。刻有《類篇》八行，行十六字。

漢杰　南宋嘉定間江西地區刻工。刻有《儀禮經傳通解續》南宋嘉定十年南康道院刻本。七行，行十五字。

漢興　南宋嘉定間江西地區刻工。刻有《儀禮經傳通解續》南宋嘉定十年南康道院刻本。七行，行十五字。

漢興　南宋中期福建地區刻工。刻有《資治通鑑》十一行，行二十一字。

榮昇之　南宋開慶間成都地區刻工。刻有《重校鶴山先生大全文集》宋開慶元年刻本。十一行，行二十字。

趙一　北宋治平间刻工。刻有《類篇》八行，行十六字。

趙七　南宋乾道间眉山地區刻工。刻有《蘇文忠公文集》九行，行十五字。

趙十五　南宋慶元间四川地區刻工。刻有《太平御覽》宋慶元五年成都府學刻本。十三行，行二十二至二十四字不等。

趙八一　南宋紹興间湖北地區刻工。刻有《南華真經注》十行，行十五字。

趙子孫　南宋慶元间四川地區刻工。刻有《太平御覽》宋慶元五年成都府學刻本。十三行，行二十二至二十四字。

趙士　南宋慶元间四川地區刻工。刻有《太平御覽》宋慶元五年成都府學刻本。十三行，行二十二至二十四字。

趙文　南宋紹興间江西地區刻工。刻有《輿地廣記》十三行，行二十四字。《豫章黄先生文集》宋乾道刻本。九行，十八字。

趙方叔　南宋初期间福建地區刻工。刻有《資治通鑑》十一行，行二十一字。

趙中　南宋中期杭州地區刻工。刻有
《大廣益會玉篇》十行，行字不等。
《大宋重修廣韻》十行，行二十字。
《歷代故事》宋嘉定四年刻本。
《麗澤論説集録》宋嘉泰四年呂喬年刻本。十行，行二十字。
《東萊呂太史文集》宋嘉泰四年呂喬年刻本。十行，行二十字。

趙正　北宋治平間刻工。刻有
《類篇》八行，行十六字。

趙玉　南宋中期江西刻工。刻有
《重刊許氏説文解字五音韻譜》南宋覆刻蜀大字本。七行，行十三字。

趙丙　南宋慶元間四川地區刻工。刻有
《太平御覽》宋慶元五年成都府學刻本，十三行，行二十二至二十四字。

趙世昌　南宋乾道間湖南地區刻工。刻有
《唐柳先生外集》宋乾道元年永州零陵郡庠刻本。九行，行十八字

趙旦　南宋中期杭州地區刻工。刻有

《中興館閣録》九行，行十八字。
《揚子法言》十行，行十八字。
補刻有《魏書》九行，行十八字。

趙亨　南宋紹興間浙江地區刻工。刻有
《通典》十五行，行二十五至二十九字。

趙守俊　遼統和間北京地區刻工。刻有
《稱讚大乘功德經》契丹藏本。每葉二十八
行，行十四至十八字。統和二年刻。
《妙法蓮華經》太平五年刻。每紙三十至三
十二行，行十七至二十字。

趙圭　南宋慶元間四川地區刻工。刻有
《太平御覽》宋慶元五年成都府學刻本。十
三行，行二十二至二十四字。

趙存善　遼太平間北京地區刻工。刻有
《妙法蓮華經》遼太平五年刻。每紙三十至
三十二行，行十七至二十字。

趙存業　遼太平間北京地區刻工。刻有
《妙法蓮華經》遼太平五年刻。每紙三十至
三十二行，行十七至二十字。

趙先　南宋慶元間四川地區刻工。刻有

《太平御覽》宋慶元五年成都府學刻本。十三行，行二十二至二十四字。

趙良　南宋紹興間杭州地區刻工。刻有《春秋經傳集解》八行，行十七字。《宋書》、《梁書》、《魏書》、《北齊書》、《周書》均九行，行十八字。《武經七書》十行，行二十字。補刻有《新唐書》十四行，行二十三至二十六字。

趙言　北宋治平間刻工。刻有《類篇》八行，行十六字。

趙光　南宋慶元間四川地區刻工。刻有《太平御覽》宋慶元五年成都府學刻本。十三行，行二十二至二十四字。

趙宗　南宋紹興間杭州地區刻工。刻有《舊唐書》宋紹興兩浙東路茶鹽司刻本。十四行，行二十五字。《通典》十五行，行二十五至二十九字。《外臺秘要》宋紹興兩浙東路茶鹽司刻本。十三行，行二十四至二十五字。

《臨川先生文集》宋紹興二十一年兩浙西路轉運司刻本。十二行，行二十字。

補刻有《史記集解》北宋刻遞修本。十行，行十九字。

趙宗義　南宋紹興間杭州地區刻工。刻有《史記集解》十行，行十九字。

趙宗茂　南宋紹興間杭州地區刻工。刻有《史記集解》十行，行十九字。

趙宗霸　北宋咸平間杭州地區刻工。刻有《大隨求陀羅尼咒經》北宋咸平四年蘇州刻。

趙阿回　南宋慶元間四川地區刻工。刻有《太平御覽》宋慶元五年成都府學刻本。十三行，行二十二至二十四字。

趙阿威　南宋慶元間四川地區刻工。刻有《太平御覽》宋慶元五年成都府學刻本。十三行，行二十二至二十四字。

趙明　南宋紹興間杭州地區刻工。刻有《史記集解》宋紹興淮南路轉運司刻本。九行，行十六字。

《後漢書注》宋紹興江南東路轉運司刻本。

九行，行十六字。
《宋書》、《魏書》均九行，行十八字。
《後漢書注》南宋初年杭州刻本。十行，十九字。
補刻有《新唐書》十四行，行二十三至二十六字。
趙昌　北宋景祐間刻工。刻有
《史記集解》十行，行十九字。
《漢書注》十行，行十九字。
趙昌　南宋慶元間四川地區刻工。刻有
《太平御覽》宋慶元五年成都府學刻本。十
三行，行二十二至二十四字。
趙秀　南宋紹興間杭州地區刻工。刻有
《後漢書注》宋紹興江南東路轉運司刻本。
九行，行十六字。
《宋書》、《魏書》均九行，行十八字。
補刻有《新唐書》十四行，行二十三至二十六字。
趙海　南宋紹興間四川地區刻工。刻有
《春秋經傳集解》八行，行十七字。
趙祐　南宋初期江西地區刻工。刻有
《廬山記》九行，行十八字。
趙祖　南宋慶元間四川地區刻工。刻有

《太平御覽》宋慶元五年成都府學刻本。十三行，行二十二至二十四字。

《盤洲文集》十行，行二十字。

趙政　北宋治平間刻工。刻有

《類篇》八行，行十六字。

趙珍　南宋中期福建地區刻工。刻有

《資治通鑑》十一行，行二十一字。

趙珏　南宋初期福建地區刻工。刻有

《資治通鑑》十一行，行二十一字。

趙春　南宋紹興間杭州地區刻工。刻有

《後漢書注》宋紹興江南東路轉運司刻本。九行，行十六字。

《宋書》九行，行十六字。

趙建　北宋景祐間刻工。刻有

《史記集解》十行，行十九字。

趙威　南宋慶元間四川地區刻工。刻有

《太平御覽》宋慶元五年成都府學刻本。十三行，行二十二至二十四字。

趙保　南宋初期浙江地區刻工。刻有

《文中子說》十四行，行二十六至二十七字

趙俊　遼重熙間北京地區刻工。刻有《蓮華經玄贊會通古今新鈔》遼刻本。每紙二十六行，行二十至二十三字。

趙寓　北宋雍熙間山西地區刻工。刻有《佛說北斗七星經》宋雍熙三年絳州刻本。

趙祥　南宋嘉定間江西吉安地區刻工。刻有《後漢書注》宋嘉定白鷺洲書院刻本。八行，行十六字。

趙清茂　南宋寶祐間安徽地區刻工。刻有《致堂讀史管見》宋寶祐二年宛陵刻本。十二行，行二十三字。

趙通　南宋乾道間浙江地區刻工。刻有《禮記正義》宋紹熙三年兩浙東路茶鹽司刻本。八行，行十六字。《周官講義》宋乾道間刻本。九行，行十八字。《韻補》六行，行十八字。《新定三禮圖集注》宋淳熙二年鎮江府刻本。十六行，行二十六至二十七字。《兩漢博聞》宋乾道八年姑孰郡齋胡元質刻本。十行，行十九字。

《論衡》宋乾道三年紹興府刻本。十行，行二
十至二十二字。
《東坡集》宋乾道刻本。十二行，行二十字。
《淮海集》宋乾道九年高郵軍學刻紹興三年
謝雩重修本。十行，行二十一字。
《聖宋文選》宋乾道刻本。十六行，行二十八字。
趙從善　遼太平間北京地區刻工。刻有
《妙法蓮華經》遼太平五年刻本。每紙二十
六行，行十六字。
趙從業　遼太平間北京地區刻工。刻有
《妙法蓮華經》遼太平五年刻本。每紙二十
六行，行十六字。
趙詞　南宋初期江西地區刻工。刻有
《輿地廣記》十三行，行二十四字。
趙琦　南宋初期福建地區刻工。刻有
《資治通鑑》十一行，行二十一字。
趙遇春　南宋中期杭州地區刻工。刻有
《禮記正義》宋紹興三年兩浙東路茶鹽司刻
本。八行，行十六字。
《春秋左傳正義》宋慶元六年紹興府刻本。

《後漢書注》宋紹興江南東路轉運司刻本。九行，行十六字。《皇朝文鑑》宋嘉泰四年新安郡齋刻本。十行，行十九字。補刻有《儀禮疏》十五行，行二十七字。《周禮疏》八行，行十五至十七字。《宋書》、《南齊書》、《魏書》九行十八字。《國語解》十行，行二十字。

趙順　南宋乾道間四川地區刻工。刻有《南華真經注》宋蜀中安仁趙諫議宅刻本。九行，行十五字。

趙福　南宋慶元間四川地區刻工。刻有《太平御覽》宋慶元五年成都府學刻本。十三行，行二十二至二十四字。

趙福祖　南宋慶元間四川地區刻工。刻有《太平御覽》宋慶元五年成都府學刻本。十三行，行二十二至二十四字不等。

趙威　南宋慶元間四川地區刻工。刻有《太平御覽》宋慶元五年成都府學刻本。十三行，行二十二至二十四字。

趙圓榮　金皇统间刻工。刻有《金藏》金皇统九年至大定十三年刻。每版二十三行，行十四字。

趙寶　南宋绍间杭州地區刻工。刻有《舊唐書》宋绍興两浙東路茶鹽司刻本。十四行，行二十五字。

趙榮　南宋中期浙江地區刻工。刻有《資治通鑑考異》十行，行二十三字。

趙震　南宋绍興间湖北地區刻工。刻有《建康實錄》宋绍興十八年荆湖北路安撫使司刻本。十一行，行二十字。《南華真經注》十行，行十五字。

趙震　南宋淳熙间安徽舒城地區刻工。刻有《金石錄》宋淳熙龍舒郡斋刻本。十行，行二十一字。

趙禮　南宋初期四川地區刻工。刻有《李衛公文集》十行，行十八字。

糧庠　南宋初期南京地區刻工。刻有《杜工部集》宋建康府學刻本。十行，行二十字。

瞿榮　南宋紹興間南京地區刻工。刻有《史記集解》宋紹興淮南路轉運司刻本。九行，行十六字。

臧珍　南宋中期刻工。刻有《本草集方》十行，行十六字。

臧勝　南宋中期刻工。刻有《本草集方》十行，行十六字

臧榮　南宋紹興間浙江紹興地區刻工。刻有《尚書正義》宋紹興三年兩浙東路茶鹽司刻本。八行，行十九字。

壽一（張姓）南宋慶元間四川地區刻工。刻有《太平御覽》宋慶元五年成都府學刻本。十三行，行二十二至二十四字。

壽二（張姓）南宋慶元間四川地區刻工。刻有《太平御覽》宋慶元五年成都府學刻本。十三行，行二十二至二十四字。

壽三（單姓）南宋慶元間四川地區刻工。刻有《太平御覽》宋慶元五年成都府學刻本。十三行，行二十三至二十四字。

壽四（單姓）南宋慶元間四川地區刻工。刻有

壽甫　南宋中期福建地區刻工。刻有《監本附釋音春秋穀梁傳注疏》十行，行十七字。

裴中　南宋紹興間江西地區刻工。刻有《東坡集》十行，行十八字。

裴慎　南宋初期浙江地區刻工。刻有《增廣司馬溫公全集》南宋初刻修補本。十二行，行二十字。

裴道　南宋紹興間安徽舒城地區刻工。刻有《王文公文集》十行，行十七字。宋紹興龍舒本。

裴榮　南宋紹興間江西地區刻工。刻有《河南程氏經說》（疑金華）十一行，行二十字。《東坡集》十行，行十八字。

裴舉　南宋乾道間江蘇江陰地區刻工。刻有《宣和奉使高麗圖經》宋乾道三年澂江郡齋刻本。九行，行十七字。

儀華　南宋淳熙間浙江台州地區刻工。刻有《荀子》宋淳熙八年台州刻本。八行行十六字

鳳文　南宋嘉泰间安徽地区刻工。刻有《皇朝文鑑》宋嘉泰四年新安郡斋刻本。十行，行十九字。

熊才　南宋淳熙间安徽地区刻工。刻有《晋書》宋嘉泰四年至開禧元年秋浦郡斋刻本。九行，行十六字。《文選注》宋淳熙八年池陽郡斋刻本。十行，行二十一字。

熊仁　南宋中期浙江地区刻工。刻有《禮記集説》宋嘉熙四年新定郡斋刻本。十三行，行二十五字。《資治通鑑綱目》宋嘉定十二年温陵郡斋刻本。八行，行十七字。

熊汝敬　南宋嘉泰间福建地区刻工。刻有《樂書目録》宋嘉泰二年刻本。八行，行字不等。

熊全　南宋淳祐间浙江地区刻工。刻有《晦庵先生文集》宋淳祐五年刻本。十行，行十九字。

熊良正　南宋淳熙间浙江地区刻工。刻有

《荀子》宋淳熙八年台州刻本。八行，行十六字。

熊良正　南宋淳祐間浙江地區刻工。刻有《晦庵先生文集》宋淳祐五年刻本。十行，行十九字。

熊忠　南宋紹定間江西地區刻工。刻有《朱文公校昌黎先生集》宋紹定六年臨江軍學刻本。七行，行十五字。

熊昌　南宋嘉熙間浙江建德地區刻工。刻有《禮記集説》宋嘉熙四年新定郡齋刻本。十三行，行二十五字。

熊明　南宋淳祐間福州地區刻工。刻有《國朝諸臣奏議》宋淳祐十年史季温福州刻本。十一行，行二十三字。

熊杲　南宋寶祐間浙江吴興地區刻工。刻有《通鑑紀事本末》宋寶祐五年趙與𥲅刻本。十一行，行十九字。

熊虎　南宋淳熙間江西地區刻工。刻有《詩集傳》宋淳熙七年蕲州公使庫刻本。十行，行十九字。

熊俊　南宋初期南京地區刻工。刻有

《杜工部集》十行，行二十字。

熊海　南宋初期江西地區刻工。刻有
《輿地廣記》十三行，行二十四字。
《文選注》宋贛州州學刻本。九行，行十五字。
《文選注》宋紹興二十八年明州刻本。十行，行二十至二十二字。

熊燒　南宋淳熙間江西地區刻工。刻有
《春秋傳》宋乾道四年刻慶元五年黄汝嘉修補本。十行，行二十字。
《吕氏家塾讀詩記》宋淳熙九年江西漕台刻本。九行，行十九字。
《五代史記》南宋初撫州刻本。十二行，行二十二字。

熊廣　南宋端平間杭州地區刻工。刻有
《磧砂藏》六行，行十七字（端平元年）。
補刻有：
《史記集解》十行，行十九字。
《後漢書注》十行，行十九字。
《宋書》、《陳書》、《魏書》，均九行，行十八字。

《國語解》十行，行二十字。

《禮記正義》宋紹熙三年兩浙東路茶鹽司刻本。八行，行十六字。

《孟子注疏解經》宋嘉泰兩浙東路茶鹽司刻本。八行，行十六字。

管十　南宋紹興間贛州地區刻工。刻有

《古靈先生文集》宋紹興三十一年章貢郡齋刻本。十行，行十八字。

管至　南宋淳熙間江西贛州地區刻工。刻有

《文選注》宋贛州州學刻本。九行，行十五字。

管如正　南宋寶慶間福建地區刻工。刻有

《東漢會要》宋寶慶二年建寧郡齋刻本。十一行，行二十字。

管彥　南宋淳熙間江西地區刻工。刻有

《禮記注》宋淳熙四年撫州公使庫刻本。十行，行十六字。

《春秋公羊經傳解詁》宋淳熙撫州公使庫刻紹熙四年重修本。十行，行十六字。

管致遠　南宋乾道間江西贛州地區刻工。刻有

《文選注》宋贛州州學刻本。九行，行十五字。

十五畫

潘三　南宋初期杭州地區刻工。刻有《魏書》九行，行十八字。

潘才　南宋淳祐間刻工。刻有《河南程氏經説》（疑金華）十一行，二十字。

潘元　北宋咸平間刻工。刻有《吳志》宋咸平三年刻。十四行，行二十五字。

潘元　南宋紹興間福州地區刻工。刻有《天聖廣燈錄》宋紹興十八年毗盧藏本。六行，十七行。

潘太　南宋嘉定間浙江地區刻工。刻有《資治通鑑綱目》浙刻本。八行，行十七字。《資治通鑑綱目》宋嘉定十二年溫陵郡斋刻本。八行，行十七字。

潘丑　南宋寶慶間廣州地區刻工。刻有《新刊校定集注杜詩》宋寶慶三年廣東漕司刻本。九行，行十六字。

潘仁　南宋紹興間杭州地區刻工。刻有《魏書》九行，行十八字。

潘必昌　南宋咸淳間杭州地區刻工。刻有

《咸淳臨安志》宋咸淳臨安府刻本。十行，行二十字。

潘永年 南宋寶祐間安徽宣城地區刻工。刻有

《毅堂讀史管見》宋寶祐二年宛陵刻本。十二行，行二十三字。

潘亨 南宋紹興間杭州地區刻工。刻有

《史記集解索隱》宋淳熙三年張杅桐川郡齋刻淳熙八年耿秉補刻本。十二行，行二十五字。

《魏書》九行，行十八字。

《通典》十五行，行二十五至二十九字。

《論衡》宋乾道三年紹興府刻本。十行，行二十至二十二字。

《元氏長慶集》十三行，行二十三字。

《周易正義》宋紹興十五至二十一年刻本。十五行，行二十六、二十七字。

《資治通鑑》宋紹興三年兩浙東路茶鹽司刻本。十二行，行二十四字。

補刻有《新唐書》十四行，行二十二至二十六字。

潘亨 南宋嘉定間福建地區刻工。刻有

《資治通鑑綱目》宋嘉定十二年温陵郡斋刻本。八行，行十七字。

潘正　南宋紹興間杭州地區刻工。刻有《梁書》、《陳書》、《魏書》、《北齊書》均九行，行十八字。

《淮海集》宋乾道九年高郵軍學刻，紹興三年謝雩重修本。十行，行二十一字。

潘甘　南宋嘉定間江西吉安地區刻工。刻有《後漢書注》宋嘉定元年白鷺洲書院刻本。八行，行十六字。

《後漢書注》宋建安蔡琪純父一經堂刻本。八行，行十六字。

潘氏　南宋紹興間杭州地區刻工。刻有《樂府詩集》宋紹興刻本。十三行，行二十三字。

潘成　南宋紹興間南京地區刻工。刻有《後漢書注》宋紹興江南東路轉運司刻本。九行，行十六字。

潘杵　北宋治平間刻工。

《類篇》九行，行十六字。

潘良　南宋寶祐間安徽地區刻工。刻有

《致堂讀史管見》宋寶祐二年宛陵刻本。十二行，行二十三字。

潘志　南宋淳熙間杭州地區刻工。刻有

《景德傳燈録》宋臨安本。十一行，行二十字。

潘明　南宋紹興間安徽地區刻工。刻有

《王文公文集》宋紹興龍舒本。十行，行十七字。

潘岳　北宋治平間刻工。刻有《類篇》八行，十六字。

潘亮　南宋嘉定間刻工。刻有

《漢書注》福唐郡庠刻本。十行，行十九字。

《資治通鑑綱目》浙本。八行十七字。

《資治通鑑綱目》宋嘉定十二年温陵郡齋刻本。八行，行十七字。

潘祐　南宋紹熙間浙江紹興地區刻工。刻有

《周禮疏》宋兩浙東路茶鹽司刻本。八行，行十五至十七字。

潘珏　南宋寶慶間廣州地區刻工。刻有

《新刊校定集注杜詩》宋寶慶元年廣東漕司刻本。九行，行十六字。

潘浚　南宋紹興間浙江地區刻工。刻有

《儀禮注》宋紹興嚴州刻本。十四行，行二

四字。

《春秋經傳集解》宋刻小字本。十三行，行二十四字。

《春秋經傳集解》宋嘉定九年興國軍學刻本。八行，行十七字。

《世說新語》宋紹興八年嚴州刻本。十行，行二十字。

《漢官儀》宋紹興九年臨安府刻本。十行，行十七字。

《藝文類聚》宋紹興刻本。十四行，行二十七、二十八字。

《劉賓客文集》宋紹興八年刻。十三行，二十一字。

潘康年　南宋寶祐間安徽地區刻工。刻有

《致堂讀史管見》宋寶祐二年宛陵刻本。十二行，行二十三字。

潘惠　南宋淳熙間撫州地區刻工。刻有

《禮記注》宋淳熙四年撫州公使庫刻本。十行，行十六字。

《春秋經傳集解》宋撫州公使庫刻紹熙四年重修本。十行，行十六字。

《春秋公羊經傳解詁》宋淳熙撫州公使庫刻紹熙四年重修本。

《集古文韻》宋紹興十五年齊安郡齋刻本。

潘梓　北宋四川地區刻工。刻有

《資治通鑑》（囊龍爪本）南宋鄂州孟太師府三安撫位鵠山書院刻本。十一行，行十九字。

潘從　北宋治平間刻工。刻有

《類篇》八行，行十六字。

潘進之　南宋後期江西地區刻工。刻有

《文章正宗》宋江西刻大字本。十行，行二十字。

潘雲　南宋嘉泰間揚州地區刻工。刻有

《注東坡先生詩》宋嘉泰二年淮東倉曹刻景定三年鄭羽補刻本。九行，行十六字。

潘暉　或署潘輝　南宋淳熙間安徽地區刻工。刻有

《謝宣城詩集》宋嘉定刻本。十行，行十八字。

《昌黎先生集》宋紹定二年張洽刻本。十行，行二十字。

《宛陵先生文集》宋紹興宣州軍州學刻嘉定十七年修本。十行，行十九字。

《文選注》宋淳熙八年池陽郡齋刻本。十行，

行二十一字。
《皇朝文鑑》宋嘉泰四年新安郡斋刻本。十行，行十九字。

潘興権　南宋绍興間浙江寧波地區刻工。刻有《文選注》宋绍興二十八年明州刻本。十行，行二十至二十二字。

潘椿年　南宋淳熙間安徽地區刻工。刻有《史記集解索隱》宋淳熙三年張杅桐川郡斋刻淳熙八年耿秉補刻本。十二行，行二十五字。

潘椿季　南宋淳熙間安徽地區刻工。刻有《史記集解索隱》宋淳熙三年張杅桐川郡斋刻淳熙八年耿秉補修本。十二行，行二十五字。

潘德璋　南宋嘉定間安徽地區刻工。刻有《謝宣城詩集》宋嘉定洪伋刻本。十行，行十八字

潘瑋　南宋乾道間江蘇地區刻工。刻有《淮海集》宋乾道九年高郵軍學刻绍熙三年謝雩重修本。十行，行二十一字。

鄭大壽　南宋後期刻工。刻有《磧砂藏》六行，行十七字。

鄭才　北宋後期福州地區刻工。刻有
《福州開元寺毗盧大藏》政和二年至乾道八
年刻本。六行，行十七字

鄭才　南宋淳熙間江西撫州地區刻工。刻有
《禮記注》宋淳熙四年撫州公使庫刻本。十
行，行十六字。
《春秋經傳集解》宋撫州公使庫刻本。十行，
行十六字。
《春秋公羊經傳解詁》宋淳熙撫州公使庫刻
紹熙四年重修本。十行，行十六字。

鄭六　北宋治平間刻工。刻有
《類篇》八行，行十六字。

鄭文　南宋中期福州地區刻工。刻有
《資治通鑑綱目》宋嘉定十二年温陵郡齋刻
本。八行，行十七字。

鄭友　南宋初期杭州地區刻工。補刻有
《吳志》十四行，行二十五字。

鄭友　南宋紹興間浙江地區刻工。刻有
《重廣補注黄帝内經素問》十行，行二十字

鄭立　南宋紹興間湖北地區刻工。刻有

《漢書注》宋紹興湖北提舉茶鹽司刻，淳熙、
紹熙、慶元修本。十四行，行二十六至二十九字。
鄭立 南宋後期福建地區刻工。刻有
《鬳齋考工記》
《押韻釋疑》宋嘉熙三年禾興郡齋刻本。十
行，行字不等。
《漢書注》福唐郡庠刻本。十行，行十九字。
《後漢書注》福唐郡庠刻本。十行，行十九字。
《古靈先生文集》（宋末福州本）十行，行十八字。
鄭生 南宋淳熙間江西地區刻工。刻有
《詩集傳》宋淳熙七年撫州公使庫刻本。十
行，行十九字。
鄭安 北宋景祐間刻工。刻有
《史記集解》十行，行十九字。
《漢書注》十行，行十九字。
鄭安禮 南宋後期廣州地區刻工。刻有
《附釋文互注禮部韻略》宋寶慶刻本。九行，
小字約二十四字。
鄭式 北宋治平間刻工。刻有
《類篇》八行，行十六字。

鄭行　南宋紹興間福州地區刻工。刻有

《續高僧傳》宋紹興十八年刻毘盧大藏本。六行，行十七字。

《天聖廣燈錄》宋紹興十八年刻毘盧大藏本。六行，行十七字。

鄭全　南宋後期福建地區刻工。刻有

《漢書注》宋福唐郡庠刻本。十行，行十九字。

《國朝諸臣奏議》宋淳祐十二年史季溫福州刻本。十一行，行二十三字。

《古靈先生文集》十行，行十八字。

鄭言　南宋淳熙間杭州地區刻工。刻有

《景德傳燈錄》宋臨安刻本。十一行，行二十字。

鄭求　南宋紹興間寧波地區刻工。刻有

《大般若波羅蜜多經》宋紹興三十二年奉化王公祠堂本。六行，行十七字。

鄭志　南宋後期福建地區刻工。刻有

《鬳齋考工記》福唐郡齋刻本。

鄭材　南宋紹興間浙江地區刻工。刻有

《龍龕手鑑》十行，小字三十字。

鄭希　北宋杭州地區刻工。刻有

《通典》北宋刻本。十五行，行二十六至三十一字不等。

鄭復　南宋紹興間浙江地區刻工。刻有
《禮記正義》宋紹興三年兩浙東路茶鹽司刻本。八行，行十六字。

鄭統　南宋後期福建地區刻工。刻有
《漢書注》福唐郡庠刻本。十行，行十九字。
《國朝諸臣奏議》宋淳祐十年史季溫福州刻本。十一行，行二十三字。
《古靈先生文集》宋末福州刻本。十行十八字。

鄭宗　南宋寶慶間廣州地區刻工。刻有
《新刊校定集注杜詩》宋寶慶元年廣東漕司刻本。九行，行十六字。

鄭林　南宋初期福建地區刻工。刻有
《春秋經傳集解》宋鶴林于氏家塾棲雲閣刻本。十行，行十六至十九字不等。

鄭昌　南宋紹興間福州地區刻工。刻有
《續高僧傳》宋紹興十八年刻毘盧大藏本。六行，行十七字。
《天聖廣燈録》宋紹興十八年刻毘盧大藏本。

六行，行十七字。

鄭明　北宋景祐間刻工。刻有《漢書注》十行，行十九字。

鄭彥　北宋景祐間刻工。刻有《史記集解》十行，行十九字。

鄭彥　北宋治平間刻工。刻有《類篇》八行，行十六字。

鄭彥　南宋紹興間杭州地區刻工。刻有《漢書注》十行，行十九字。《三國志注》衢州本。十行，行十九字。

鄭春　南宋中期杭州地區刻工。補刻有《周禮疏》宋兩浙東路茶鹽司刻本。八行，行十五至十七字。《春秋公羊疏》宋紹興刻本。十五行，行二十三字。《爾雅疏》十五行，行二十一字。《說文解字》十行，行二十字。《後漢書注》十行，行十九字。《南齊書》、《梁書》、《陳書》、《魏書》均九行，行十八字。《新唐書》宋紹興刻本。十四行，行二十三至二十六字。

刻有：

《尚書正義》宋紹熙三年兩浙東路茶鹽司刻本。八行，行十九字。

《春秋左傳正義》宋慶元六年紹興府刻本。八行，行十六字。

《古史》十一行，行二十二字。

《三國志注》衢州本。十行，行十九字。

《世說新語》宋紹興八年嚴州刻本。十行，行二十字。

《南軒先生文集》宋嚴州刻本。十行，行十七字。

《文選注》宋贛州州學刻本。九行，行十五字。

鄭昱　北宋後期杭州地區刻工。刻有

《三國志·魏志》十行，行十九字。

鄭英　南宋紹興間浙江地區刻工。刻有

《舊唐書》宋紹興兩浙東路茶鹽司刻本。十四行，行二十五字。

《外臺秘要方》宋紹興兩浙東路茶鹽司刻本。十三行，行二十四字。

《太平惠方》宋紹興十六年淮南轉運司刻本。

十三行，行二十五字。

鄭保　南宋紹定間浙江地區刻工。刻有《重廣補注黄帝内經素問》十行，行二十字。

鄭俊　南宋紹定間浙江地區刻工。刻有《重廣補注黄帝内經素問》十行，行二十字。

鄭信　南宋後期福建地區刻工。刻有《漢書注》福唐郡庠刻本。十行，行十九字。《國朝諸臣奏議》宋淳祐十年史季溫福州刻本。十一行，行二十三字。

鄭高　南宋慶元間江西吉安地區刻工。刻有《歐陽文忠公集》宋慶元二年周必大刻本。十行，行十六字。

鄭性　南宋淳祐間福州地區刻工。刻有《國朝諸臣奏議》宋淳祐十年史季溫福州刻本。十一行，行二十三字。

鄭益　南宋初期浙江地區刻工。刻有《吳郡圖經續記》九行，行十七至十九字。

鄭恭　南宋嘉定間浙江地區刻工。刻有《詩集傳》湖州本。七行，行十五字。《晦庵先生文集》宋淳祐五年刻本。十行，行十九字。

鄭珣　南宋紹興間南京地區刻工。刻有《杜工部集》宋建康府學刻本。十行，二十字。《花間集》宋紹興建康郡齋刻本。八行十七字。《青山集》當塗本。十行，行二十字。

鄭受　南宋紹興間福州地區刻工。刻有《天聖廣燈錄》宋紹興十八年刻毗盧大藏本。六行，行十七字。

鄭受　南宋初期浙江地區刻工。補刻有《吳志》十四行，行二十五字。

鄭埜　南宋中期杭州地區刻工。刻有《皇朝文鑑》宋嘉泰四年新安郡齋刻本。十行，行十九字。

補刻有：

《尚書正義》宋紹熙三年兩浙東路茶鹽司刻本。八行，行十九字。

《禮記正義》宋紹熙三年兩浙東路茶鹽司刻本。八行，行十六字。

《儀禮疏》十五行，行二十七字。

《春秋左傳正義》宋慶元六年紹興府刻本。

八行，行十六字。

《說文解字》十行，行二十字。

《宋書》、《魏書》均九行，行十八字。

《古靈先生文集》宋紹興三十年章貢郡齋刻本。十行，行十八字。

鄭椰　南宋紹興間浙江地區刻工。刻有《禮記正義》宋紹熙三年兩浙東路茶鹽司刻本。八行，行十六字。

鄭充　南宋後期蘇州地區刻工。刻有《磧砂藏》六行，行十七字。

鄭堅　南宋淳祐間福州地區刻工。刻有《國朝諸臣奏議》宋淳祐十年史季溫福州刻本。十一行，行二十三字。

鄭慤　南宋淳熙間杭州地區刻工。刻有《景德傳燈錄》宋福安刻本。十一行，行二十字。

鄭習　北宋後期福州刻工。刻有《福州開元寺毗盧大藏》六行，行十七字。

鄭勤　南宋初期浙江地區刻工。補刻有《吳志》十四行，行二十四字。

鄭敏　南宋紹興間浙江建德地區刻工。刻有《儀禮疏》十四行，行二十七字。《世説新語》宋紹興八年嚴州刻本，十行，行二十字。《藝文類聚》宋紹興刻。十四行，行二十七、二十八字。《劉賓客文集》宋紹興八年嚴州刻本。十三行，行二十二字。

鄭喜　北宋治平間刻工。刻有《類篇》八行，行十六字。

鄭發　南宋紹定間浙江地區刻工。刻有《重廣補注黃帝内經素問》十行，行二十字。

鄭福臣　南宋紹興間湖北地區刻工。刻有《漢書注》宋紹興湖北提舉茶鹽司刻，淳熙、紹熙、慶元修本。十四行，行二十六至二十九字。

鄭惶　南宋紹興間贛州地區刻工。刻有《古靈先生文集》宋紹興三十年章貢郡斋刻本。十行，行十八字。

鄭遂　北宋治平間刻工。刻有《類篇》八行，行十六字

鄭遂　北宋杭州地區刻工。刻有
《春秋經傳集解》北宋刻缺氏字本。六行，行十五字。
《通典》十五行，行二十六至三十一字不等。

鄭寧　北宋崇寧間福州地區刻工。刻有
《新譯大方廣佛華嚴經音義》
《大般若波羅蜜多經》
《大唐西域記》
均為《福州東禪寺萬壽大藏》本。六行，十七字。

鄭韶　南宋淳熙間江西撫州地區刻工。刻有
《禮記注》宋淳熙四年撫州公使庫刻本。

鄭榮　北宋咸平間刻工。刻有
《吳志》十四行，行二十五字。

鄭榮　南宋淳祐間福州地區刻本。刻有
《國朝諸臣奏議》宋淳祐十年史季溫福州刻本。十一行，行二十三字。

鄭壽可　南宋嘉定間江西吉安地區刻工。刻有
《漢書集注》宋嘉定十七年白鷺洲書院刻本。八行，行十六字。

鄭瑋　北宋景祐間刻工。刻有

《史記集解》十行，行十九字。

《漢書注》十行，行十九字。

鄭興　南宋淳祐間廣東地區刻工。刻有《義豐文集》宋淳祐三年王旦刻本。十行，行十八字。

鄭鍚　南宋中期浙江嘉興地區刻工。刻有《重校添注音辯唐柳先生文集》九行，行十七字。

鄭禮　南宋淳祐間福州地區刻工。刻有《國朝諸臣奏議》宋淳祐十年史季温福州刻本。十一行，行二十三字。

鄭寶　南宋初期浙江地區刻工。補刻有《吳志》十四行，行二十五字。

鄭寶　南宋寶慶間廣州地區刻工。刻有《新刊校定集注杜詩》宋寶慶元年廣東漕司刻本。九行，行十六字。

鄭顒　南宋紹興間浙江刻工。刻有《坡門酬唱集》九行，行十六字。宋紹熙元年刻

鄧一　南宋乾道間江西地區刻工。刻有《歐陽文忠公文集》宋慶元二年周必大刻本。

十行，行十六字。

《豫章先生文集》宋乾道刻本。九行，十八字。

鄧七　南宋乾道間江西地區刻工。刻有

《豫章黄先生文集》宋乾道刻本。九行，十八字。

鄧仁　南宋淳熙間江西吉安地區刻工。刻有

《歐陽文忠公集》宋慶元二年周必大刻本。

十行，行十六字。

《東坡集》宋淳熙間刻本。十行，行十八字。

《周益文忠公集》宋開禧二年周綸刻本。十

行，行十六字。

《文苑英華》宋嘉泰元年至四年周必大刻本。十三

行，行二十二字。

鄧正　南宋紹興間江西地區刻工。刻有

《古靈先生文集》宋紹興三十年章貢郡齋翻

刻本。十行，行十八字。

《文選注》宋贛州州學刻本。九行，十五字。

鄧玉　南宋中期福建地區刻工。刻有

《河南程氏文集》八行，行十四字。

鄧生　南宋後期福建地區刻工。刻有

《周易本義》宋咸淳元年吳革刻本。六行，

行十五字。

《張子語錄》宋福建漕治刻本。十行，十八字。

《龜山先生語錄》宋福建漕治刻本。十行，行十八字。

《陶靖節先生詩注》宋淳祐元年湯漢注刻本。七行，行十五字。

《河南程氏文集》八行，行十四字。

鄧安　南宋紹興間浙江地區刻工。刻有

《文選注》宋紹興二十八年明州刻本。十行，行二十至二十二字。

鄧安　南宋淳祐間福州地區刻工。刻有

《國朝諸臣奏議》宋淳祐十年史季溫福州刻本。十一行，行二十三字。

鄧安　南宋淳熙間江西地區刻工。刻有

《呂氏家塾讀詩記》宋淳熙九年江西漕台刻本。九行，行十九字。

《春秋傳》宋乾道四年刻，慶元五年黃汝嘉修補本。十行，行二十字。

《春秋繁露》宋嘉定四年江右計台刻本。十行，行十八字。

《本草衍義》宋淳熙十二年江西轉運司刻慶元元年重修本。十一行，行二十一字。
《豫章黄先生文集》宋乾道刻本。九行，十八字。
《文選注》宋贛州州學刻本。九行，行十五字。
《坡門酬唱集》宋紹熙元年刻本。九行，十六字。

鄧成　南宋淳熙間江西撫州地區刻工。
《禮記注》宋淳熙四年撫州公使庫刻本。十行，行十六字。
《春秋經傳集解》宋撫州公使庫刻本。十行，行十六字。

鄧辛　南宋寶慶間廣州地區刻工。刻有
《新刊校定集注杜詩》宋寶慶元年廣東漕司刻本。九行，行十六字。

鄧志　南宋淳祐間福州地區刻工。刻有
《國朝諸臣奏議》宋淳祐十年史季温福州刻本。十一行，行二十三字。

鄧明　南宋乾道間江西地區刻工。刻有
《漢書集注》宋嘉定十七年白鷺洲書院刻本。八行，行十六字。
《豫章黄先生文集》宋乾道刻本。九行，十八字。

《周益文忠公全集》宋開禧二年周綸刻本。十行，行十六字。

《文選注》宋贛州州學刻本。九行，行十五字。

鄧昇　南宋淳熙間江西地區刻工。刻有

《呂氏家塾讀詩記》宋淳熙九年江西漕台刻本。九行，行十九字。

《漢雋》宋淳熙五年滁州刻本。九行，小字雙行三十字。

鄧受　南宋寶慶間江西地區刻工。刻有

《朱文公校昌黎先生集》七行，行十五字。

鄧亮　南宋紹興間湖北江陵地區刻工。刻有

《建康實錄》宋紹興十八年荆湖北路安撫使司刻本。十一行，行二十字。

《南華真經注》九行，行十五字。

鄧洽　南宋嘉定間福建地區刻工。刻有

《資治通鑑綱目》宋嘉定十二年温陵郡齋刻本。八行，行十七字。

鄧孝　南宋初期江西地區刻工。刻有

《輿地廣記》宋九江郡齋刻嘉泰四年淳祐五年修本。十三行，行二十四字。

鄧彥才　南宋乾道間江西地區刻工。刻有
《豫章黃先生文集》宋乾道刻本。九行，行十八字。

鄧炳　南宋端平間江西吉安地區刻工。刻有
《誠齋集》宋端平二年廬陵刻本。十行，十六字。

鄧祖　南宋淳熙間江西地區刻工。刻有
《呂氏家塾讀詩記》宋淳熙九年江西漕台刻本。九行，行十九字。

鄧信，南宋紹興間江西地區刻工。
《呂氏家塾讀詩記》宋淳熙九年江西漕台刻本。九行，行十九字。
《中庸說》十行，行十八字。
《前漢六帖》十行，行二十字。
《文選注》宋贛州州學刻本。九行，行十五字。
《文選注》宋紹興二十八年明州刻本。十行，行二十至二十二字。

鄧俊　南宋紹興間江西地區刻工。刻有
《呂氏家塾讀詩記》宋淳熙九年江西漕台刻本。九行，行十九字。
《漢雋》宋淳熙五年滁州刻本。九行，小字

雙行三十字。
《前漢六帖》十行，行二十字。
《昌黎先生集》十一行，行二十字。
《歐陽文忠公集》宋慶元二年周必大刻本。
十行，行十六字。

鄧梴　南宋淳熙间江西吉安地區刻工。刻有
《詩本義》十行，行二十字。

鄧拱　南宋端平间江西吉安地區刻工。刻有
《誠齋集》宋端平二年刻本。十行，行十六字。

鄧挺　南宋淳熙间江西吉安地區刻工。刻有
《詩本義》十行，行二十字。
《朱文公校昌黎先生集》七行，行十五字。
《歐陽文忠公全集》宋慶元二年周必大刻本。
十行，行十六字。
《周益文忠公全集》宋開禧二年周綸刻本。
十行，行十六字。

鄧茂　南宋乾道间江西地區刻工。刻有
《豫章黄先生文集》宋乾道刻本。九行，行
十八字。

鄧茂　南宋淳祐间福州地區刻工。刻有

《國朝諸臣奏議》宋淳祐十年史季溫福州刻本。十一行，行二十三字。

鄧英　南宋紹興間浙江建德地區刻工。刻有《世說新語》宋紹興八年董棻刻本。十行，行二十字。

鄧振　南宋淳熙間江西吉安地區刻工。刻有《詩本義》十行，行二十字。

《清波雜志》宋紹熙間刻本。十二行，行二十字。

《歐陽文忠公集》宋慶元二年周必大刻本。十行，行十六字。

《周益文忠公集》宋開禧二年周綸刻本。十行，行十六字。

鄧新　南宋慶元間江西吉安地區刻工。《歐陽文忠公集》宋慶元二年周必大刻本。十行，行十六字。

鄧章　南宋寶慶間廣州地區刻工。刻有《新刊校定集注杜詩》宋寶慶元年廣東漕司刻本。九行，行十六字。

鄧堅　南宋紹興間南京地區刻工。刻有《後漢書注》宋紹興江南東路轉運司刻本。

九行，行十六字。

鄧堅　南宋淳祐間福州地區刻工。刻有《國朝諸臣奏議》宋淳祐十年史季温福州刻本。十一行，行二十三字。

鄧梓　南宋淳祐間福州地區刻工。刻有《國朝諸臣奏議》宋淳祐十年史季温福州刻本。十一行，行二十三字。

鄧援　南宋慶元間江西吉安地區刻工。刻有《歐陽文忠公集》宋慶元二年周必大刻本。十行，行十六字。

鄧椶　南宋嘉泰間江西吉安地區刻工。刻有《資治通鑑綱目》廬陵本。八行，行十五字。《周益文忠公集》宋開禧二年周綸刻本。十行，行十六字。《誠齋集》宋端平二年刻本。十行，行十六字。

鄧發　南宋淳熙間江西地區刻工。刻有《呂氏家塾讀詩記》宋淳熙九年江西漕台刻本。九行，行十九字。《清波雜志》宋紹熙間刻本。十行，行十六字。

《歐陽文忠公集》宋慶元二年周必大刻本。十行，行十六字。

鄧雲　南宋乾道間江西地區刻工。刻有

《豫章黄先生文集》宋乾道刻本。九行，行十八字。

鄧新　南宋慶元間江西吉安地區刻工。刻有

《歐陽文忠公集》宋慶元二年周必大刻本。十行，行十六字。

鄧煒　南宋嘉定間江西地區刻工。刻有

《漢書集注》宋嘉定十七年白鷺洲書院刻本。八行，行十六字。

《後漢書注》宋嘉定元年白鷺洲書院刻本。八行，行十六字。

《本草衍義》宋淳熙十二年江西轉運司刻慶元元年重修本。十一行，行二十一字。

鄧煒　南宋嘉定間福建建陽地區刻工。刻有

《漢書注》宋嘉定三年建安蔡琪純父一經堂刻本。八行，行十六字。

鄧威　南宋紹興間江西地區刻工。刻有

《豫章黄先生文集》宋乾道刻本。九行，十八字。

《文選注》宋贛州州學刻本。九行，行十五字。
《文選注》宋紹興二十八年明州刻本。十行，
行二十至二十二字。
鄧敬　南宋淳熙間江西南昌地區刻工。刻有
《本草衍義》宋淳熙十二年江西轉運司刻慶
元元年重修本。十一行，行二十一字。
鄧廣玉　南宋初期杭州地區刻工。刻有
《南齊書》九行，行十八字。
鄧熀　南宋端平間江西吉安地區刻工。刻有
《誠齋集》宋端平二年刻本。十行，行十六字。
鄧壽　南宋嘉定間湖北武昌地區刻工。刻有
《春秋經傳集解》宋嘉定九年興國軍學刻本。
八行，行十七字。
鄧壽　南宋慶元間江西地區刻工。刻有
《本草衍義》宋淳熙十二年刻慶元元年重修
本。十一行，行二十一字。
《歐陽文忠公集》宋慶元二年周必大刻本。
十行，行十六字。
鄧鼎　南宋淳熙間江西地區刻工。刻有
《呂氏家塾讀詩記》宋淳熙九年江西漕台刻

本。九行，行十九字。

《漢雋》宋淳熙五年滁州刻本。九行，小字雙行三十字。

《容齋隨筆》宋嘉定五年贛州刻本。十行，行二十一字。

《楚辭集注》宋嘉定六年章貢郡齋刻本。七行，行十五字。

《昌黎先生集》十一行，行二十字

鄧懋　南宋嘉泰間江西吉安地區刻工。刻有

《周益文忠公集》宋開禧二年周綸刻本。十行，行十六字。

鄧聰　南宋紹興間浙江地區刻工。刻有

《文選注》宋紹興二十八年明州刻本。十行，行二十至二十二字。

《文選注》宋贛州州學刻本。九行，行十五字。

鄧舉　南宋寶慶間廣州地區刻工。刻有

《附釋文互注禮部韻略》九行，小字雙行二十四字。

《大積寶經》宋廣東漕使曾噩刻本。六行，行十七字。

《新刊校定集注杜詩》宋寶慶廣東漕司刻本。九行，行十六字。

《國朝諸臣奏議》宋淳祐十年史季溫福州刻本。十一行，行二十三字。

鄧應　南宋淳熙間江西地區刻工。刻有

《呂氏家塾讀詩記》宋淳熙九年江西漕台刻本。九行，行十九字。

鄧覺　南宋淳祐間福州地區刻工。刻有

《國朝諸臣奏議》宋淳祐十年史季溫福州刻本。十一行，行二十三字。

厲俊　南宋紹定間浙江建德地區刻工。刻有

《鉅鹿東觀集》宋紹定元年嚴陵郡庠刻本。十行，行二十字。

樓謹　南宋紹興間浙江地區刻工。刻有

《漢書注》宋紹興江南東路轉運司刻本。九行，行十六字。

《舊唐書》宋紹興兩浙東路茶鹽司刻本。十四行，行二十四至二十七字。

《編年通載》十行，行十七字。

《外臺秘要方》宋紹興兩浙東路茶鹽司刻本。

十三行，行二十四字。

《事类赋注》宋绍兴十六年两浙东路茶盐司刻本。八行，行十四至十六字。

楼详　南宋绍兴间浙江绍兴地区刻工。刻有

《外台秘要方》宋绍兴两浙东路茶盐司刻本。十三行，行二十四字。

樊明政　金皇统间刻工。刻有

《金藏》金皇统九年至大定三年刻，每版二十三行，行十四字。

樊忠信　北宋治平间刻工。刻有

《类篇》八行，行十六字。

樊绍筠　辽代北京地区刻工。刻有

《妙法莲華经》辽刻本。每纸二十八行，行十七字。

欧明　南宋绍兴间浙江地区刻工。刻有

《备急千金要方》十三行，行二十三字。

赖正　南宋嘉定间福建建瓯地区刻工。刻有

《育德堂奏議》宋嘉定建寧府刻本。九行，行十八字。

《育德堂集》宋蔡氏家刻本。九行，行十八字。

貴院 南宋中期長沙地區刻工。刻有《集韻》十行，大小字不等。

寰卿 南宋中期福建地區刻工。刻有《資治通鑑》十一行，行二十一字。

輪保（單姓）宋慶元间四川地區刻工。刻有《太平御覽》宋慶元五年成都府學刻本。十三行，行二十二至二十四字。

華国 南宋嘉泰间浙江地區刻工。刻有《東萊呂太史文集》宋嘉泰四年呂喬年刻本。十行，行二十字。

蔡七 南宋中期浙江地區刻工。補刻有《漢書注》宋紹興本。十行，行十九字。

蔡刁 南宋後期福建地區刻工。刻有《陶靖節集》宋淳祐元年湯漢刻本。七行，行十五字。《韋蘇州集》十行，行十八字。

蔡已 南宋紹興间浙江寧波地區刻工。刻有《文選注》宋紹興二十八年明州刻本。十行，行二十至二十二字。

蔡大 南宋淳熙间浙江地區刻工。刻有

《景德傳燈錄》十一行，行二十字。

蔡才　南宋淳熙間江西地區刻工。刻有

《輿地廣記》宋九江郡斋刻嘉泰四年淳祐十年修本。十三行，行二十四字。

《夷堅志》九行，行十八字。

《文選注》宋贛州州學刻本。九行，行十五字。

蔡子　南宋淳祐間杭州地區刻工。刻有

《晦庵先生文集》宋淳祐五年刻本。十行，行十九字。

蔡九　南宋乾道間江西地區刻工。刻有

《豫章先生文集》宋乾道刻本。九行，十八字。

蔡文　南宋初期江西地區刻工。刻有

《備急千金要方》十三行，行二十三字。

《溫國文正司馬公文集》十二行，行二十字。

《歐陽文忠公集》宋慶元二年周必大刻本。十行，行十六字。

《帝王經世圖譜》十五行，行二十八字。

蔡文　南宋嘉泰間浙江地區刻工。刻有

《通鑑紀事本末》宋寶祐五年趙與𥲅刻本。十一行，行十九字。

《記纂淵海》宋嘉定二年刻本。十三行，行二十二字。
《皇朝文鑑》宋嘉泰四年新安郡斋刻本。十行，行十九字。

蔡文　南宋嘉定间福建地區刻工。刻有《周髀算经》宋嘉定六年鮑澣刻本。九行，行十八字。
《字苑類编》十行，行十八字。

蔡文生　南宋寶祐间安徽地區刻工。刻有《致堂讀史管见》宋寶祐二年宛陵刻本。十二行，行二十三字。

蔡文茂　南宋淳祐间福州地區刻工。刻有《國朝諸臣奏議》南宋淳祐五年史季溫福州刻本。十一行，行二十三字。

蔡文達　南宋中期杭州地區刻工。補刻有《魏書》九行，行十八字。

蔡方　南宋淳熙间浙江建德地區刻工。刻有《通鑑紀事本末》宋淳熙二年嚴陵郡庠刻本。十三行，行二十四字。

蔡方　南宋咸淳间杭州地區刻工。刻有

　《河東先生集》宋咸淳廖氏世綵堂刻本。九
行，行十七字。

蔡元　南宋乾道間浙江金華地區刻工。刻有
　《三蘇先生文粹》宋乾道婺州吴宅桂堂刻本。
十四行，行二十六字。
　《五朝名臣言行録》宋淳熙刻本。十行，十七字。

蔡元老　北宋四川地區刻工。刻有
　《資治通鑑》覆龍爪本。宋鄂州孟太師府鵠
山書院刻本。十一行，行十九字。

蔡元道　南宋中期浙江地區刻工。刻有
　《論語纂疏》九行，行二十字。

蔡太　北宋元豐間福州地區刻工。刻有
　《福州東禪寺萬壽大藏》宋元豐三年至政和
二年刻。六行，行十七字。

蔡太卿　南宋嘉定間江西吉安地區刻工。刻有
　《漢書集注》宋嘉定十七年白鷺洲書院刻本。
八行，行十六字。

蔡尤　南宋紹熙間江西吉安地區刻工。刻有
　《清波雜志》宋紹熙間刻。十二行，行二十字。

蔡友　南宋紹定間杭州地區刻工刻有

《周易本義》杭州本。七行，行十五字。
《詩集傳》湖州本。七行，行十五字。

蔡中　南宋淳熙間杭州地區刻工。刻有
《東坡集》十行，行二十字。
補刻有《魏書》九行，行十八字。

蔡中　南宋初期湖北地區刻工。刻有
《漢書注》宋紹興湖北提舉茶鹽司刻，淳熙、紹熙、慶元修本。十四行，行二十六至二十九字。
《建康實録》宋紹興十八年湖北路安撫使司刻本。十一行，行二十字。
《五朝名臣言行録》《三朝名臣言行録》宋淳熙刻本。十行，行十七字。

蔡中　南宋嘉定間福建地區刻工。刻有
《資治通鑑綱目》宋嘉定十二年温陵郡齋刻本。八行，行十七字。
《東漢會要》宋寶慶二年建寧郡齋刻本。十一行，行二十字。

蔡仁　南宋初期杭州地區刻工。刻有
《後漢書注》宋紹興江南東路轉運司刻本。

《後漢書注》南宋初年杭州刻本。十行，行十九字。

《備急千金要方》十四行，行二十三字。

蔡仁 南宋嘉定間福建建甌地區刻工。刻有

《育德堂集》宋蔡氏家刻本。九行，行十八字。

蔡仁 南宋紹定間浙江地區刻工。刻有

《周易本義》七行，行十五字。杭州本。

《詩集傳》湖州本。七行，行十五字。

《論語纂疏》九行，行二十字。

《吳郡志》宋紹定二年刻本。九行，行十八字。

《呂氏鄉約》宋嘉定五年刻本。七行，十四字。

蔡永 南宋初期江西地區刻工。刻有

《輿地廣記》宋九江郡齋刻嘉泰四年、淳祐十年遞修本。十三行，行二十四字。

《誠齋集》宋端平二年刻本。十行，行十六字。

《文選注》宋贛州州學刻本。九行，行十五字

蔡永昌 南宋初期江西贛州地區刻工。刻有

《文選注》宋贛州州學刻本。九行，行十五字。

蔡正 南宋淳熙間江西地區刻工。刻有

《禮記注》宋淳熙四年撫州公使庫刻本。十

行，行十六字。

蔡正　南宋紹興間浙江寧波地區刻工。刻有《文選注》宋紹興二十八年明州刻本。十行，行二十至二十字。

蔡正　南宋端平間江西吉安地區刻工。刻有《資治通鑑綱目》宋端平廬陵刻本。《誠齋集》宋端平二年刻本。十行，行十六字。《資治通鑑綱目》宋嘉定十二年溫陵郡齋刻本。八行，行十七字。

蔡平　南宋端平間江西吉安地區刻工。刻有《誠齋集》宋端平二年刻本。十行，行十六字。

蔡石　南宋嘉定間福建建甌地區刻工。刻有《育德堂集》宋蔡氏家刻本。九行，行十八字。

蔡可久　南宋淳熙間江西吉安地區刻工。刻有《詩本義》十行，行二十字。

蔡民　南宋乾道間江西地區刻工。刻有《白氏六帖事類集》十三行，行二十四至二十七字。《豫章黄先生文集》宋乾道贛州州學刻本。九行，行十八字。

蔡甲　南宋中期湖北地區刻工。刻有

《河南程氏遺書》黄州本。十一行，行二十字。

蔡中　南宋嘉定間刻工。刻有

《資治通鑑綱目》宋浙刻本。八行，行十七字。

《資治通鑑綱目》宋嘉定十二年温陵郡齋刻本。八行，行十七字。

《程氏遺書》黄州本。十一行，行二十字。

《放翁先生劍南詩稿》十行，行二十字。

蔡生　南宋咸淳間福建地區刻工。刻有

《周易本義》宋咸淳元年吴革刻本。六行，行十五字。

蔡成　南宋淳祐間浙江地區刻工。刻有

《通鑑紀事本末》宋淳祐五年趙與篡刻本。十行，行十九字。

《論語纂疏》九行，行十八字。

蔡成　南宋紹熙間江西吉安地區刻工。刻有

《帝王經世圖譜》宋嘉泰元年刻本。行字不等。

《清波雜志》宋紹熙刻本。十二行，行二十字。

《歐陽文忠公集》宋慶元二年周必大刻本。

十行，行十六字。

蔡堂道　南宋紹興間杭州地區刻工。刻有《尚書正義》十五行，行二十四字。《漢書注》宋紹興湖北提舉茶鹽司刻本。十四行，行二十六至二十九字。

蔡光大　南宋咸淳間杭州地區刻工。刻有《咸淳臨安志》宋咸淳臨安府刻本。十行，行二十字。

蔡先　南宋乾道間杭州地區刻工。刻有《周官講義》九行，行十八字。

蔡全　南宋紹熙間福建地區刻工。刻有《九經》巾箱本。二十一行，行二十七字。《東漢會要》宋寶慶二年建寧郡齋刻本。十一行，行二十字。

蔡仲　南宋紹興間湖北地區刻工。刻有《建康實録》宋紹興十八年荆湖北路安撫使司刻本。十一行，行二十字。

蔡仲　南宋嘉定間福建地區刻工。刻有《資治通鑑綱目》宋嘉定十二年溫陵郡齋刻本。八行，行十七字。

《育德堂集》宋蔡玑家刻本。九行，行十八字。

蔡仲　南宋端平間江西吉安地區刻工。刻有《資治通鑑綱目》廬陵本。八行，行十五字。

蔡伯達　南宋紹興間湖北常德地區刻工。刻有《漢書注》宋紹興湖北提舉茶鹽司刻，淳熙、紹熙、慶元修本。十四行，行二十六字至二十九字。

蔡伯逌　南宋紹興間湖北常德地區刻工。刻有《漢書注》宋紹興湖北提舉茶鹽司刻，淳熙、紹熙、慶元修本。十四行，行二十六至二十九字。

蔡伯適　南宋紹興間湖北常德地區刻工。刻有《漢書注》宋紹興湖北提舉茶鹽司刻，淳熙、紹熙、慶元修本。十四行，行二十六至二十九字。

蔡伯遠　南宋紹興間湖北常德地區刻工。刻有《漢書注》宋紹興湖北提舉茶鹽司刻，淳熙、紹熙、慶元修本。十四行，行二十六至二十九字。

蔡如聲　南宋乾道間江西贛州地區刻工。刻有

《文選注》宋贛州州學刻本。九行，行十五字。

蔡辛　南宋紹興間江西地區刻工。刻有《周禮注》十一行，行二十字。《豫章黄先生文集》宋乾道刻本。九行，行十八字。

蔡甫　南宋嘉定間福建地區刻工。刻有《資治通鑑綱目》宋嘉定十二年溫陵郡齋刻本。八行，行十七字。

蔡克明　南宋慶元間江西吉安地區刻工。刻有《歐陽文忠公集》宋慶元二年周必大刻本。十行，行十六字。

蔡迪　南宋乾道間江西地區刻工。刻有《豫章黄先生文集》宋乾道刻本。九行，行十八字。

蔡青　南宋紹興間福建地區刻工。刻有《備急千金要方》十三行，行二十三字。《天聖廣燈録》宋紹興十八年刻毗盧大藏本。六行，行十七字。《溫國文正司馬公文集》宋紹興刻本。十二行，行二十字。

蔡伯升　南宋淳熙间撫州地区刻工。刻有
《春秋经传集解》宋撫州公使库刻本。十行，行十六字。
《春秋公羊传解詁》宋淳熙撫州公使库刻绍熙四年重修本。十行，行十六字。

蔡延　南宋嘉泰间安徽地区刻工。刻有
《皇朝文鑑》宋嘉泰四年新安郡斋刻本。十行，行十九字。

蔡延　南宋嘉定间江西地区刻工。刻有
《儀禮经传通解》宋嘉定十年南康道院刻本。七行，行十五字。
《儀禮经传通解續集》宋嘉定十年南康道院刻本。七行，行十五字。

蔡秀　南宋绍興间杭州地区刻工。刻有
《後漢書注》宋绍興江南東路轉運司刻本。九行，行十六字。
《三國志注》十行，行十九字。
《宋書》、《魏書》九行，行十八字。

蔡邦　南宋中期杭州地区刻工。刻有
《古史》十一行，行二十二字。

蔡邠　南宋绍興间杭州地区刻工。刻有

《尚書正義》宋绍熙三年两浙東路茶盐司刻本。八行，行十九字。

《周禮疏》宋两浙東路茶盐司刻本。八行，行十五至十七字。

《説文解字》十行，行二十字。

《古史》十一行，行二十二字。

《南齊書》、《梁書》、《魏書》、《北齊書》均九行，行十八字。

《资治通鑑綱目》八行，行十七字。

《國語解》十行，行二十字。

《四明志》宋寶慶刻。十行，行十八字。

《太玄經集注》十行，行十七字。

蔡武　南宋慶元间江西吉安地区刻工。刻有

《帝王經世圖譜》十五行，行二十五字。

《歐陽文忠公集》宋慶元二年周必大刻本。十行，行十六字。

《周益文忠公集》宋開禧二年周綸刻本。十行，行十六字。

蔡居盛　北宋元豐间福州地区刻工。刻有

《福州東禪寺萬壽大藏》宋元豐三年至政和二年刻。六行，行十七字。

蔡者　南宋紹興間刻工。刻有

《溫國文正司馬公文集》宋紹興刻本。十二行，行二十字。

蔡明　南宋嘉定間杭州地區刻工。刻有

《周易本義》七行，行十五字。

《詩集傳》七行，行十五字。

《育德堂集》宋蔡氏家刻本。九行，行十八字。

《碧雲集》陳道人書籍鋪刻本。十行，行十八字。

蔡昌　南宋紹興間浙江地區刻工。刻有

《漢雋》宋淳熙五年滁州刻本。九行，小字行三十字。

《前漢六帖》十行，行二十字。

《文選注》宋紹興二十八年明州刻本。十行，行二十至二十二字。

《文選注》宋贛州州學刻本。九行，行十五字。

蔡升　南宋紹興間刻工。刻有

《周禮注》宋乾道刻本。十行，行十九字。

《古靈先生文集》宋紹興三十年章貢郡齋刻

本。十行，行十八字。

《文選注》宋紹興二十八年明州刻本。十行，行二十至二十二字。

《文選注》宋贛州州學刻本。九行，行十五字。

蔡忠　南宋紹興間浙江地區刻工。刻有

《景德傳燈録》宋紹興四年釋思鑑刻本。十五行，行二十六至三十字。

《景德傳燈録》十三行，行二十三字。

《宗門統要集》宋淳熙刻本。十行，行二十字。

蔡忠　南宋淳熙間江西地區刻工。刻有

《呂氏家塾讀詩記》宋淳熙九年江西漕台刻本。九行，行十九字。

《歐陽文忠公集》宋慶元二年周必大刻本。十行，行十六字。

蔡侃　南宋紹興間江西撫州地區刻工。刻有

《春秋傳》宋乾道四年刻慶元五年黄汝嘉修補本。十行，行二十字。

《五代史記》南宋初撫州刻本。十二行，行二十二字。

《謝幼槃文集》宋紹興二十二年撫州公使庫

刻本。十行，行十八字。

《王荆公唐百家詩選》十行，行十八字。

蔡岳　南宋乾道间江西地区刻工。刻有

《豫章黄先生文集》宋乾道赣州州学刻本。

九行，行十八字。

蔡和　南宋淳熙间江西地区刻工。刻有

《吕氏家塾讀詩記》宋淳熙九年江西漕台刻

本。九行，行十九字。

《前漢六帖》十行，行二十字。

《昌黎先生集》十一行，行二十字。

《韓集舉正》十一行，行二十字。

《歐陽文忠公集》宋慶元二年周必大刻本。

十行，行十六字。

蔡邰　南宋中期浙江地区刻工。刻有

《资治通鑑綱目》浙刻本。八行，行十七字。

蔡洪　南宋绍興间刻工。刻有

《温國文正司馬公文集》宋绍興间刻本。十

二行，行二十字。

《文選注》宋淳熙八年池陽郡斋刻本。十行，

行二十一字。

蔡彥舉　南宋嘉泰間福建地區刻工。刻有《樂書目録》宋嘉泰二年刻本。八行，行字不等。

蔡建　南宋淳熙間江西地區刻工。刻有《本草衍義》宋淳熙十二年江西轉運司刻慶元元年重修刻本。十一行，行二十一字。

蔡珏　南宋紹定間江西地區刻工。刻有《朱文公校昌黎先生文集》宋紹定六年臨江軍學刻本。七行，行十五字。《誠齋集》宋端平二年刻本。十行，行十六字。

蔡政（或署蔡正）南宋紹興間浙江地區刻工。刻有《景德傳燈録》宋紹興四年釋思鑒刻本。十五行，行二十八字。《景德傳燈録》十三行，行二十三字。《文選注》宋紹興二十八年明州刻本。十行，行二十至二十二字。

蔡政　南宋淳熙間江西地區刻工。刻有《吕氏家塾讀詩記》宋淳熙九年江西漕台刻本。九行，行十九字。《禮記注》宋淳熙四年撫州公使庫刻本。十行，行十六字。

《春秋经傳集解》宋撫州公使庫刻本。十行，行十六字。

《歐陽文忠公集》宋慶元二年周必大刻本。十行，行十六字。

蔡政　南宋嘉定间福建地區刻工。刻有

《周髀算经》宋嘉定六年鮑澣之刻本。九行，行十八字。

《五曹算经》宋嘉定六年鮑澣之刻本。九行，行十八字。

蔡孟　南宋绍興间江西地區刻工。刻有

《温國文正司馬公文集》宋绍興间刻本。十二行，行二十字。

蔡若　南宋绍興间江西地區刻工。刻有

《温國文正司馬公文集》宋绍興间刻本。十行，行二十字。

蔡華　南宋淳熙间江西地區刻工。刻有

《吕氏家塾讀詩記》宋淳熙九年江西漕台刻本。九行，行十九字。

蔡昭　南宋淳熙间撫州地區刻工。刻有

《王荊公唐百家詩選》十行，行十八字。

蔡思　南宋淳熙间吉安地區刻工。刻有
《詩本義》十行，行二十字。
《帝王经世圖譜》十五行，行二十八字。
《歐陽文忠公集》宋慶元二年周必大刻本。十行，行十六字。
《周益文忠公集》宋開禧二年周綸刻本。十行，行十六字。

蔡信　南宋初期江西撫州地區刻工。刻有
《五代史記》南宋初撫州刻本。十二行，行二十二字。

蔡俊　南宋端平间江西吉安地區刻工。刻有
《誠齋集》宋端平二年刻本。十行，行十六字。

蔡浩　南宋中期安徽地區刻工。刻有
《晦庵先生朱文公語錄》池州本。十行，行二十字。

蔡祥　南宋嘉定间湖北武昌地區刻工。刻有
《春秋经傳集解》宋嘉定九年興國軍學刻本。八行，行十七字。

蔡柔　南宋淳熙间江西地區刻工。刻有

《吕氏家塾讀詩記》宋淳熙九年江西漕台刻本。九行，行十九字。

《漢雋》宋淳熙五年滁州刻本。九行，行約十五字。

《韓集舉正》十一行，行二十字。

蔡泰　南宋嘉定間江西吉安地區刻工。刻有

《漢書集注》宋嘉定十七年白鷺洲書院刻本。八行，行十六字。

《本草衍義》宋淳熙十二年江西轉運司刻慶元元年重修本。十一行，行二十一字。

蔡泰卿　南宋嘉定間江西吉安地區刻工。刻有

《漢書集注》宋嘉定十七年白鷺洲書院刻本。八行，行十六字。

《本草衍義》宋淳熙十二年江西轉運司刻慶元元年重修本。十一行，行二十一字。

蔡時　南宋淳熙間江西地區刻工。刻有

《吕氏家塾讀詩記》宋淳熙十二年江西轉運司刻慶元元年重修本。十一行，行二十一字。

蔡清　南宋初期江西地區刻工。刻有

《東萊書説》

《漢雋》宋淳熙五年滁陽郡庠刻本。九行，行約十五字。

《漢雋》宋淳熙十年象山縣學刻本。九行，行約十五字。

《温國文正司馬公文集》宋紹興間刻本。十二行，行二十字。

《東坡集》十行，行十八字。

蔡清　南宋淳祐間福州地區刻工。刻有

《國朝諸臣奏議》宋淳祐十二年史季温福州刻本。十一行，行二十三字。

蔡寅　南宋嘉定間浙江地區刻工。刻有

《資治通鑑綱目》宋嘉定十二年温陵郡斋刻本。八行，行十七字。

《晦庵先生文集》宋淳祐五年刻本。十行，行十九字。

蔡章　南宋嘉泰間江西吉安地區刻工。刻有

《朱文公校昌黎先生集》宋紹定六年臨江軍學刻本。七行，行十五字。

《放翁先生劍南詩稿》十行，行二十字。

《誠斋集》宋端平二年刻本。十行，行十六字。

蔡接　南宋初期刻工。刻有《李衛公文集》十行，行十八字。

蔡琪　南宋嘉泰間江西吉安地區刻工。刻有《周益文忠公集》宋開禧二年周綸刻本。十行，行十六字。

蔡邵　南宋初期杭州地區刻工。刻有《説文解字》十行，行二十字。

蔡通　南宋紹興間杭州地區刻工。刻有《周易正義》宋紹興十五至二十一年刻本。十五行，行二十六字。

《漢書注》南宋初杭州刻本。十行，行十九字。

《漢書注》宋紹興江南東路轉運司刻本。九行，行十六字。

《通典》宋紹興刻。十五行，行二十五至二十九字。

《白氏文集》十三行，行二十三至二十六字。

《唐文粹》宋紹興九年臨安府刻本。十五行，行二十四至三十字。

《豫章黄先生文集》宋乾道刻本。九行，行十八字。

補刻有《新唐書》十四行，行二十三至二十六字。

蔡華　南宋乾道間江西地區刻工。刻有《白氏六帖事類集》十三行，行二十四至二十七字。
《豫章黄先生文集》宋乾道刻本。九行，行十八字。

蔡敏　南宋初期江西地區刻工。刻有《輿地廣記》十三行，行二十四字。

蔡評　南宋端平間江西吉安地區刻工。刻有《誠齋集》宋端平二年刻本。十行，行十六字。

蔡博　南宋紹興間浙江寧波地區刻工。刻有《大般若波羅蜜多經》宋紹興三十二年奉化王公祠堂刻本。六行，行十七字。

蔡獮　南宋嘉定間江西吉安地區刻工。刻有《漢書集注》宋嘉定十七年白鷺洲書院刻本。八行，行十六字。

蔡雲　南宋寶慶間福建地區刻工。刻有《東漢會要》宋寶慶二年建寧郡齋刻本。十一行，行二十字。

蔡達　南宋淳熙間江西地區刻工。刻有

《呂氏家塾讀詩記》宋淳熙九年江西漕台刻本。十行，行十九字。
《豫章黄先生文集》宋乾道刻本。九行，行十八字。
《莆陽居士蔡公文集》十行，行十九字。
《文選注》宋贛州州學刻本。九行，行十五字。

蔡從　南宋初期江西地區刻工。刻有
《輿地廣記》十三行，行二十四字。

蔡華　南宋乾道間江西地區刻工。刻有
《豫章黄先生文集》宋乾道刻本。九行，行十八字。

蔡勝　南宋紹興間安徽地區刻工。刻有
《昌黎先生集》宋紹定二年張洽刻本。十行，行二十字。
《宛陵先生文集》宋紹興十年宣州刻本。十行，行十九字。
《文選注》宋淳熙池陽郡齋刻本。十行，行二十一字。

蔡順　南宋乾道間江西地區刻工。刻有
《白氏六帖事類集》十三行，行二十四至二十七字。

《豫章黄先生文集》宋乾道刻本。九行，行十八字。

蔡靖　南宋紹興間江西吉安地區刻工。刻有《清波雜志》宋紹興刻本。十二行，行二十字。《周益文忠公集》宋開禧二年刻本。十行，行十六字。

蔡義　南宋中期刻工。刻有《資治通鑑綱目》宋浙刻本。八行，行十七字。《資治通鑑綱目》宋嘉定十二年温陵郡齋刻本。八行，行十七字。《誠齋集》宋端平二年刻本。十行，行十六字。補刻有《備急千金要方》十三行，行二十三字。

蔡道　南宋紹興間浙江地區刻工。刻有《舊唐書》宋紹興兩浙東路茶鹽司刻本。十四行，行二十五、二十六字。

蔡説　南宋淳熙間江西地區刻工。刻有《詩本義》十行，行二十字。

蔡詢　南宋嘉定間江西吉安地區刻工。刻有《漢書集注》宋嘉定十七年白鷺洲書院刻本。八行，行十六字。

蔡誠　南宋端平间吉安地區刻工。刻有

《誠齋集》宋端平二年刻本。十行，行十六字。

蔡慶　南宋淳祐间福建建甌地區刻工。刻有

《周易本義》宋咸淳元年吴革刻本。六行，

行十五字。

《陶靖節先生詩注》宋淳祐元年湯漢刻本。

十行，行十八字。

《學詩初稿》陳道人書籍鋪刻本。十行，行

十八字。

蔡寧　南宋乾道间江西地區刻工。刻有

《豫章黄先生文集》宋乾道刻本。九行，行

十八字。

蔡榮　南宋乾道间江西地區刻工。刻有

《文選注》宋贛州州學刻本。九行，行十五字。

蔡壽　南宋咸淳间福建建甌地區刻工。刻有

《張子語録》宋福建漕治刻本。十行，行十

八字。

《龜山先生語録》宋福建漕治刻本。十行，

行十八字。

蔡萬　南宋淳熙间江西地區刻工。刻有

《漢書集注》宋嘉定十七年白鷺洲書院刻本。八行，行十六字。
《本草衍義》宋淳熙十二年江西轉運司刻慶元元年重修本。十一行，行二十一字。
《夷堅志》九行，行十八字。
《東坡集》十行，行十八字。

蔡敬　宋端平間江西吉安地區刻工。刻有
《誠齋集》宋端平二年刻本。十行，行十六字。

蔡輝　南宋淳熙間江西地區刻工。刻有
《吕氏家塾讀詩記》宋淳熙九年江西漕治刻本。九行，行十九字。
《字苑類編》十行，行十八字。

蔡諒　南宋淳熙間江西地區刻工。刻有
《詩本義》十行，行二十字。

蔡興　南宋淳熙間江西地區刻工。刻有
《吕氏家塾讀詩記》宋淳熙九年江西漕台刻本。九行，行十九字

蔡舉　北宋嘉祐間刻工。刻有
《唐書》十四行，行二十三至二十六字。

蔡錫　南宋淳熙間江西地區刻工。刻有

《吕氏家塾讀詩記》宋淳熙九年江西漕台刻本。九行，行十九字。

《歐陽文忠公集》宋慶元二年周必大刻本。十行，行十六字。

蔡應 南宋嘉定间杭州地區刻工。刻有

《碧雲集》陳道人書籍鋪刻本。十行，十八字。

蔡禮 南宋嘉泰间浙江地區刻工。刻有

《放翁先生劍南詩稿》十行，行二十字。

蔡懋 南宋淳熙间江西吉安地區刻工。刻有

《詩本義》十行，行二十字。

《漢雋》宋淳熙五年滁陽郡斋刻本。九行，行约十五字。

《清波雜志》宋绍熙刻本。十二行，行二十字。

《帝王經世圖譜》十五行，行二十八字。

《韓集舉正》十一行，行二十字。

《歐陽文忠公集》宋慶元二年周必大刻本。十行，行十六字。

《周益文忠公集》宋開禧二年刻本。十行，行十六字。

《放翁先生劍南詩稿》十行，行二十字。

蔡聲　南宋淳熙間江西地區刻工。刻有《呂氏家塾讀詩記》宋淳熙九年江西漕台刻本。九行，行十九字。

蔡權　南宋淳熙間江西吉安地區刻工。刻有《清波雜志》宋紹熙刻本，十二行，行二十字。

蔣一亮　北宋浙江地區刻工。刻有《大廣益會玉篇》十行，行二十字。

蔣乙　南宋淳熙間安徽貴池地區刻工。刻有《文選注》宋淳熙八年池陽郡齋刻本。十行，行二十一字。

蔣七　南宋中期杭州地區刻工。補刻有《漢書注》宋紹興江南東路轉運司刻本。九行，行十六字。

《後漢書注》宋紹興江南東路轉運司刻本。九行，行十六字。

《宋書》、《南齊書》、《魏書》均九行，行十八字。

蔣元　南宋淳熙間浙江地區刻工。刻有《呂氏家塾讀詩記》宋淳熙九年尤延之刻本。十二行，行二十二字。

蔣元志　北宋間杭州地區刻工。刻有
《大廣益會玉篇》十行，行二十字。
蔣元珏　北宋間杭州地區刻工。刻有
《大廣益會玉篇》十行，行二十字。
蔣元競　北宋間杭州地區刻工。刻有
《大廣益會玉篇》十行，行二十字。
蔣元棟　北宋杭州地區刻工。刻有
《大廣益會玉篇》十行，行二十字。
蔣和　北宋間杭州地區刻工。刻有
《大廣益會玉篇》十行，行二十字。
蔣中　南宋紹興間杭州地區刻工。刻有
《臨川先生文集》宋紹興二十一年兩浙西路
轉運司王珏刻本。
蔣永　南宋淳熙間安徽地區刻工。刻有
《晉書》宋嘉泰四年至開禧元年秋浦郡齋刻
本。九行，行十六字。
蔣正　南宋淳熙間安徽貴池地區刻工。刻有
《昌黎先生集》宋紹定二年張洽池州刻本。
十行，行二十字。
《文選注》宋淳熙八年池陽郡齋刻本。十行，
行二十一字。

蒋士久　北宋間杭州地區刻工。刻有《大廣益會玉篇》十行，行二十字。

蒋生　南宋紹興間福州地區刻工。刻有《天聖廣燈録》宋紹興十八年刻毗盧大藏本。六行，行十七字。

蒋成　南宋紹興間杭州地區刻工。刻有《三國志注》十行，行十九字。《東萊先生詩集》宋乾道刻本。十一行，行二十字。《臨川先生文集》宋紹興二十一年兩浙西路轉運司刻本。十二行，行二十字。

蒋仲　南宋紹興間浙江紹興地區刻工。刻有《禮記正義》宋紹興三年兩浙東路茶鹽司刻本。八行，行十六字。

蒋先　南宋紹興間杭州地區刻工。刻有《樂府詩集》宋紹興間刻本。十三行，行二十三或二十四字。補刻有《儀禮疏》十五行，行二十七字。

蒋宗　南宋紹興間浙江紹興地區刻工。刻有《尚書正義》宋紹興三年兩浙東路茶鹽司刻本。八行，行十九字。

蔣本　南宋中期杭州地區刻工。刻有《大宋重修廣韻》十行，行二十字。

蔣伸　南宋紹興間浙江紹興地區刻工。刻有《禮記正義》宋紹興三年兩浙東路茶鹽司刻本。八行，行十六字。《春秋左傳正義》宋慶元六年紹興府刻本。八行，行十六字。

蔣宗　北宋景祐間刻工。刻有《史記集解》十行，行十九字。《漢書注》十行，行十九字。

蔣宗　南宋紹定間江蘇蘇州地區刻工。刻有《吳郡志》宋紹定二年刻本。九行，行十八字。《營造法式》十一行，行二十二字。《磧砂藏》六行，行十七字。

蔣松　南宋淳熙間浙江建德地區刻工。刻有《通鑑紀事本末》宋淳熙二年嚴陵郡庠刻本。十三行，行二十四字。《禮記集說》宋嘉熙四年新定郡齋刻本。十三行，行二十至二十六字。

蔣旻　南宋嘉定間浙江地區刻工。刻有
《呂氏鄉約附鄉儀》宋嘉定五年刻本。七行，
行十四字。
蔣忠和　北宋間杭州地區刻工。刻有
《大廣益會玉篇》十行，行二十字。
蔣侍志　南宋端平間刻工。補刻有
《漢書注》版本，行款字數不詳。
蔣佳禮　北宋間杭州地區刻工。刻有
《大廣益會玉篇》十行，行二十字。
蔣祖　南宋中期杭州地區刻工。刻有
《吳郡志》宋紹定二年刻本。九行，行十八字。
《三蘇先生文粹》十行，行十八字。
蔣春（即蔣椿）南宋紹興間浙江地區刻工。刻有
《景德傳燈録》宋紹興四年釋思鑑刻本。十
五行，行二十六至三十字不等。
《妙法蓮華經》宋賈官人經書鋪刻本。十二
行，行二十七字。
《文選注》宋紹興二十八年明州刻本。十行，
行二十至二十二字。
蔣春生　北宋間杭州地區刻工。刻有

《大廣益會玉篇》十行，行二十字。

蔣茂　北宋间杭州地區刻工。刻有

《大廣益會玉篇》十行，行二十字。

蔣信　南宋绍興间浙江绍興地區刻工。刻有

《禮記正義》宋绍興三年兩浙東路茶鹽司刻本。八行，行十六字。

《春秋左傳正義》宋慶元六年绍興府刻本。八行，行十六字。

補刻有《南齊書》九行，行十八字。

蔣容　南宋中期杭州地區刻工。刻有

《春秋左傳正義》宋慶元六年绍興府刻本。八行，行十六字。

《資治通鑑綱目》宋浙刻本。八行，行十七字。

《古史》十一行，行二十二字。

《四明志》宋寶慶刻本。十行，行十八字。

《太玄經集注》十行，行十七字。

補刻有：

《宋書》、《南齊書》、《魏書》均九行，行十八字。

蔣澄　南宋绍興间福州地區刻工。刻有

《续高僧傳》宋绍興十八年刻福州開元寺毘盧大藏本。六行，行十七字。

蔣奎 南宋嘉泰间杭州地區刻工。刻有《皇朝文鑑》宋嘉泰四年新安郡齋刻本。十行，行十九字。

補刻有：

《史記集解》宋绍興淮南路轉運司刻本。九行，行十六字。

《漢書注》宋绍興江南東路轉運司刻本。九行，行十六字。

《後漢書注》宋绍興江南東路轉運司刻本。九行，行十六字。

《宋書》、《南齊書》、《陳書》、《魏書》，均九行，行十八字。

《國語解》十行，行二十字。

《尚書正義》宋绍興三年兩浙東路茶鹽司刻本。八行，行十九字。

蔣清 南宋中期浙江金華地區刻工。刻有《音注韓文公文集》宋婺州刻本。十二行，行二十一至二十二字不等。

蔣深　北宋咸平間刻工。刻有

《吳志》十四行，行二十五字。

蔣就　南宋紹興間杭州地區刻工。刻有

《漢書注》南宋初杭州刻本。十行，行十九字。

《漢書注》宋紹興江南東路轉運司刻本。九行十六字。

蔣達　南宋初期刻工。補刻有

《吳志》十四行，行二十五字。

蔣雲甫　南宋端平間刻工。補刻有

《史記集解》十行，行十九字。

蔣馭　北宋咸平間刻工。刻有

《吳志》十四行，行二十五字。

蔣榮春　南宋咸淳間江蘇鎮江地區刻工。刻有

《說苑》宋咸淳元年鎮江府學刻本。九行，行十八字。

蔣暉　南宋初期杭州地區刻工。刻有

《禮記正義》宋紹熙三年兩浙東路茶鹽司刻本。八行，行十六字。

《集韻》明州本。十一行，行二十三字。

《史記集解索隱》宋淳熙三年張杅桐川郡齋

刻本。十二行，行二十五字。

《水經注》十一行，行二十字。

《武經龜鑑》十二行，行二十二字。

《白氏六帖事類集》十三行，行二十四字。

《徐公文集》宋紹興十九年明州刻本。十行，行十九字。

《東坡集》宋乾道刻本。十行，行二十字。

蔣詢　北宋杭州地區刻工。刻有

《通典》十五行，行二十六至三十一字不等。

蔣詮　南宋初期浙江地區刻工。刻有

《作邑自箴》十一行，行十九字。

蔣楷　南宋嘉熙間浙江建德地區刻工。刻有

《禮記集說》宋嘉熙四年新定郡齋刻本。十三行，行二十四至二十六字不等。

蔣嗣宗　南宋紹定間蘇州地區刻工。刻有

《吳郡志》宋紹定刻本。九行，行十八字。

蔣榮　北宋間杭州地區刻工。刻有

《大廣益會玉篇》十行，行二十字。

蔣榮　南宋中期杭州地區刻工。刻有

《尚書正義》宋紹熙三年兩浙東路茶鹽司刻

本。八行，行十九字。

《禮記正義》宋紹熙三年兩浙東路茶鹽司刻

本。八行，行十六字。

《古史》十一行，行二十二字。

《資治通鑑綱目》八行，行十七字。

《吴郡志》宋紹定刻本。九行，行十八字。

《吕氏鄉約》宋嘉定五年刻本。七行，十四字。

《愧郯録》九行，行十七字。

補刻有：

《説文解字》十行，行二十字。

《南齊書》、《梁書》、《陳書》、《魏書》

均九行，行十八字。

《國語解》十行，行二十字。

《大唐六典》宋紹興四年温州州學刻本。十

行，行二十字。

蔣榮林　南宋紹定間廣德地區刻工。刻有

《吴郡志》宋紹定二年刻本。九行，行十八字。

蔣榮祖　南宋中期杭州地區刻工。

《吴郡志》宋紹定二年刻本。九行，行十八字。

《營造法式》十一行，行二十二字。

《愧郯録》九行，行十七字。

《磧砂藏》六行，行十七字。

《北磵文集》宋崔尚書宅刻本。十四行，行二十四字。

補刻有：

《宋書》九行，行十八字。

《沖虛至德真經》十四行，行二十五至二十六字。

蔣遠　南宋紹興間福州地區刻工。刻有

《續高僧傳》宋紹興十八年刻福州開元寺毘盧大藏本。六行，行十七字。

蔣璝　北宋期間杭州地區刻工。刻有

《大廣益會玉篇》十行，行二十字。

蔣輝　南宋初期杭州地區刻工。刻有

《呂氏家塾讀詩記》宋淳熙九年尤延之刻本。十二行，行二十二字。

《荀子注》宋淳熙八年台州刻本。八行，行十六字。

《揚子法言》宋淳熙唐仲友本。八行，行十六字。

《徐公文集》宋紹興十年明州刻本。十行，

行十九字。

蔣諲　南宋初期杭州地區刻工。刻有

《三國志注》十行，行十九字。

《備急總效方》宋紹興二十四年刻本。十行，

行十六字。

蔣興祖　南宋中期浙江地區刻工。刻有

《吴郡志》宋紹定二年刻本。九行，十八字。

《桯史》九行，行十七字。

《沖虛至德真經注》十四行，行二十五至二

十六字。

蔣濟　南宋紹興間浙江地區刻工。刻有

《新唐書》宋紹興刻本。十四行，行二十三

至二十六字。

蔣寶梅　北宋杭州地區刻工。刻有

《大廣益會玉篇》十行，行二十字。

蔣纓　南宋中期刻工。補刻有

《文選注》

蓮友　南宋初期浙江地區刻工。刻有

《南華真經注疏》八行，行十五字。

劉一新　南宋淳熙間江西地區刻工。刻有

《本草衍義》宋淳熙十二年江西轉運司刻慶元元年重修本。十一行，行二十一字。

《周益文忠公集》宋開禧二年周綸刻本。十行，行十六字。

劉乙　南宋紹興間浙江地區刻工。刻有

《集韻》明州本。十一行，行二十三字。

《資治通鑑目録》宋紹興二年兩浙東路茶鹽司刻本。

《資治通鑑》宋紹興三年兩浙東路茶鹽司刻本。十二行，行二十四字。

《杜工部集》十行，行十八至二十一字。

劉十八　南宋淳熙間安徽地區刻工。刻有

《史記集解索隱》宋淳熙三年張杅桐川郡齋刻淳熙八年耿秉補刻本。十二行，行二十五字。

劉丁　南宋乾道間刻工。刻有

《周禮注》南宋乾道刻本。十行，行十九字。

《周禮注》南宋建陽刻本。十行，行十九字。

劉之先　南宋淳熙間江西地區刻工。刻有

《曹子建文集》八行，行十五字。

劉三　南宋乾道間福建地區刻工。刻有

《資治通鑑考異》十行，行二十二字。

《四朝名臣言行録》十一行，行二十一字。

《錢塘韋先生文集》宋乾道臨汀刻本。十行，行二十字。

劉才　南宋乾道間浙江金華地區刻工。刻有

《三蘇先生文粹》宋乾道婺州吴宅桂堂刻本。十四行，行二十六字。

劉才　南宋紹興間福州地區刻工。刻有

《九經正文》巾箱本。二十一行，行二十七字。

《天聖廣燈録》宋紹興十八年刻福州開元寺毘盧大藏本。六行，行十七字。

劉才　南宋嘉定間江西地區刻工。刻有

《儀禮經傳通釋》宋嘉定十年南康道院刻本。七行，行十五字。

《楚辭集注》宋端平二年朱鑑刻本。九行，行十七字。

劉才叔　南宋嘉定間江西吉安地區刻工。刻有

《漢書集注》宋嘉定十七年白鷺洲書院刻本。八行，行十六字。

劉大有　南宋嘉定間南京地區刻工。刻有

《于湖居士集》宋嘉定張孝伯刻本。十行，行十六字。

劉大明　南宋中期安徽地區刻工。刻有《晦庵朱文公語録》十行，行十六字。

劉大賓　南宋初期四川地區刻工。刻有《李衛公文集》十行，行十八字。

劉子芝　南宋嘉定間江西吉安地區刻工。刻有《漢書集注》宋嘉定十七年白鷺洲書院刻本。八行，行十六字。

劉子和　南宋嘉泰間江西地區刻工。刻有《朱文公訂正門人蔡九峰書集傳》宋淳祐十年上饒郡齋刻本。十行，行十八字。《樂書目録正誤》宋嘉泰二年刻本。行字不定。

劉子宗　南宋嘉定間江西吉安地區刻工。刻有《漢書集注》宋嘉定十七年白鷺洲書院刻本。八行，行十六字。

劉子春　南宋端平間江西吉安地區刻工。刻有《誠齋集》宋端平二年刻本。十行，行十六字。

~~劉子昭　南宋中期福建地區刻工。刻有《資治通鑑》十一行，行二十一字。~~

劉子章　南宋淳祐間安徽歙縣地區刻工。刻有《儀禮要義》宋淳祐十二年魏克愚刻本。九行，行十八字。

劉士永　南宋淳熙間浙江建德地區刻工。刻有《通鑑紀事本末》宋淳熙二年嚴陵郡庠刻本。十三行，行二十四字至三十字。

劉士震　南宋寶慶間廣州地區刻工。刻有《附釋文互注禮部韻略》九行，小字約二十四字。《新刊校定集注杜詩》宋寶慶元年廣東漕司刻本。九行，行十六字。

劉山　南宋紹興間杭州地區刻工。刻有《史記集解》十行，行十九字。《漢書注》十行，行十九字。

劉山　北宋景祐間刻工。刻有《史記集解》北宋景祐刻本。十行，行十九字。

劉千（即劉遷）南宋寶慶間廣州地區刻工。刻有《附釋文互注禮部韻略》九行，小字二十四字。《新刊校定集注杜詩》宋寶慶元年廣東漕司刻本。九行，行十六字。

劉川　南宋乾道間江西贛州地區刻工。刻有

《文選注》宋贛州州學刻本。九行，行十五字。

劉占　南宋淳祐間疑浙江金華地區刻工。刻有

《河南程氏經說》十一行，行二十字。

劉文　南宋初期杭州地區刻工。刻有

《周官講義》宋乾道刻本。九行，行十八字。

《春秋經傳集解》杭州本。九行，行十七字。

《樂書》九行，行二十字。

《論語纂疏》九行，行二十字

《史記集解索隱》宋淳熙三年張杅桐川郡齋刻淳熙八年耿秉補刻本。十二行，行二十五字。

《陳書》、《北齊書》均九行，行十八字。

《大唐六典注》宋紹興四年溫州州學刻本。十行，行二十字。

《山海經傳》宋淳熙七年池陽郡齋刻本。十行，行二十一字。

《韓集舉正》十一行，行二十字。

《文選注》宋紹興二十八年明州刻本。十行，行二十至二十二字。

《文選注》宋贛州州學刻本。九行，行十五字。

《文選注》宋淳熙八年池陽郡齋刻本。十行，

行十八至二十一字。

《元氏長慶集》十三行，行二十三字。

《淮海集》宋乾道九年高郵軍學刻紹熙三年謝雩重修本。十行，行二十一至二十四字。

《聖宋文選》宋乾道刻本。十六行，行二十八字。

《皇朝文鑑》宋嘉泰四年新安郡齋刻本。十行，行十九字。

《論衡》十行，行十九至二十一字。

《資治通鑑》宋紹興三年兩浙東路茶鹽司刻本。十二行，行二十四字。

《周易正義》宋紹興十五至二十一年刻本。十五行，行二十六、二十七字。

劉文　南宋後期杭州地區刻工。刻有

《春秋經傳》八行，行十七字。

《碧雲集》陳道人書籍鋪刻本。十行，十八字。

《分門纂類唐歌詩》趙孟奎本。十行，十八字。

劉文　南宋淳熙間江西地區刻工。刻有

《呂氏家塾讀詩記》宋淳熙九年江西漕台刻本。九行，行十九字。

《清波雜志》宋紹熙間刻本。十二行，行二十字。

《歐陽文忠公集》宋慶元二年周必大刻本。十行，行十六字。

劉文　南宋寶慶間廣州地區刻工。刻有

《新刊校定集注杜詩》宋寶慶元年廣東漕司刻本。九行，行十六字。

劉文　南宋嘉定間福建地區刻工。刻有

《資治通鑑》南宋末刻本。十一行，行二十一字。

劉文　南宋嘉定間湖南地區刻工。刻有

《致堂讀史管見》宋嘉定十一年衡陽郡齋刻本。十二行，行二十二字。

劉文　北宋四川地區刻工。刻有

《資治通鑑》殘龍爪本。南宋鄂州孟太師府三安撫位鵠山書院刻本。十一行，行十九字。

劉立　南宋嘉定間江西地區刻工。刻有

《儀禮經傳通解》宋嘉定十一年南康道院刻本。七行，行十五字。

《資治通鑑綱目》廬陵本。八行，行十五字。

劉方　南宋端平間刻工。刻有

《楚辭集注》宋端平二年朱鑑刻本。九行，行十八字。

劉太　南宋淳祐間疑浙江金華地區刻工。刻有

《河南程氏經說》十一行，行二十字。

劉元　南宋淳熙間江西地區刻工。刻有

《周易注》宋淳熙四年撫州公使庫刻本。十行，行十六字。

《禮記注》宋淳熙四年撫州公使庫刻本。十行，行十六字。

《春秋經傳集解》宋撫州公使庫刻本。十行，行十六字。

《資治通鑑綱目》廬陵本。八行，行十五字。

《河南程氏遺書》十一行，行二十字。

《河南程氏經說》十一行，行二十字。

《放翁先生劍南詩稿》陸子遹本。十行，行二十字。

《倚松老人詩集》宋慶元五年黃汝嘉刻本。十行，行二十字。

《誠齋集》宋端平二年刻本。十行，行十六字。

劉元　南宋淳熙間浙江地區刻工。刻有

《通鑑紀事本末》宋淳熙二年嚴陵郡庠刻本。十三行，行二十四至三十字。

《會稽三賦》九行十八字。

劉元　南宋寶慶間廣州地區刻工。刻有

《新刊校定集注杜詩》宋寶慶元年廣東漕司刻本。九行，行十六字。

劉屯秀　北宋治平間刻工。刻有

《類篇》八行，行十六字。

劉友端　南宋紹興間安徽地區刻工。刻有

《宛陵先生文集》宋紹興十年宣州刻本。十行，行十九字。

劉元中　南宋乾道間江蘇地區刻工。刻有

《淮海集》宋乾道九年高郵軍學刻紹熙三年謝雩重修本。十行，行二十一至二十四字。

劉元吉　南宋寶祐間安徽地區刻工。刻有

《致堂讀史管見》宋寶祐二年宛陵刻本。十二行，行二十三字。

劉中　南宋紹興間杭州地區刻工。刻有

《史記集解》十行，行十九字。

《後漢書注》宋紹興江南東路轉運司刻本。

九行，行十六字。
《藝文類聚》宋紹興間刻本。十四行，行二
十七至二十八字。
《鮑氏集》十行，行十六字。
《昌黎先生集》錦溪本。十一行，行二十字。
《徐公文集》宋紹興十九年明州刻本。十行，
行十九字。
《宛陵先生文集》宋紹興宣州軍學刻嘉定十
七年修本。十行，行十九字。
《公是先生七經小傳》十一行，行二十字。
劉中　南宋乾道間福建地區刻工。刻有
《資治通鑑綱目》宋嘉定十二年溫陵郡齋刻
本。八行，行十七字。
《孔氏六帖》宋乾道二年泉南郡齋刻本。十
二行，行二十四字。
劉中　南宋乾道間江西地區刻工。刻有
《歐陽文忠公集》宋慶元二年周必大刻本。
十行，行十六字。
《文選注》宋贛州州學刻本。九行，行十五字
《漢隸字源》五行，碑目九行十九字。

《皇朝仕學規範》十二行，行二十五字。
劉介　南宋慶元間四川地區刻工。刻有
《太平御覽》宋慶元五年成都府學刻本。十
三行，行二十二至二十四字。
劉介叔　南宋嘉定間江西吉安地區刻工，刻有
《漢書集注》宋嘉定十七年白鷺洲書院刻本。
八行，行十六字。
劉仁　南宋紹興間浙江地區刻工。刻有
《尚書正義》宋紹興三年兩浙東路茶鹽司刻
本。八行，行十九字。
《周禮疏》宋紹興兩浙東路茶鹽司刻本。八
行，行十五至十七字。
《禮記正義》宋紹興三年兩浙東路茶鹽司刻
本。八行，行十六字。
《春秋左傳正義》宋慶元六年紹興府刻本。
八行，行十六字。
《三國志注》宋衢州本，十行，行十九字。
《宋書》、《南齊書》、《梁書》、《陳書》
《魏書》、《周書》均九行，行十八字。
《淮海集》宋乾道九年高郵軍學刻紹興三年謝

雩重修本。十行，二十一至二十四字。

劉仁　南宋淳熙間江西地區刻工。刻有

《呂氏家塾讀詩記》宋淳熙九年江西漕台刻本。九行，行十九字。

《樂書》宋慶元六年刻。十三行二十一字。

《本草衍義》宋淳熙十二年江西轉運司刻慶元元年重修本。十一行，行二十一字。

《文苑英華》宋嘉泰元年至四年周必大刻本。十三行，行二十二字。

《陶淵明集》曾集本。十行，行十六字。

《王荊公詩注》撫州本。七行，行十五字。

《坡門酬唱集》九行，行十六字。

劉公海　南宋淳祐間浙江地區刻工。刻有

《晦庵先生文集》宋淳祐五年刻本。十行，行十九字。

劉公亮　南宋淳祐間福州地區刻工。刻有

《國朝諸臣奏議》宋淳祐十年史季溫福州刻本。十一行，行二十三字。

劉公達　南宋乾道間江西贛州地區刻工。刻有

《文選注》宋贛州州學刻本。九行，行十五字

劉升　南宋淳熙間浙江地區刻工。刻有

《古史》十一行，行二十二字。

《漢雋》宋淳熙十年象山縣學刻本。九行，行十五字。

《文選注》宋淳熙八年池陽郡齋刻本。十行，行二十一字。

劉升　南宋淳熙間江西地區刻工。刻有

《五朝名臣言行録》《三朝名臣言行録》宋淳熙刻本。十行，行十七字。

劉升之　南宋淳熙間江西地區刻工。刻有

《呂氏家塾讀詩記》宋淳熙九年江西漕台刻本。九行，行十九字。

《豫章黄先生文集》宋乾道刻本。九行，行十八字。

劉立　南宋初期浙江紹興地區刻工。刻有

《資治通鑑》宋紹興三年兩浙東路茶鹽司刻本。十二行，行二十四字。

劉立　南宋嘉定間江西地區刻工。刻有

《儀禮經傳通解》宋嘉定十年南康道院刻本。七行，行十五字。

劉永　南宋淳熙間安徽貴池地區刻工。刻有《文選注》宋淳熙八年池陽郡齋刻本。十行，行十八至二十一字。

劉永之　南宋慶元間江西吉安地區刻工。刻有《周益文忠公集》宋開禧二年周綸刻本。十行，行十六字。

劉右　南宋寶慶間福建地區刻工。刻有《東漢會要》宋寶慶二年建寧郡齋刻本。十一行，行二十字。

劉正　南宋紹興間杭州地區刻工。刻有《集韻》明州本。十一行，行二十三字。《白氏六帖事類集》十三行，行二十四至二十七字。《三蘇文粹》宋乾道婺州吴宅桂堂刻本。十四行，行二十六字。

劉正　南宋初期江西地區刻工。刻有《重廣眉山三蘇先生文集》宋紹興三十年饒州德興縣銀山莊谿董應夢集古堂刻本。十三行，行二十七字。《王荊公唐百家詩選》十行，行十八字。

《楚辭集注》宋端平二年朱鑑刻本。九行，行十八字。

劉玉　南宋紹興間刻工。刻有《淮海集》宋乾道九年高郵軍學刻紹熙三年謝雩重修本。十行，行二十一至二十四字。《誠齋集》宋端平二年刻本。十行，行十六字。

劉本　南宋紹定間江西吉安地區刻工。刻有《慈溪黃氏日抄分類》宋紹定二年刻本。十行，行二十字。

劉世昌　南宋初期福建地區刻工。刻有《資治通鑑》十一行，行二十一字。

劉世寧　南宋嘉定間安徽地區刻工。刻有《曹子建文集》宋嘉定六年刻本。八行，行十五字。

劉石　南宋淳祐間刻工。刻有《河南程氏遺書》十一行，行二十二字。

劉丙　南宋初期湖北地區刻工。刻有《漢書注》宋紹興湖北提舉茶鹽司刻淳熙、紹熙、慶元修本。十四行，行二十六至二十九字。

《莊子南華真經注疏》南宋初刻。八行，行十五字。

劉四　南宋嘉定間刻工。刻有

《記纂淵海》宋嘉定二年刻本。十三行，行二十二字。

《晦庵先生文集》宋淳祐五年刻本。十行，行十九字。

《育德堂集》九行，行十八字。

劉用　南宋淳熙間安徽貴池地區刻工。刻有

《晋書》宋嘉泰四年至開禧元年秋浦郡齋刻本。九行，行十六字。

《山海經傳》宋淳熙七年池陽郡齋刻本。十行，行二十一字。

《文選注》宋淳熙八年池陽郡齋刻本。十行，行十八至二十一字。

《皇朝文鑑》宋嘉泰四年新安郡齋刻本。十行，行十九字。

劉用　南宋寶慶間廣州地區刻工。刻有

《新刊校定集注杜詩》宋寶慶元年廣東漕司刻本。九行，行十六字。

劉生　南宋嘉定间福建地區刻工。刻有
《周易玩辭》建安書院刻本。
《育德堂奏議》宋嘉定间建寧府刻本。九行，
行十八字。
《育德堂集》九行，行十八字。
《東漢會要》宋寶慶二年建寧郡齋刻本。十
一行，行二十字。
《南華真經注》八行，行十五字。
《儀禮經傳通解》宋嘉定十年南康道院刻本。
七行，行十五字。
劉全　南宋乾道间安徽地區刻工。刻有
《傷寒要旨》宋乾道七年姑孰郡齋刻本。九
行，行十六字。
劉全　南宋乾道间福建地區刻工。刻有
《孔氏六帖》宋乾道二年泉南郡齋韓仲通刻
本。十二行，行二十四字。
劉全　南宋嘉定间湖北地區刻工。刻有
《春秋經傳解》宋嘉定九年興國軍學刻本。
八行，行十七字。
劉沇　南宋乾道间江西贛州地區刻工。刻有

劉生明 南宋嘉定間福建建甌地區刻工。刻有《育德堂奏議》宋嘉定建寧府刻本。九行，行十八字。

劉安 南宋淳熙間江西地區刻工。刻有《呂氏家塾讀詩記》宋淳熙九年江西漕台刻本。九行，行十九字。

劉安全 南宋淳熙間江西撫州地區刻工。刻有《周易注》宋撫州公使庫刻本。十行，行十六字。

劉羊 南宋中期浙江金華地區刻工。刻有《音注韓文公文集》宋婺州刻本。十二行，行二十三字。

劉戎 南宋慶元間刻工。刻有《樂書》宋慶元六年刻。十三行，行二十一字。

劉羽 南宋後期廣州地區刻工。刻有《附釋文互注禮部韻略》九行，小字約二十四字。

劉成 南宋乾道間江西地區刻工。刻有《白氏六帖事類集》十三行，行二十四至二十七字。

《豫章黄先生文集》宋乾道刻本。九行十八字。

《謝幼槃文集》宋紹興二十二年撫州軍學刻本。十行，行十八字。

《文選注》宋贛州州學刻本。九行，行十五字。

劉共　南宋寶祐间吳興地區刻工。刻有

《通鑑紀事本末》宋寶祐五年趙與𥲅刻本。十一行，行十九字。

劉同　南宋慶元间刻工。刻有

《樂書》宋慶元六年刻本。十三行，行二十一字。

劉光　南宋淳熙间江西地區刻工。刻有

《五朝名臣言行錄》《三朝名臣言行錄》宋淳熙刻本。十行，行十七字。

《漢書集注》宋嘉定十七年白鷺洲書院刻本。八行，行十六字。

《本草衍義》宋淳熙十二年江西轉運司刻慶元元年重修本。十一行，行二十一字。

劉光　南宋紹興间福建地區刻工。刻有

《群經音辨》宋紹興十二年汀州寧化縣學刻本。八行，行二十字。

《王右丞文集》南宋初刻本。十一行，行二十字。

劉仲　南宋初期杭州地區刻工。刻有

《周禮疏》宋紹興兩浙東路茶鹽司刻本。八行，行十五至十七字。

《集韻》明州本。十一行，行二十三字。

《漢書注》南宋初杭州刻。十行，行十九字。

《後漢書注》南宋初杭州刻。十行，行十九字。

《漢書注》宋紹興江南東路轉運司刻本。九行，行十六字。

《後漢書注》宋紹興江南東路轉運司刻本。九行，行十六字。

《國語解》十行，行二十字。

《徐公文集》宋紹興十九年明州刻本。十行，行十九字。

《文選注》宋紹興二十八年明州刻本。十行，行二十至二十二字。

《白氏六帖事類集》十三行，行二十四至二十七字。

劉仲　南宋淳熙間安徽地區刻工。刻有

《大易粹言》宋淳熙三年舒州公使庫刻本。十行，行二十字。

《金石録》宋淳熙龍舒郡齋刻本。十行，行二十一字。
《山海經傳》宋淳熙七年池陽郡齋刻本。十行，行二十一字。
《宛陵先生文集》宋紹興宣州軍州學刻嘉定十七年修本。十行，行十九字。
《文選注》宋淳熙八年池陽郡齋刻本。十行，行十八至二十一字。
《皇朝文鑑》宋嘉泰四年新安郡齋刻本。十行，行十九字。

劉仲　南宋嘉定間江西地區刻工。刻有
《漢書集注》宋嘉定十七年白鷺洲書院刻本。八行，行十六字。
《輿地廣記》十三行，行二十四字。

劉仲仁　南宋中期浙江地區刻工。刻有
《資治通鑑考異》十行，行二十二字。

劉仲義　南宋中期浙江地區刻工。刻有
《資治通鑑考異》十行，行二十二字。

劉合　南宋中期浙江金華地區刻工。刻有
《音注韓文公集》宋婺州刻本。十二行，行

二十一至二十三字。

劉如　南宋寶慶間福建地區刻工。刻有《東漢會要》宋寶慶二年建寧郡齋刻本。十一行，行二十字。

劉向　南宋寶慶間福建地區刻工。刻有《東漢會要》宋寶慶二年建寧郡齋刻本。十一行，行二十字。

劉伏　南宋紹定間江西吉安地區刻工。刻有《慈溪黄氏日鈔分類》宋紹定二年刻本。十行，行二十字。

《文選注》宋贛州州學刻本。九行，行十五字。

劉辛　南宋中期浙江金華地區刻工。刻有

《音注韓文公文集》十二行，行二十三字。

《東坡集》十行，行十八字。

劉良　南宋嘉定間江西地區刻工。刻有

《後漢書注》宋嘉定白鷺洲書院刻本。八行，行十六字。

《後漢書注》宋嘉定元年建安蔡琪純父一經堂刻本。八行，行十六字。

劉克明　南宋慶元間江西吉安地區刻工。刻有

《歐陽文忠公集》宋慶元二年周必大刻本。十行，行十六字。

《文苑英華》宋嘉泰元年至四年周必大刻本。十三行，行二十二字。

《周益文忠公集》宋開禧二年周綸刻本。十行，行十六字。

劉君叟　南宋寶祐間安徽地區刻工。刻有

《致堂讀史管見》宋寶祐宛陵刻本。十二行，行二十三字。

劉志　南宋紹興間杭州地區刻工。刻有

《新定三禮圖集注》宋淳熙二年鎮江府學刻本。十六行，行二十六至四十三字。

《梁書》、《陳書》、《魏書》均九行，十八字。

《東坡集》宋乾道刻本。十行，行二十字。

《淮海集》宋乾道高郵軍學刻紹熙三年謝雩重修本。十行，行十九至二十二字。

《文選注》宋紹興二十八年明州刻本。十行，行二十至二十二字。

《文選注》宋贛州州學刻本。九行，行十五字。

劉志才　南宋端平間江西地區刻工。刻有

《自警編》宋端平元年刻本。十行，行二十字。

劉志忠　南宋淳熙間江西地區刻工。刻有

《皇朝仕學規範》十二行，行二十五字。

《自警編》宋端平元年刻本。十行，行二十字。

劉西　南宋嘉定間福建地區刻工。刻有

《育德堂集》宋蔡氏家刻本。九行，行十八字。

《育德堂奏議》宋嘉定間建寧府刻本。九行，行十八字。

劉甫　南宋嘉定間福建地區刻工。刻有

《育德堂奏議》宋嘉定建寧府刻本。九行，

十八字。

《東觀餘論》宋嘉定刻本。十行，行二十字。

劉廷　南宋紹興間浙江地區刻工。刻有

《爾雅疏》十五行，行二十九至三十一字。

《文選注》宋贛州州學刻本。九行，行十六字。

補刻有《史記集解》北宋刻。十行，行十九字。

劉廷章　南宋紹興間浙江地區刻工。刻有

《文選注》宋紹興二十八年明州刻本。十行，

行二十至二十二字。

《文選注》宋贛州州學刻本。九行，行十五字。

劉宇　南宋寶祐間吳興地區刻工。刻有

《通鑑紀事本末》宋寶祐五年趙與篡刻本。

十一行，行十九字。

《磧砂藏》六行，行十七字。

劉仲　南宋紹興間安徽地區刻工。刻有

《宛陵先生文集》宋紹興宣州軍州學刻嘉定

十七年修本。十行，行十九字。

劉佑　南宋後期福建地區刻工。刻有

《列子鬳齋口義》九行，行十八字。

劉佾安　南宋紹定間江西吉安地區刻工。刻有

《慈溪黄氏日抄分類》宋紹定二年刻本。十
行，行二十字。

劉宜　南宋淳祐間江西地區刻工。刻有
《東坡集》宋孝宗間刻本。十行，行十八字。

劉定　南宋淳祐間浙江地區刻工。刻有
《晦庵先生文集》宋淳祐五年刻本。十行，
行十九字。
補刻有《漢書注》宋紹興湖北提舉茶鹽司刻
淳熙、紹熙、慶元修本。十四行，行二十六
至二十九字。

劉宗　南宋紹興間浙江地區刻工。刻有
《重廣眉山三蘇先生文集》宋紹興三十年饒
州德興縣銀山莊谿董應夢集古堂刻本。十
三行，行二十七字。
《淮海集》宋乾道九年高郵軍學刻本紹熙三
年謝雩重修本。十行，行二十一至二十四字。

劉宗　南宋慶元間江西吉安地區刻工。刻有
《漢書集注》宋嘉定十七年白鷺洲書院刻本。
八行，行十六字。
《帝王經世圖譜》十五行，行二十八字。

《清波雜志》宋紹熙刻本。十二行，行二十字。

《慈溪黃氏日抄分類》宋紹定二年刻本。十行，行二十字。

《歐陽文忠公集》宋慶元二年周必大刻本。十行，行十六字。

《周益文忠公集》宋開禧二年周綸刻本。十行，行十六字。

劉宗顯　南宋中期浙江寧波地區刻工。刻有

《攻媿先生文集》宋四明樓氏家刻本。十行行十八字。

劉京　南宋中期江西吉安地區刻工。刻有

《資治通鑑綱目》廬陵本。八行，行十五字。

劉性湛　金皇統間刻工。刻有

《金藏》金皇統九年至大定十三年刻。每版二十三行，行十四字。

劉阿介　南宋慶元間四川地區刻工。刻有

《太平御覽》宋慶元五年成都府學刻本。十三行，行二十二至二十四字。

劉阿木　南宋慶元間四川地區刻工。刻有

《太平御覽》宋慶元五年府學刻本。十三行，行二十二至二十四字。

劉青　南宋绍興间浙江地區刻工。刻有

《傷寒要旨》宋乾道七年姑孰郡斋刻本。九行，行十七字。

《大般若波羅蜜多经》宋绍興奉化王公祠堂刻本。

《李贺歌詩编》九行，行十八字。

《宛陵先生文集》宋绍興十年宣州军州学刻嘉定十七年修本。十行，行十八字。

補刻有《南華真经》北宋刻。十行，行十六字。

劉松　北宋四川地區刻工。刻有

《資治通鑑》宋廣都费氏進修堂刻本。十一行，行十九字。

《資治通鑑》儼龍爪本。南宋鄂州孟太師府三安撫位鹄山書院刻本。十一行，行十九字。

劉松　南宋绍興间杭州地區刻工。刻有

《史記集解》監本十行，行十九字。

劉甚　南宋淳熙间安徽贵池地區刻工。刻有

《文選注》宋淳熙八年池陽郡斋刻本。十行，行十八至二十一字。

劉南　南宋中期杭州地區刻工。刻有

《韋蘇州集》十行，行十八字。陳道人書籍鋪刻本。

《碧雲集》陳道人書籍鋪刻本。十行，十八字。

劉明　南宋淳熙間江西地區刻工。

《周易注》宋撫州公使庫刻本。十行，十六字。

《春秋經傳集解》宋撫州公使庫刻本。十行，行十六字。

《本草衍義》宋淳熙十二年江西轉運司刻慶元元年重修本。十一行，行二十一字。

《歐陽文忠公集》宋慶元二年周必大刻本。十行，行十六字。

《山谷詩注》宋紹定黄垺刻本。

劉明　南宋淳熙間江蘇地區刻工。刻有

《新定三禮圖集注》宋淳熙二年鎮江府學刻本。十六行，行二十五字。

《淮海集》宋乾道九年高郵軍學刻紹熙三年謝雩重修本。十行，行二十一至二十四字。

劉胜　南宋嘉泰間安徽地區刻工。刻有

《皇朝文鑑》宋嘉泰四年新安郡齋刻本。十

行，行十九字。

劉旻　南宋紹興間江西吉安地區刻工。刻有《清波雜志》宋紹興刻本。十二行，行二十字。

劉昇　南宋紹興間安徽貴池地區刻工。重刻有《文選注》宋淳熙八年池陽郡齋刻本。紹興三年重刻本。

劉沇　南宋乾道間江西贛州地區刻工。刻有《文選注》宋贛州州學刻本。九行，行十五字。

劉昌　南宋乾道間福州地區刻工。刻有《錢塘韋先生文集》宋乾道臨汀刻本。十行，行二十字。

劉昌　南宋淳熙間江西地區刻工。刻有《呂氏家塾讀詩記》宋淳熙九年江西漕台刻本。九行，行十九字。《詩說》九行，行二十二字。《春秋經傳集解》宋撫州公使庫刻本。十行，行十六字。《春秋公羊傳解詁》宋淳熙撫州公使庫刻紹熙四年重修本。十行，行十六字。《歐陽文忠公集》宋慶元二年周必大刻本。

十行，行十六字。

《坡門酬唱集》宋紹熙元年刻本。九行，十六字。

劉忠　南宋紹興間杭州地區刻工。刻有

《儀禮注》宋紹興嚴州刻本。十四行，行二

十五字。

《集韻》十行，小字二十九至三十一字。

《樂府詩集》宋紹興間刻。十三行，行二十

三字。

補刻有《儀禮疏》十五行，行二十七字。

劉忠義　南宋中期浙江地區刻工。刻有

《資治通考異》十行，行二十二字。

劉果　南宋淳熙間江西撫州地區刻工。刻有

《春秋公羊傳解詁》宋淳熙撫州公使庫刻紹

熙四年重修本。十行，行十六字。

劉延　南宋初期杭州地區刻工。補刻有

《史記集解》北宋刻遞修本。十行，行十九字。

劉侍者　南宋紹定間江西吉安地區刻工。刻有

《慈溪黄氏日鈔分類》宋紹定二年刻本。十

行，行二十字。

劉朋　南宋嘉泰間安徽地區刻工。刻有

《皇朝文鑑》宋嘉泰四年新安郡斋刻本。十行，行十九字。

劉和　南宋端平間江西地區刻工。刻有《春秋集註》宋端平二年臨江軍学刻本。十行，行十八字。《記纂淵海》宋嘉定二年刻本。十三行，行二十二字。

劉李明　南宋嘉定間江西地區刻工。刻有《漢書集注》宋嘉定十七年白鷺洲書院刻本。八行，行十六字。

劉李發　南宋嘉定間江西吉安地區刻工。刻有《漢書集注》宋嘉定十七年白鷺洲書院刻本。八行，行十六字。

劉秀　南宋嘉定間江西地區刻工。刻有《記纂淵海》宋嘉定二年刻本。十三行，行二十二字。

劉念　南宋四川眉山地區刻工。刻有《蘇文定公文集》九行，行十五字。

劉浩　南宋寶慶間福建地區刻工。刻有《東漢會要》宋寶慶二年建寧郡斋刻本。十一行，行二十字。

劉度　南宋慶元间江西地區刻工。刻有《輶軒使者绝代語釋别國方言解》宋慶元六年潯陽郡齋刻本。八行，行十七字。

劉彥　南宋乾道间福建地區刻工。刻有《錢塘韋先生文集》宋乾道臨汀刻本。十行，行二十字。

劉彥　南宋乾道间江西地區刻工。刻有《豫章黄先生文集》宋乾道贛州州學刻本。九行，行十八字。《河南程氏遺書》十一行，行二十二字。

劉彥　南宋淳熙间安徽地區刻工。刻有《文選注》宋淳熙八年池陽郡齋刻本。十行，行十八至二十一字。

劉彥　南宋寶慶间廣東地區刻工。刻有《新刊校定集注杜詩》宋寶慶元年廣東漕司刻本。九行，行十六字。

劉彥中　南宋淳熙间安徽地區刻工。刻有《史記集解索隱》宋淳熙三年張杅桐川郡齋刻淳熙八年耿秉補刻本。十二行，行二十五字。

《晋書》宋嘉泰四年至開禧元年秋浦郡斋刻本。九行，行十六字。

《山海經傳》宋淳熙七年池陽郡斋刻本。十行，行二十一字。

《文選注》宋淳熙八年池陽郡斋刻本。十行，行十八至二十一字。

劉彦明　南宋淳间江西撫州地區刻工。刻有

《春秋經傳集解》宋撫州公使庫刻本。十行，行十六字。

《春秋公羊傳解詁》宋淳熙撫州公使庫刻紹熙四年重修本。十行，行十六字。

劉彦龍　南宋淳熙间安徽地區刻工。刻有

《晋書》宋嘉泰四年至開禧元年秋浦郡斋刻本。九行，行十六字。

《文選注》宋淳熙八年池陽郡斋刻本。十行，十八至十八至二十一字。

劉宣　南宋淳熙间江西地區刻工。刻有

《輿地廣記》十三行，行二十四字。

《慈溪黄氏日抄分類》宋紹定二年刻本。十行，行二十字。

劉亮　南宋嘉泰間江西吉安地區刻工。刻有《漢書集注》宋嘉定十七年白鷺洲書院刻本。八行，行十六字。《文苑英華》宋嘉泰元年至四年周必大刻本。十三行，行二十二字。

劉祖　南宋嘉定間安徽地區刻工。刻有《曹子建文集》宋嘉定六年刻本。八行，行十五字。

劉炳　南宋中期浙江地區刻工。刻有《南華真經注疏》八行，行十五字。

劉盈　南宋福建地區刻工。刻有《夷堅志》九行，行十八字。

劉拱　南宋寶祐間安徽地區刻工。刻有《致堂讀史管見》宋寶慶二年宛陵刻本。十二行，行二十三字。

劉拱　南宋寶祐間吳興地區刻工。刻有《通鑑紀事本末》宋寶祐五年趙與篡刻本。十一行，行十九字。

劉珏　南宋嘉泰間刻工。刻有《楚辭集注》宋端平二年朱鑑刻本。九行，行十八字。

《皇朝文鑑》宋嘉泰四年新安郡齋刻本。十

行，行十九字。

劉政　南宋中期江西地區刻工。刻有

《輿地廣記》十三行，行二十四字。

《楚辭集注》宋端平二年朱鑑刻本。九行，

行十八字。

劉南熙　南宋嘉定間江西吉安地區刻工。刻有

《漢書集注》宋嘉定十七年白鷺洲書院刻本。

八行，行十六字。

劉泰　南宋初期刻工。刻有

《李賀歌詩編》九行，行十八字。

劉春　南宋寶祐間湖北地區刻工。刻有

《大方廣佛華嚴經》宋寶祐三年江陵府先鋒

溢李安檜刻本。五行，行十七字。

劉柯　南宋乾道間福建地區刻工。刻有

《孔氏六帖》宋乾道二年韓仲通泉南郡齋刻

本。十二行，行十四字。

劉茂　南宋慶元間江西吉安地區刻工。刻有

《歐陽文忠公集》宋慶元二年周必大刻本。

十行，行十六字。

劉昭　南宋初期杭州地區刻工。刻有《周易注》十二行，行二十四字。《周易注疏》宋紹興兩浙東路茶鹽司刻本。八行，行十九字。《尚書正義》宋紹興三年兩浙東路茶鹽司刻本。八行，行十九字《周禮疏》宋紹興兩浙東路茶鹽司刻本。八行，十六至十七字。《儀禮疏》十五行，行二十七字。《禮記正義》宋紹興三年兩浙東路茶鹽司刻本。八行，行十六字。《春秋左傳正義》宋慶元六年紹興府刻本。八行，行十六字。《說文解字》十行，行二十字。《宋書》、《南齊書》、《梁書》、《陳書》、《魏書》、《北齊書》均九行，行十八字。《大唐六典注》宋紹興四年溫州州學刻本。十行，行二十字。《律》附音義九行，行十八字。

《歷代故事》宋嘉定刻本。八行，行十六字。
《大廣益會玉篇》十行，行字不等。
《廣韻》十行，行二十字。
《太玄經集注》十行，行二十字。
《武經七書》宋乾道刻本。十行，行二十字。
《愧郯録》宋嘉定刻本。九行，行十七字。
《桯史》九行，行十八字。
《麗澤論説集録》宋嘉泰四年呂喬年刻本。十行，行二十字。
《東萊呂太史文集》宋嘉泰四年呂喬年刻本。十行，行二十字。
《文選注》宋淳熙八年池陽郡齋刻本。十行，行十八至二十一字。

劉吳廷　南宋乾道間刻工。刻有
《尚書》十行，行二十字。

劉昨升　南宋中期刻工。補刻有
《陳書》九行，行十八字。

劉信　南宋紹興間浙江地區刻工。刻有
《文選注》宋紹興二十八年明州刻本。十行，行二十至二十二字。

劉信　南宋嘉泰間江西吉安地區刻工。刻有《文苑英華》宋嘉泰元年至四年周必大刻本。十三行，行二十二字。

劉俊　南宋嘉定間江西吉安地區刻工。刻有《論語纂疏》九行，行二十字。《漢書集注》宋嘉定十七年白鷺洲書院刻本。八行，行十六字。

劉浩　南宋淳熙間江西撫州地區刻工。刻有《王荆公唐百家詩選》十行，行十八字。

劉海　南宋淳祐間浙江地區刻工。刻有《晦庵先生文集》宋淳祐五年刻本。十行，行十九字。

劉海慶　金皇統間刻工。刻有《金藏》金皇統九年至大定十三年刻本。每版二十三行，行十四字。

劉悦　南宋初期福建地區刻工。刻有《資治通鑑》十一行，行二十一字。

劉益　南宋紹興間浙江地區刻工。刻有《舊唐書》宋紹興兩浙東路茶鹽司刻本。十四行，行二十四至二十七字。

《臨川先生文集》宋紹興二十一年兩浙西路轉運司王珏刻本。十二行，行二十字。

劉祐　南宋景定間福建地區刻工。刻有

《列子鬳齋口義》宋景定刻本。九行，十八字。

劉訓　南宋初期江西贛州地區刻工。刻有

《文選注》宋贛州州學刻本。九行，行十五字。

劉真　南宋紹興間湖北地區刻工。刻有

《漢書注》宋紹興湖北提舉茶鹽司刻淳熙、紹熙、慶元修本。十四行，行二十六至二十九字。

劉振　南宋淳熙間江西地區刻工。刻有

《周易注》宋淳熙撫州公使庫刻本。十行，行十六字。

《禮記注》宋淳熙四年撫州公使庫刻本。十行，行十六字。

《放翁先生劍南詩稿》陸子遹本。十行，行二十字。

《鉅鹿東觀集》陸子遹本。十行，行二十字。

~~劉盈　南宋福建地區刻工。刻有~~

~~《夷堅志》九行，行十八字。~~

劉晉　南宋慶元間江西吉安地區刻工。刻有

《歐陽文忠公集》宋慶元二年周必大刻本。十行，行十六字。

劉恭　北宋後期刻工。刻有《三國志注》十行，行十九字。《李賀歌詩編》九行，行十八字。

劉峰　南宋端平間江西吉安地區刻工。刻有《誠齋集》宋端平二年刻本。十行，行十六字。

劉純父　南宋淳祐間福建地區刻工。刻有《國朝諸臣奏議》宋淳祐十年史季溫福州刻本。十一行，行二十三字。

劉師　南宋慶元間四川地區刻工。刻有《太平御覽》宋慶元五年成都府學刻本。十三行，行二十二至二十四字。

劉清　南宋紹熙間江西地區刻工。刻有《尚書傳》十行，行二十字。《東坡集》宋紹熙間刻本。十行，行十八字。《文章正宗》宋江西刻大字本。十行，二十字。

劉清　南宋紹興間南京地區刻工。刻有《後漢書注》宋紹興江南東路轉運司刻本。九行，行十六字。

劉康　南宋紹興間南京地區刻工。刻有《後漢書注》宋紹興江南東路轉運司刻本。九行，行十六字。

劉康臣　北宋四川地區刻工。刻有《資治通鑑》覆龍爪本，南宋鄂州孟太師府三安撫位鵠山書院刻本。十一行，行十九字。

劉宣　南宋淳熙間江西地區刻工。刻有《詩本義》十行，行二十字。《放翁先生劍南詩稿》陸子遹本。十行，行二十字。

劉章　南宋紹興間南京地區刻工。刻有《史記集解》宋紹興淮南路轉運司刻本。九行，行十六字。《東坡集》宋紹興間刻本。十行，行十八字。

劉張　南宋浙江金華地區刻工。刻有《音注韓文公文集》宋婺州刻本。十二行，行二十三字。

劉埜　南宋中期杭州地區刻工。補刻有《宋書》、《魏書》均九行，行十八字。

劉通　南宋淳熙間江西地區刻工。刻有

《吕氏家塾讀詩記》宋淳熙九年江西漕台刻本。九行，行十九字。

劉通　南宋紹定間安徽地區刻工。刻有《昌黎先生集》宋紹定二年張洽刻本。十行，行二十字。

劉通　南宋咸淳間江蘇地區刻工。刻有《説苑》宋咸淳元年鎮江府學刻本。九行，行十八字。

劉閏　南宋紹興間杭州地區刻工。刻有《舊唐書》宋紹興兩浙東路茶鹽司刻本。十四行，行二十四至二十七字。補刻有《史記集解》北宋刻十行，行十九字。

劉慶仁　南宋嘉泰間南京地區刻工。刻有《于湖居士集》宋嘉泰元年刻本。十行，行十六字。

劉崇　南宋淳祐間浙江地區刻工。刻有《晦庵先生文集》宋淳祐五年刻本。十行，行十九字。

劉從　南宋端平間江西吉安地區刻工。刻有《資治通鑑綱目》宋廬陵刻本。八行，行十八字。
《誠斋集》宋端平二年刻本。十行，行十六字。
劉绍　南宋中期杭州地區刻工。刻有
《大廣益會玉篇》十行，行字不等。
《廣韻》十行，行字不等。
《歷代故事》宋嘉定刻本。八行，行十六字。
《麗澤論説集錄》宋嘉泰四年呂喬年刻本。十行，行二十字。
《武經七書》十行，行二十字。
劉温　北宋治平間刻工。刻有
《類篇》八行，行十六字。
劉滋　南宋淳熙間江西地區刻工。刻有
《詩本義》十行，行二十字。
《容斋隨筆》宋嘉定五年章貢郡斋刻本。十行，行二十一字。
劉斌　南宋乾道間浙江金華地區刻工。刻有
《聖宋文選》宋乾道婺州刻本。十六行，行二十八字。
劉寔　南宋绍興間南京地區刻工。刻有
《後漢書》宋绍興江南東路轉運司刻本。九

行，行十六字。

劉喜　南宋刻工。刻有

《本草集方》十行，行十六字。

劉琳　北宋治平間刻工。刻有

《類篇》八行，行十六字。

劉忠老　南宋淳祐間安徽地區刻工。刻有

《儀禮要義》宋淳祐十二年魏克愚刻本。九行，行十八字。

劉逵　南宋乾道間江西贛州地區刻工。刻有

《文選注》宋贛州州學刻本。九行，行十五字。

劉達　南宋淳熙間刻工。刻有

《呂氏家塾讀詩記》宋淳熙九年江西漕台刻本。九行，行十九字。

《皇朝文鑑》宋嘉泰四年新安郡齋刻本。十行，行十九字。

補刻有：

《文選注》宋紹興二十八年明州刻本。十行，行二十至二十二字。

《文選注》宋贛州州學刻本。九行，行十五字。

劉貴　南宋初期四川地區刻工。刻有

《李衛公文集》十行，行十八字。

劉景舟　南宋嘉泰間福建地區刻工。刻有《樂書目録》宋嘉泰二年刻本。八行，行字不定。

劉景雲　南宋初期福建地區刻工。刻有《重校資治通鑑》十一行，行二十一字。

劉傑　南宋中期福建地區刻工。刻有《尚書傳》十行，行二十字。

劉僅　南宋乾道間江西地區刻工。刻有《豫章黄先生文集》宋乾道刻本。九行，行十八字。

劉順　南宋乾道間江西地區刻工。刻有《豫章黄先生文集》宋乾道刻本。九行，行十八字。

劉復　南宋紹定間江西吉安地區刻工。刻有《慈溪黄氏日抄分類》宋紹定二年刻本。十行，行二十字。

劉智　南宋紹興間江西贛州地區刻工。刻有《古靈先生文集》宋紹興重刻本。十行，行十八字。

劉鈞　南宋淳熙間湖北地區刻工。補刻有

《漢書注》宋紹興湖北提舉茶鹽司刻淳熙、紹熙、慶元修本。十四行，行二十六至二十九字。

劉源　南宋紹興間杭州地區刻工。刻有

《漢書注》南宋初年杭州刻本。十行，十九字。

《漢書注》宋紹興江南東路轉運司刻本。九行，行十六字。

劉源　南宋嘉定間江西地區刻工。刻有

《容齋隨筆》宋嘉定五年章貢郡齋刻本。十行，行二十一字。

《誠齋集》宋端平二年刻本。十行，行十六字。

劉道　南宋紹興間杭州地區刻工。刻有

《史記集解》十行，行十九字。

劉邈　南宋嘉定間福建地區刻工。刻有

《資治通鑑綱目》宋嘉定十二年温陵郡齋刻本。八行，行十七字。

劉寬　南宋嘉定間江西吉安地區刻工。刻有

《漢書集注》宋嘉定十七年白鷺洲書院刻本。八行，行十六字。

劉寬裕　南宋嘉定間江西吉安地區刻工。刻有

《漢書集注》宋嘉定十七年白鷺洲書院刻本。八行，行十六字。

劉新　南宋慶元間浙江地區刻工。刻有《漢隸字源》附碑目五行，碑目九行，行十九字。

劉瑞　南宋慶元間安徽地區刻工。補刻有《文選注》宋淳熙八年池陽郡齋刻慶元二年重刻。十行，行十八至二十一字。

劉瑛　南宋江西地區刻工。刻有《輿地廣記》十三行，行二十四字。

劉照　南宋嘉泰間浙江地區刻工。刻有《麗澤論説集録》宋嘉泰四年吕喬年刻本。《東萊吕太史文集》宋嘉泰四年吕喬年刻本。均十行，行二十字。

劉虞仁　南宋嘉泰間南京地區刻工。刻有《于湖居士文集》宋嘉泰元年刻本。十行，行十六字。

劉廣　南宋紹興間浙江地區刻工。刻有《鮑氏集》十行，行十六字。

劉潤　南宋紹興間浙江紹興地區刻工。刻有

《舊唐書》宋紹興兩浙東路茶鹽司刻本。十四行，行二十六字。

劉端　南宋淳熙間安徽貴池地區刻工。刻有《文選注》宋淳熙八年池陽郡齋刻本。十行，行十八至二十一字。

劉榮　南宋後期刻工。刻有《古文苑》宋淳祐刻本。十行，行十八至二十一字。

補刻有《南華真經注》北宋刻本。十行，行十六、十七字不等。

劉暉　南宋紹興間南京地區刻工。刻有《史記集解》宋紹興淮南路轉運司刻本。九行，行十六字。

劉銑　南宋初期四川地區刻工。刻有《李衛公文集》十行，行十八字。

劉瀅　南宋中期浙江地區刻工。刻有《資治通鑑考異》十行，行二十二字。

劉淵　南宋端平間江西吉安地區刻工。刻有《誠齋集》宋端平二年羅茂良刻本。十行，行十六字。

劉潭　南宋咸淳間江蘇地區刻工。刻有

《説苑》宋咸淳元年鎮江府学刻本。十行，行二十二字。

劉寶　南宋紹定间江西吉安地區刻工。刻有《慈溪黄氏日抄分類》宋紹定二年刻本。十行，行二十字。

劉璋　南宋紹興间南京地區刻工。刻有《史記集解》宋紹興淮南路轉運司刻本。九行，行十六字。

劉臻　南宋淳熙间江西地區刻工。刻有《吕氏家塾讀詩記》宋淳熙江西漕台刻本。九行，行十九字。

《昌黎先生集》十一行，行二十字。

《歐陽文忠公集》宋慶元二年周必大刻本。十行，行十六字。

《文選注》宋赣州州學刻本。九行，行十五字。

劉邁　南宋淳熙间安徽貴池地區刻工。刻有《晉書》宋嘉泰四年至開禧元年秋浦郡齋刻本。九行，行十六字。

《文選注》宋淳熙八年池陽郡齋刻。慶元二年重刻之。

劉舉 南宋中期杭州地區刻工。刻有《集韻》十一行，行二十三字。《朱文公校昌黎先生集》宋紹定六年臨江軍學刻本。七行，行十五字。《放翁先生劍南詩稿》陸子遹本。十行，行二十字。補刻有《白氏六帖事類集》十三行，二十四字。

劉興 南宋嘉定間浙江地區刻工。刻有《資治通鑑綱目》宋嘉定十二温陵郡齋刻本。八行，行十七字。《愧郯録》宋嘉定刻本。九行，行十七字。

劉興才 南宋淳熙間江西地區刻工。刻有《皇朝仕學規範》宋淳熙刻本。十二行，行二十五字。

劉遷（或劉千）南宋寶慶間廣州地區刻工。刻有《新刊校定集注杜詩》宋寶慶元年廣東漕司刻本。九行，行十六字。

劉應 南宋慶元間江西地區刻工。補刻有《本草衍義》宋淳熙十二年江西轉運司刻慶元元年重修本。十一行，行二十一字。

劉頤　南宋乾道間江西地區刻工。刻有《豫章黄先生文集》宋乾道贛州州學刻本。九行，行十八字。

劉聰　南宋慶元間江西地區刻工。刻有《莊子南華真經注疏》八行，行十五字。《歐陽文忠公集》宋慶元二年周必大刻本。十行，行十六字

劉賓　南宋紹興間浙江地區刻工。刻有《國語解》十行，行二十字。《世說新語》宋紹興八年董棻刻本。十行，行二十字。《劉賓客文集》宋紹興八年嚴州刻本。十二行，行二十一字。外集十三行，行二十二字。

劉寶　南宋慶元間江西吉安地區刻工。刻有《歐陽文忠公集》宋慶元二年周必大刻本。十行，行十六字。

劉鏡　南宋初期四川地區刻工。刻有《李衛公文集》十行，行十八字。

劉霽　南宋寶祐間吳興地區刻工。刻有《詩集傳》七行，行十五字。

《通鑑纪事本末》宋寶祐五年趙與篡刻本。十一行，行十九字。

德六　南宋後期福建地區刻工。刻有《晦庵先生朱文公文集》十行，行十八字。

德成　南宋中期江西地區刻工。刻有《新唐書》十行，行十九字。

德甫　南宋慶元間福建地區刻工。刻有《五代史記》宋慶元五年刻本。十行，行十八字。

德章（彭姓）南宋端平間江西吉安地區刻工。刻有《誠齋集》宋端平二年刻本。十行，行十六字。

德章（潘姓）南宋嘉定間安徽地區刻工。刻有《謝宣城詩集》宋嘉定刻本。十行，行十八字。

德裕　南宋初期杭州地區刻工。刻有《武經七書》十行，行二十字。補刻有《史記集解》十行，行十九字。

德華　南宋後期江西地區刻工。刻有《文章正宗》宋江西刻大字本。十行，二十字。

德潤　南宋中期杭州地區刻工。補刻有《論語注疏解經》宋紹熙兩浙東路茶鹽司刻本。八行，行十六字。

德遠　南宋中期福建地區刻工。刻有
《監本附釋音春秋穀梁傳注疏》十行，行十七字。

德瑋　南宋紹興間安徽地區刻工。刻有
《宛陵先生文集》宋紹興十年宣州刻本。十行，行十九字。

德興　金大定間刻工。刻有
《金藏》金皇統九年至大定十三年刻。每版二十三行，行十四字。

德謙　南宋中期江西地區刻工。刻有
《新唐書》十行，行十九字。

德顯　南宋淳祐間安徽地區刻工。刻有
《儀禮要義》宋淳祐十二年魏克愚刻本。九行，行十八字。

衛玉　北宋景祐間刻工。刻有
《史記集解》十行，行十九字。
《漢書注》十行，行十九字。

衛良　南宋紹興間安徽地區刻工。刻有
《宛陵先生文集》宋紹興十年宣州刻本。十行，行十九字。

衛祥　北宋嘉間刻工。刻有《新唐書》十四行，行二十三至二十六字。

魯咏　南宋初期江西地區刻工。刻有《文選注》宋贛州州學刻本。九行，行十五字。

魯時　南宋寶慶間廣州地區刻工。刻有《新刊校定集注杜詩》宋寶慶元年廣東漕司刻本。九行，行十六字。

滕之　南宋中期浙江地區刻工。刻有《大廣益會玉篇》十行，行二十字。

滕式　南宋初期杭州地區刻工。刻有《宋書》、《南齊書》、《梁書》、《魏書》均九行，行十八字。

滕昱　南宋乾道間吳興地區刻工。刻有《北山小集》十行，行二十字。

滕太初　南宋紹興間杭州地區刻工。刻有《宋書》、《魏書》均九行，行十八字。

滕杲　南宋紹熙間浙江紹興地區刻工。刻有《尚書正義》宋紹熙三年兩浙東路茶鹽司刻本。八行，行十九字。

滕喆　南宋後期江西地區刻工。刻有

《文章正宗》宋江西刻大字本。十行，二十字。

黎元　南宋嘉定間江西吉安地區刻工。刻有

《漢書集注》宋嘉定十七年白鷺洲書院刻本。八行，行十六字。

黎友直　南宋淳熙間江西撫州地區刻工。刻有

《周易注》宋淳熙撫州公使庫刻本。十行，十六字。

《春秋經傳集解》宋撫州公使庫刻本。十行，行十六字。

《春秋公羊傳解詁》宋淳熙撫州公使庫刻紹熙四年重修本。十行，行十六字。

黎正才　南宋淳熙間江西撫州地區刻工。刻有

《春秋經傳集解》宋撫州公使庫刻本。十行，行十六字。

黎可官　北宋天聖間刻工。刻有

《故唐律疏義》九行，行十八字。

黎美　南宋淳熙間長沙地區刻工。刻有

《集韻》十行，小字二十九至三十一字。

十六畫

濮周　南宋福建地區刻工。刻有《宋本春秋左傳》七行，行十二字。

徽珍　北宋治平間刻工。刻有《類篇》八行，行十六字。

操誠　南宋中期江西吉安地區刻工。刻有《放翁先生劍南詩稿》十行，行二十字。

霍元　北宋景祐間刻工。刻有《儀禮疏》十五行，行二十七字。

駱元　南宋紹興間浙江建德地區刻工。刻有《國語解》十行，行二十字。《劉賓客文集》宋紹興八年嚴州刻本。十二行，行二十二字。

駱仲　南宋淳熙間江西撫州地區刻工。《周易注》宋撫州公使庫刻本。十行，十六字。

駱昇　南宋初期杭州地區刻工。刻有《毛詩正義》宋紹興九年紹興府刻本。十五行，行二十四至二十六字。《經典釋文》十一行，行十七字。《資治通鑑》宋紹興三年兩浙東路茶鹽司刻本。十二行，行二十四字。

《舊唐書》宋紹興兩浙東路茶鹽司刻本。十四行，行二十五至二十六字。

《國語解》十行，行二十字。

《杜工部集》十行，行十八字。

《劉賓客文集》宋紹興八年嚴州刻本。十二行，行二十二字。

《文選注》宋紹興二十八年明州刻本。十行，行二十至二十二字。

駱晟 或署駱成 南宋紹興間杭州地區刻工。刻有

《樂府詩集》宋紹興間刻本。十三行，行二十三或二十四字。

《文選注》宋紹興二十八年明州刻本。十行，行二十至二十二字。

補刻有《儀禮疏》十五行，行二十七字。

駱善 南宋乾道間安徽地區刻工。刻有

《兩漢博聞》宋乾道八年姑孰郡齋刻本。十行，行十九字。

駱善 南宋慶元間江西吉安地區刻工。刻有

《歐陽文忠公集》宋慶元二年周必大刻本。

十行，行十六字。

駱興　南宋慶元間吉安地區刻工。刻有

《歐陽文忠公集》宋慶元二年周必大刻本。

十行，行十六字。

駱興宗　南宋淳熙間安徽地區刻工。刻有

《晉書》宋嘉泰四年至開禧元年秋浦郡齋刻

本。九行，行十六字。

駱寶　南宋紹興間杭州地區刻工。刻有

《毛詩正義》宋紹興九年紹興府刻本。十五

行，行二十四至二十六字。

《經典釋文》宋紹興間刻本。十一行，行十

七字。

《舊唐書》宋紹興兩浙東路茶鹽司刻本。十

四行，行二十五至二十六字。

冀文　南宋中期浙江地區刻工。刻有

《資治通鑑考異》十行，行二十二字。

盧天　南宋紹興間浙江建德地區刻工。刻有

《藝文類聚》宋紹興間刻本。十四行，行二

十七、二十八字。

盧老　南宋淳祐間福州地區刻工。刻有

《國朝諸臣奏議》宋淳祐十年史季溫福州刻本。十一行，行二十三字。

《古靈先生文集》宋末福州刻本。十行，十八字。

盧適　南宋淳熙間浙江建德地區刻工。刻有

《通鑑紀事本末》宋淳熙二年嚴陵郡庠刻本。十三行，行二十四字。

盧鑑　南宋紹興間南京地區刻工。刻有

《史記集解》宋紹興淮南路轉運司刻本。九行，行十六字。

繆成寧　遼統和間北京地區刻工。刻有

《稱贊大乘功德經》遼統和二十年燕京刻契丹藏本。每紙二十八行，行十六至十七字。

錢子華　南宋中期杭州地區刻工。補刻有

《後漢書注》宋紹興江南東路轉運司刻本。九行，行十六字。

錢安仁　南宋中期浙江地區刻工。刻有

《資治通鑑考異》十行，行二十二字。

錢成　南宋後期刻工。補刻有

《史記集解》宋紹興淮南路轉運司刻本。九行，行十六字。

錢宗　南宋中期杭州地區刻工。刻有
《尚書正義》宋紹熙三年兩浙東路茶鹽司刻本。八行，行十九字。
《古史》十一行，行二十二字。
《資治通鑑綱目》八行，行十七字。
《晦庵先生文集》宋淳祐五年刻本。十行，行十九字。
補刻有：
《經典釋文》十一行，行十七字。
《説文解字》十行，行二十字。
《宋書》、《南齊書》、《梁書》、《魏書》均九行，行十八字。

錢宗玉　南宋中期浙江地區刻工。刻有
《律》附音義九行，行十八字。

錢玗　南宋寶祐間吳興地區刻工。刻有
《通鑑紀事本末》宋寶祐五年趙與𥲅刻本。十一行，行十九字。

錢忠　南宋紹興間浙江建德地區刻工。刻有
《儀禮注》宋紹興嚴州刻本。十四行，行二十五字。

錢玲　北宋景祐间刻工。刻有《漢書注》，十行，行十九字。

錢英　南宋寶祐间吳興地區刻工。刻有《通鑑纪事本末》宋寶祐五年趙與篡刻本。十一行，行十九字。

錢真　北宋景祐间刻工。刻有《史記集解》十行，行十九字。《漢書注》十行，行十九字。

錢桓　南宋咸淳间刻工。刻有《忠文王纪事實錄》宋咸淳七年吳安朝刻本。十二行，行二十二字。

錢珪　北宋景祐间刻工。刻有《漢書注》十行，行十九字。

錢珐　南宋寶祐间吳興地區刻工。刻有《通鑑纪事本末》宋寶祐五年趙與篡刻本。十一行，行十九字。

錢珙　南宋咸淳间杭州地區刻工。刻有《昌黎先生集》宋咸淳廖氏世綵堂刻本。九行，行十七字。《河東先生集》宋咸淳廖氏世綵堂刻本。九行，行十七字。

錢畢　南宋紹興間杭州地區刻工。刻有

《龍龕手鑑》十行，行字不等。

《唐文粹》宋紹興九年臨安府刻本。十五行，

行二十四至三十字。

錢裕　南宋紹興間浙江紹興地區刻工。刻有

《尚書正義》宋紹興三年兩浙東路茶鹽司刻

本。八行，行十九字。

《禮記正義》宋紹興三年兩浙東路茶鹽司刻

本。八行，行十六字。

錢瑛　南宋寶祐吳興地區刻工。刻有

《通鑑紀事本末》宋寶祐五年趙與𥲅刻本。

十一行，行十九字。

錢貴　南宋乾道間吳興地區刻工。刻有

《北山小集》十行，行二十字。

錢潤　南宋後期刻工。刻有

《磧砂藏》六行，行十七字。

興才　南宋端平間江西地區刻工。刻有

《自警編》宋端平元年刻本。十行，行二十字。

興吉　南宋紹興間江西地區刻工。刻有

《温國文正司馬公文集》宋紹興刻本。十二行，行二十字。

興宗 南宋中期江西吉安地區刻工。刻有

《甲申雜記》《聞見近錄》十行，行十九字。

興宗 南宋中期福建地區刻工。刻有

《五代史記》宋慶元刻本。十行，行十八字。

《資治通鑑》十一行，行二十一字。

十七畫

應三秀 南宋中期杭州地區刻工。補刻有

《史記集解》十行，行十九字。

《後漢書注》宋紹興江南東路轉運司刻本。九行，行十六字。

應文 南宋咸淳間杭州地區刻工。刻有

《百川學海》宋咸淳九年刻本。十二行，行二十字。

應允 南宋咸淳間刻工。刻有

《草窗韻語》宋周氏家刻本。九行，行十七字。

應世昌 南宋乾道間江西贛州地區刻工。刻有

《文選注》宋贛州州學刻本。九行，行十五字。

應成 南宋乾道間福建地區刻工。刻有

《周禮注》宋乾道間刻本。十行，行十九字。

應定發　南宋嘉定間江西吉安地區刻工。刻有
《後漢書注》宋嘉定元年白鷺洲書院刻本。
八行，行十六字。
《後漢書注》宋嘉定元年建安蔡琪一經堂刻
本。八行，行十六字。

應季　南宋紹興間浙江地區刻工。刻有
《春秋經傳集解》八行，行十七字。

應拱　南宋後期杭州地區刻工。刻有
《晦庵先生文集》宋淳祐五年刻本。十行，
行十九字。
補刻有《春秋經傳集解》十三行，行二十四字。

應俊　南宋紹興間浙江紹興地區刻工。刻有
《禮記正義》宋紹興三年兩浙東路茶鹽司刻
本。八行，行十六字。

應祥　南宋嘉定間福建地區刻工。刻有
《監本附釋音春秋公羊傳注疏》十行，十七字。
《監本附釋音春秋穀梁傳注疏》十行，十七字。
補刻《西漢會要》宋嘉定建寧郡齋刻本。十一行，
行二十字。

應華　南宋嘉泰間杭州地區刻工。刻有

《皇朝文鑑》宋嘉泰四年新安郡齋刻本。十行，行十九字。

補刻有

《後漢書注》宋紹興江南東路轉運司刻本。九行，行十六字。

《國語解》十行，行二十字。

應權　南宋紹興間浙江紹興地區刻工。刻有

《外臺秘要》宋紹興兩浙東路茶鹽司刻本。十三行，行二十四字。

濮仲賢　南宋寶祐間吴興地區刻工。刻有

《通鑑紀事本末》宋寶祐五年趙與𥲅刻本。十一行，行十九字。

濮宣　南宋中期浙江地區刻工。刻有

《周易》十行，行二十四字。

《禮記正義》宋紹興三年兩浙東路茶鹽司刻本。八行，行十六字。

《劉賓客文集》十行，行二十字。

《皇朝文鑑》宋嘉泰四年新安郡齋刻本。十行，行十九字。

濮华　南宋嘉泰间安徽地区刻工。刻有《皇朝文鑑》宋嘉泰四年新安郡斋刻本。十行，行十九字。

濮梓　北宋四川地區刻工。刻有《資治通鑑》覆龍爪本。南宋鄂州孟太師府三安撫位鹄山書院刻本。十一行，行十九字。

濮進、南宋嘉定间浙江地区刻工。刻有《歐公本末》九行，行十八字。《皇朝文鑑》宋嘉泰四年新安郡斋刻本。十行，行十九字。

謙遠　南宋慶元间福建地区刻工。刻有《五代史記》宋慶元五年刻本。十行，行十八字。

龍大有　南宋中期杭州地区刻工，補刻有《宋書》、《魏書》均九行，行十八字。

龍四（王姓）南宋慶元间四川地区刻工。刻有《太平御覽》宋慶元五年成都府學刻本。十三行，行二十二至二十四字。

龍得雲　南宋嘉定间江西吉安地区刻工。刻有《漢書集注》宋嘉定十七年白鷺洲書院刻本。

八行，行十六字。

謝子芳　南宋乾道間杭州地區刻工。刻有

《韻補》六行，小字行十八字。

謝友　南宋端平間江西地區刻工。刻有

《自警編》宋端平元年刻本。十行，行二十字。

謝四　南宋淳熙間江西地區刻工。刻有

《五朝名臣言行録》宋淳熙刻本。十行，行十七字。

謝汝楫　南宋紹熙間湖北地區刻工。補刻有

《漢書注》宋紹興湖北提舉茶鹽司刻淳熙、紹熙、慶元修本。十四行，行二十六至二十九字。

謝成　南宋中期杭州地區刻工。補刻有

《爾雅注》十行，行二十字。

謝忠　南宋慶元間四川地區刻工。刻有

《太平御覽》宋慶元五年成都府學刻本。十三行，行二十二至二十四字。

謝珙　南宋乾道間刻工。刻有

《續資治通鑑節要》十一行，行二十三字。

謝海　南宋紹興間湖北地區刻工。刻有

《漢書注》宋紹興湖北提舉茶鹽司刻淳熙、

紹興、慶元修本。十四行，行二十六至二十九字。

謝先　南宋咸淳間杭州地區刻工。刻有

《臨安志》宋咸淳臨安府刻本。十行行二十字。

謝壽　南宋中期福建地區刻工。刻有

《纂圖互注荀子》宋建陽刻本。十一行，行

二十一至二十三字。

謝賢　南宋淳祐間江西地區刻工。補刻有

《輿地廣記》宋九江郡斎刻嘉泰四年、淳祐

十年修本。十三行，行二十四字。

謝興　南宋紹興間杭州地區刻工。刻有

《史記集解》宋紹興淮南路轉運司刻本。九

行，行十六字。

《唐百家詩選》宋紹興刻本。九行，行二十字。

戴元　南宋嘉泰間安徽地區刻工。刻有

《皇朝文鑑》宋嘉泰四年新安郡斎刻本。十

行，行十九字。

戴立　南宋慶元間江西吉安地區刻工。刻有

《漢書集注》宋嘉定十七年白鷺洲書院刻本。

八行，行十六字。

《歐陽文忠公集》宋慶元二年周必大刻本。

十行，行十六字。

戴世學　南宋淳熙間浙江寧波地區刻工。刻有《漢雋》宋淳熙象山縣學刻本。九行，小字三十字。

戴安　南宋紹興間杭州地區刻工。刻有《臨川先生文集》宋紹興二十一年兩浙西路轉運司王珏刻本。十一行，行二十字。

戴全　南宋紹興間杭州地區刻工。刻有《世說新語》宋紹興八年嚴州刻本。十行，行二十字。

《樂府詩集》宋紹興刻本。十三行，行二十三字。

補刻有《新唐書》十四行，行二十三至二十六字。

戴良臣　南宋淳熙間浙江寧波地區刻工。刻有《漢雋》宋淳熙十年象山縣學刻本。九行，小字三十。

戴宗　北宋治平間刻工。刻有《類篇》八行，行十六字。

戴居仁　南宋嘉泰間江蘇揚州地區刻工。刻有《注東坡先生詩》宋嘉泰二年淮東倉司刻景定三年鄭羽補刻本。九行，行十六字。

戴和文　南宋嘉定间福建地區刻工。刻有《後漢書注》宋嘉定元年建安蔡琪純父一經堂刻本。十行，行十六字。

戴季　南宋嘉定间福建地區刻工。刻有《後漢書注》宋嘉定元年建安蔡琪純父一經堂刻本。十行，行十六字。

戴祐　南宋紹興间南京地區刻工。刻有《史記集解》宋紹興淮南路轉運司刻本。九行，行十六字。

戴審　北宋治平间刻工。刻有《類篇》八行，行十六字。

戴簡　北宋治平间刻工。刻有《類篇》八行，行十六字。

韓一　北宋治平间刻工。刻有《類篇》八行，行十六字。

韓立　南宋端平间江西地區刻工。刻有《自警編》宋端平元年刻本。十行，行二十字。

韓仔　南宋紹興间南京地區刻工。刻有《史記集解》宋紹興淮南路轉運刻本。九行，行十六字。

韓公德　南宋嘉泰间浙江地區刻工。刻有
《麗澤論説集録》宋嘉泰四年呂喬年刻本。
十行，行二十字。

韓公輔　南宋嘉泰间浙江地區刻工。刻有
《麗澤論説集録》宋嘉泰四年呂喬年刻本。
十行，行二十字。
《東萊呂太史文集》宋嘉泰四年呂喬年刻本。
十行，行二十字。

韓玉　南宋咸淳间杭州地區刻工。刻有
《臨安志》宋咸淳臨安府刻本。十行，二十字。

韓正　南宋初期杭州地區刻工。刻有
《史記集解》南宋初年刻小字本。

韓政　北宋治平间刻工。刻有
《類篇》八行，行十六字。

韓堅　北宋治平间刻工。刻有
《類篇》八行，行十六字。

韓通　北宋咸平间刻工。刻有
《吳志》十四行，行二十五字。

韓椿　南宋紹興间浙江寧波地區刻工。刻有
《大般若波羅蜜多經》宋紹興三十二年奉化

王公祠堂刻本。七行，行十六字。

薛十三　北宋治平間刻工。刻有《類篇》八行，行十六字。

薛永簡　南宋紹定間江西吉安地區刻工。刻有《慈溪黃氏日抄分類》宋紹定二年刻本。十行，行二十字。

薛右　南宋紹興間江西地區刻工。刻有《重廣眉山三蘇先生文集》宋紹興三十年饒州德興縣銀山莊谿董應夢集古堂刻本。十三行，行二十七字。

薛四　北宋治平間刻工。刻有《類篇》八行，行十六字。

薛林　南宋紹興間湖北地區刻工。刻有《漢書注》宋紹興湖北提舉茶鹽司刻淳熙、紹熙、慶元修本。十四行，行二十六至二十九字。

薛林　南宋後期福建地區刻工。刻有《漢書注》宋福唐郡庠刻本。十行，行十九字。

薛清　南宋中期浙江金華地區刻工。刻有《音注韓文公文集》宋婺州刻本。十二行，行二十三字。

薛恃　南宋紹定間浙江地區刻工。刻有《重廣補注黃帝内經素問》十行，行二十字。

薛慶春　北宋治平間刻工。刻有《類篇》八行，行十六字。

繆士元　北宋景祐間刻工。刻有《儀禮疏》十五行，行二十七字。

繆六　南宋紹定間浙江地區刻工。刻有《附釋文互注禮部韻略》宋紹定三年藏書閣刻本。十行，行字不等。

繆春　南宋中期杭州地區刻工。補刻有《周易注疏》宋兩浙東路茶鹽司刻本。八行，行十九字。

繆珍　南宋後期杭州地區刻工。刻有《附釋文互注禮部韻略》宋紹定三年藏書閣刻本。十行，行字不等。

補刻有：

《尚書正義》宋紹熙三年兩浙東路茶鹽司刻本。八行，行十九字。

《禮記正義》宋紹熙三年兩浙東路茶鹽司刻本。八行，行十六字。

《春秋左傳正義》宋慶元六年紹興府刻本。八行，行十六字。
《後漢書注》宋紹興江南東路轉運司刻本。九行，行十六字。
《宋書》、《魏書》均九行，行十六字。
《國語解》十行，行二十字。

繆恭　南宋中期杭州地區刻工。刻有
《附釋文互注禮部韻略》宋紹定三年藏書閣刻本。十行，行字不等。
《愧郯錄》九行，行十七字。
《重校添注音辯唐柳先生文集》九行，行十七字。
補刻有：
《儀禮疏》十五行，行二十七字。
《南齊書》、《梁書》、《魏書》、《陳書》均九行，行十八字。
《沖虛至德真經》十四行，行二十五至二十六字。

繆諫　南宋紹興間杭州地區刻工。刻有
《春秋經傳集解》八行，行十七字。
《宋書》、《梁書》、《魏書》均九行，行十八字。

簡師　南宋後期四川地區刻工。刻有

《重校鶴山先生大全文集》十一行，行二十二至二十四字不等。

簡卿　南宋開慶間四川地區刻工。刻有《重校鶴山先生大全文集》十一行，行二十二字。

鍾才　北宋咸平間刻工。刻有《吳志》十四行，行二十五字。

鍾成　南宋淳熙間江西吉安地區刻工。刻有《詩本義》宋淳熙間刻本。十行，行二十字。《歐陽文忠公集》宋慶元二年周必大刻本。十行，行十六字。《周益文忠公集》宋開禧二年周綸刻本。十行，行十六字。

鍾同壽　南宋中期杭州地區刻工。補刻有《後漢書注》宋紹興江南東路轉運司。九行行十六字。《宋書》、《魏書》慶元六年。均九行，十八字。

鍾昇　南宋後期浙江地區刻工。補刻有《春秋左傳正義》宋慶元六年紹興府刻本。八行，行十六字。

鍾季　南宋寶祐間吳興地區刻工。刻有
　《通鑑紀事本末》宋寶祐五年趙興䈆刻本。
　十一行，行十九字。
鍾季升　南宋寶祐間刻工。刻有
　《儀禮要義》宋淳祐十二年魏克愚刻本。九
　行，行十八字。
　《通鑑紀事本末》宋寶祐五年趙興䈆刻本。
　十一行，行十九字。
　《致堂讀史管見》宋寶祐二年宛陵刻本。十
　二行，行二十三字。
鍾季徐　南宋寶祐間浙江吳興地區刻工。刻有
　《通鑑紀事本末》宋寶祐五年趙興䈆刻本。
　十一行，行十九字。
鍾惟一　南宋淳祐間杭州地區刻工。刻有
　《雲泉詩》陳道人書籍鋪刻南宋群賢小集本。
　九行，行十七字。
鍾華　南宋嘉定間江西吉安地區刻工。刻有
　《漢書集注》宋嘉定十七年白鷺洲書院刻本。
　八行，行十六字。
鍾敬　南宋嘉定間江西吉安地區刻工。刻有

《後漢書注》宋嘉定元年白鷺洲書院刻本。八行，行十六字。

《後漢書注》宋嘉定元年蔡琪純父一經堂刻本。八行，行十六字。

鍾遠　南宋紹興間杭州地區刻工。刻有

《漢官儀》宋紹興九年臨安府刻本。十行，行十八字。

鍾興　北宋四川地區刻工。刻有

《資治通鑑》殘龍爪本，南宋鄂州孟太師府三安撫位鵠山書院刻本。十一行，行十九字。

十八畫

顏天　南宋中期杭州地區刻工。刻有

《大宋重修廣韻》十行，行二十字。

顏友亨　南宋紹興間安徽地區刻工。刻有

《宛陵先生文集》宋紹興十年宣州刻嘉定十七年修本。十行，行十九字。

顏正　北宋治平間刻工。刻有

《類篇》八行，行十六字。

顏宗　北宋景祐間刻工。刻有

《漢書注》十行，行十九字。

顔彥　南宋中期杭州地區刻工。刻有《大宋重修廣韻》十行，行二十字。

顔益　南宋乾道間江蘇地區刻工。刻有《春秋經傳集解》宋乾道江陰軍學刻本。十行，行十八至二十字。

聶居　南宋淳熙間江西地區刻工。刻有《呂氏家塾讀詩記》宋淳熙九年江西漕台刻本。九行，行十九字。《春秋經傳集解》宋撫州公使庫刻本。十行，行十六字。

蕭三　南宋嘉定間江西地區刻工。刻有《儀禮經傳通解》宋嘉定十年南康道院刻本。七行，行十五字。

蕭大學　南宋嘉定間江西地區刻工。刻有《儀禮經傳通解》宋嘉定十年南康道院刻本。七行，行十五字。

蕭子　南宋嘉定間福建地區刻工。刻有《夏侯陽算經》宋嘉定六年鮑澣之刻本。九行，行十八字。

蕭文超　南宋嘉定間江西地區刻工。刻有

《容齋隨筆》宋嘉定五年章貢郡齋刻本。十行，行二十一字。

蕭文顯　南宋嘉定間江西地區刻工。刻有《容齋隨筆》宋嘉定五年章貢郡齋刻本。十行，行二十一字。

蕭中　南宋乾道間江西贛州地區刻工。刻有《文選注》宋贛州州學刻本。九行，行十五字。

蕭仁　南宋寶慶間廣州地區刻工。刻有《新刊校定集注杜詩》宋寶慶元年廣東漕司刻本。九行，行十六字。

蕭年人　南宋紹興間湖北地區刻工。刻有《漢書注》宋紹興湖北提舉茶鹽司刻本。淳熙、紹熙、慶元修。十四行，行二十七至二十九字。

蕭邦　南宋慶元間江西地區刻工。刻有《前漢六帖》十行，行二十字。

蕭延昌　南宋紹興間浙江地區刻工。刻有《文選注》宋紹興二十八年明州刻本。十行，行二十至二十二字。

《文選注》宋贛州州學刻本。九行，行十五字。

蕭杰　南宋嘉定间江西地区刻工。刻有《儀禮經傳通解》宋嘉定十年南康道院刻本。七行，行十五字。

蕭昌　南宋绍興间江西地区刻工。刻有《前漢六帖》宋慶元间刻本。十行，行二十字。《古靈先生文集》宋绍興三十年刻本。十行，行十八字。

蕭昌齡　南宋绍興间湖北江陵地区刻工。刻有《建康實録》宋绍興十八年荆湖路安撫使司刻本。十一行，行二十字。

蕭閏　南宋绍興间江西贛州地区刻工。刻有《古靈先生文集》宋绍興三十年刻本。十行，行十八字。

蕭受　南宋淳熙间江西地区刻工。刻有《本草衍義》宋淳熙十二年江西轉運司刻慶元元年重修本。十一行，行二十一字。

蕭茂　南宋淳熙间浙江寧波地区刻工。刻有《漢雋》宋淳熙十年象山縣學刻本。九行，小字三十字。

蕭旻　南宋初期福建地区刻工。刻有

《資治通鑑》十一行，行二十一字。

蕭祥　南宋紹興間浙江地區刻工。刻有

《白氏六帖事類集》十三行，行二十四至二十七字。

《文選注》宋贛州州學刻本。九行，行十五字。

《文選注》宋紹興二十八年明州刻本。十行，行二十至二十二字。

蕭振邦　南宋慶元間江西地區刻工。刻有

《前漢六帖》十行，行二十字。

蕭詔　南宋淳熙間江西地區刻工。刻有

《吕氏家塾讀詩記》宋淳熙九年江西漕台刻本。十行，行十六字。

《禮記注》宋淳熙四年撫州公使庫刻本。十行，行十六字。

《春秋經傳集解》宋撫州公使庫刻本。十行，行十六字。

《三朝名臣言行録》宋淳熙間刻本。十行，行十七字。

《河南程氏經説》十一行，行二十字。

《河南程氏遺書》十一行，行二十二字。

蕭森　南宋嘉定间江西吉安地區刻工。刻有《漢書集注》宋嘉定十七年白鷺洲書院刻本。八行，行十六字。

蕭漢臣　南宋初期福建地區刻工。刻有《資治通鑑》十一行，行二十一字。

蕭漢杰　南宋嘉定间江西地區刻工。刻有《儀禮經傳通解》宋嘉定十年南康道院刻本。七行，行十五字。

蕭學　南宋紹興间湖北常德地區刻工。刻有《漢書注》宋紹興湖北提舉茶鹽司刻淳熙、紹熙、慶元修本。十四行，行二十六至二十八字。

蕭諒　南宋嘉定间江西地區刻工。刻有《容齋隨筆》宋嘉定五年章貢郡齋刻本。十行，行二十一字。

蕭儀　南宋端平间江西吉安地區刻工。刻有《誠齋集》宋端平二年刻本。十行，行十六字。

蕭謹　南宋嘉定间江西贛州地區刻工。刻有《容齋隨筆》宋嘉定五年章貢郡齋刻本。十行，行二十一字。

蕭聲　南宋嘉定间江西吉安地區刻工。刻有

《漢書集注》宋嘉定十七年白鷺洲書院刻本。
八行，行十六字。

藍七　南宋慶元间江西吉安地区刻工。刻有
《歐陽文忠公集》宋慶元二年周必大刻本。
十行，行十六字。

藍元　南宋景定间刻工。刻有
《南華真經注疏》八行，行十五字。

藍元　南宋乾道间江西贛州地区刻工。刻有
《文選注》宋贛州州學刻本。九行，行十五字。

藍允　南宋乾道间江西贛州地区刻工。刻有
《文選注》宋贛州州學刻本。九行，行十五字。

藍宋　南宋浙江地区刻工。刻有
《論語纂疏》九行，行二十字。

藍昂　南宋紹興间紹興地区刻工。刻有
《舊唐書》宋紹興间兩浙東路茶鹽司刻本。
十四行，行二十四至二十六字。

藍佳　南宋乾道间江西贛州地区刻工。刻有
《文選注》宋贛州州學刻本。九行，行十五字。

藍俊　南宋乾道间江西贛州地区刻工。刻有
《文選注》宋贛州州學刻本。九行，行十五字。

藍通　南宋紹興間浙江地區刻工。刻有《陶淵明集》宋紹興十年刻本。十行，行十六字。

藍廣　南宋慶元間江西吉安地區刻工。刻有《古文尚書》十行，行二十字。《歐陽文忠公集》宋慶元二年周必大刻本。十行，行十六字。

藍萬　南宋嘉定間江西地區刻工。刻有《儀禮經傳通解》宋嘉定十年南康道院刻本。七行，行十五字。

瞿宏　南宋嘉定間浙江紹興地區刻工。刻有《會稽三賦》九行，行十七或十八字。

瞿裕　南宋嘉泰間浙江地區刻工。刻有《東萊呂太史文集》宋嘉泰四年刻本。十行，行二十字。

豐益　南宋紹興間浙江地區刻工。刻有《陶淵明集》宋紹興十年刻本。十行，行十六字。

魏二　南宋紹興間安徽舒城地區刻工。刻有《王文公文集》宋紹興龍舒本。十行，行十九字。

魏乂　南宋中期浙江地區刻工。刻有《資治通鑑考異》十行，行二十字。

魏之先　南宋嘉定間安徽地區刻工。刻有《曹子建文集》宋嘉定六年刻本。八行，十五字。

魏才　南宋淳祐間浙江地區刻工。刻有《晦庵先生文集》宋淳祐五年刻本。十行，行十九字。

魏文　南宋淳祐間福建地區刻工。刻有《押韻釋疑》宋嘉熙三年禾興郡齋刻本。十行，小字二十五。

《國朝諸臣奏議》宋淳祐五年史季溫福州刻本。十一行，行二十三字。

《晦庵先生朱文公文集》十行，行十八字。

《古靈先生文集》宋末福州刻本。

魏仁　南宋紹興間安徽舒城地區刻工。刻有《王文公文集》宋紹興龍舒本。十行，行十七字。

魏正　南宋紹興間杭州地區刻工。刻有《史記集解》十行，行十九字。

《史記集解》宋紹興淮南路轉運司刻本。九

行，行十六字。

《增廣司馬溫公全集》南宋初刻遞修本。十二行，行二十字。

魏可　南宋紹興間安徽舒城地區刻工。刻有《王文公文集》宋紹興間龍舒刻本。十行，行十七字。

魏全　南宋紹興間江西地區刻工。刻有《東坡集》十行，行十八字。

魏全　南宋嘉定間福建地區刻工。刻有《資治通鑑綱目》宋嘉定十二年溫陵郡齋刻本。八行，行十七字。

魏昇　南宋淳熙間安徽地區刻工。刻有《漢雋》宋淳熙五年滁陽郡齋刻本。九行，小字三十。

魏奇　南宋紹興間杭州地區刻工。刻有《大廣益會玉篇》十行，行二十字。《廣韻》十行，行二十字。《禮記正義》宋紹興三年兩浙東路茶鹽司刻本。八行，行十六字。《春秋左傳正義》宋慶元六年紹興府刻本。

八行，行十六字。

《爾雅注》南宋國子監刻本。八行，行十六字。

《梁書》九行，行十八字。

魏亶　南宋咸淳間福建地區刻工。刻有

《晦庵先生朱文公文集》十行，行十八字。

魏彥　南宋嘉定間杭州地區刻工。刻有

《廣韻》十行，行二十字。

魏春　南宋乾道間江西地區刻工。刻有

《古文尚書》十行，行二十字。

魏信　南宋嘉定間福建地區刻工。刻有

《九章算術》宋嘉定六年鮑澣之刻本。九行，行十八字。

《夏侯陽算經》宋嘉定六年鮑澣之刻本。九行，行十八字。

《五曹算經》宋嘉定六年鮑澣之刻本。九行，行十八字。

《術數記遺》宋嘉定六年鮑澣之刻本。九行，行十八字。

《荀子注》杭州本。八行，行十六字。

《磧砂藏》六行，行十七字。

魏俊　南宋紹興間南京地區刻工。刻有《史記集解》宋紹興淮南路轉運司刻本。九行，行十八字。

魏真　南宋初期湖北常德地區刻工。刻有《漢書註》宋紹興湖北提舉茶鹽司刻本。十四行，行二十六至二十九字。

魏荏　南宋淳祐間福州地區刻工。刻有《國朝諸臣奏議》宋淳祐十年史季溫福州刻本。十一行，行二十三字。

魏達　南宋紹興間安徽舒城地區刻工。刻有《王文公文集》宋紹興龍舒本。十行，行十七字。

魏暈　南宋紹興間福建地區刻工。刻有《東觀餘論》宋紹興十七年黃訒刻本。十行，行二十字。

魏萬　南宋淳祐間安徽地區刻工。刻有《儀禮要義》宋淳祐十二年魏克愚刻本。九行，行十八字。

魏謙　南宋咸淳間福建地區刻工。刻有《晦庵先生朱文公文集》十行，行十八字。

十九畫

龐方正　南宋中期杭州地區刻工。補刻有《宋書》、《魏書》宋慶元六年補刻。九行，行十八字。

龐次升　南宋中期杭州地區刻工。補刻有《冲虚至德真經注》十四行，行二十五至二十七字。

龐汝升　南宋中期杭州地區刻工。刻有《古史》十一行，行二十二字。《資治通鑑綱目》八行，行十七字。

補刻有：

《周易注疏》宋紹熙兩浙東路茶鹽司刻本。八行，行十九字。

《儀禮疏》十五行，行二十七字。

《經典釋文》十一行，行十七字。

《史記集解》宋紹興淮南路轉運司刻本。九行，行十六字。

《後漢書注》宋紹興江南東路轉運司刻本。九行，行十六字。

《三國志注》十行，行十九字。

《宋書》、《南齊書》、《魏書》九行，行十八字。

龐知乘　南宋中期杭州地區刻工。補刻有《梁書》九行，行十八字。

龐知柔　南宋中期杭州地區刻工。刻有《尚書正義》宋紹熙三年兩浙東路茶鹽司刻本。八行，行十九字。《古史》十一行，行二十二字。《資治通鑑綱目》八行，行十七字。《太玄經集注》十行，行十七字。《重校添注音辯唐柳先生集》九行，行十七字。《晦庵先生文集》宋淳祐五年刻本。十一行，行十九字。

補刻有：

《周易注疏》宋紹熙兩浙東路茶鹽司刻本。八行，行十九字。《儀禮疏》十五行，行二十七字。《經典釋文》十一行，行十七字。《三國志注》十行，行十九字。《宋書》、《南齊書》、《梁書》、《魏書》

《北齊書》九行，行十八字。

龐知泰　南宋中期杭州地區刻工。刻有

《古史》十一行，行二十二字。

龐知德　南宋中期杭州地區刻工。刻有

《演繁露》宋淳熙刻本。十一行，行二十字。

《重校添注音辯唐柳先生文集》九行，行十七字。

龐柔和　南宋嘉定間杭州地區刻有

《資治通鑑綱目》八行，行十七字。

龐葛五　南宋紹興間杭州地區刻工。刻有

《禮記正義》宋紹興三年兩浙東路茶鹽司刻本。八行，行十六字。

補刻有：

《經典釋文》十一行，行十七字。

《後漢書注》宋紹興江南東路轉運司刻本。九行，行十八字。

《宋書》、《魏書》均九行，行十八字。

龐萬五　南宋中期杭州地區刻工。補刻有

《宋書》九行，行十八字。

龐壽　南宋中期浙江地區刻工。刻有

《資治通鑑考異》十行，行二十二字。

譚祀　南宋淳熙间江西地區刻工。刻有
《呂氏家塾讀詩記》宋淳熙九年江西漕台刻本。九行，行十九字。

譚咏　南宋寶祐间刻工。刻有
《春秋集注》八行，行十六字。

譚孝才　南宋乾道间江西贛州地區刻工。刻有
《文選注》宋贛州州學刻本。九行，行十五字。

譚柄　南宋淳熙间湖北地區刻工。補刻有
《漢書注》宋紹興湖北提舉茶鹽司刻淳熙、紹熙、慶元修本。十四行，行二十六至二十九字。

譚堅　南宋嘉泰间浙江建德地區刻工。刻有
《東萊呂太史文集》宋嘉泰四年呂喬年刻本。十行，行二十字。

譚謙　南宋紹興间杭州地區刻工。刻有
《史記集解》十行，行十九字。

羅文　南宋嘉泰间江蘇揚州地區刻工。刻有
宋嘉泰淮東滄司刻景定三年鄭羽刻本。九行，行十六字。

羅文簡　南宋淳祐間江西宜春地區刻工。刻有《昭德先生郡齋讀書志》宋淳祐袁州刻本。十行，行二十字。

羅永　南宋嘉泰間江蘇揚州地區刻工。刻有《注東坡先生詩》宋嘉泰淮東倉司刻景定三年鄭羽補刻本。九行，行十六字。

羅生　南宋中期杭州地區刻工。補刻有《南齊書》九行，行十八字。

羅成　南宋紹興間南京地區刻工。刻有《史記集解》宋紹興淮南路轉運司刻本。九行，行十六字。

羅定　南宋乾道間福建地區刻工。刻有《夷堅志》九行，行十八字。

羅明　南宋乾道間福建地區刻工。刻有《夷堅志》九行，行十八字。

羅异　南宋淳熙間江西撫州地區刻工。刻有《五代史記》宋撫州刻本。十二行，行二十二字。

羅忠　南宋乾道間江西吉安地區刻工。刻有《春秋傳》宋乾道四年刻慶元五年黄汝嘉修補本。十行，行二十字。

《周益文忠公集》宋開禧二年周綸刻本。十行，行十六字。

羅祖 南宋嘉泰間江蘇揚州地區刻工。刻有《注東坡先生詩》宋嘉泰淮東倉曹刻景定三年鄭羽補刻本。九行，行十六字。

羅振 南宋嘉泰間江蘇揚州地區刻工，刻有《注東坡先生詩》宋嘉泰淮東倉曹刻李景定三年鄭羽補刻本。九行，行十六字。

羅恕 南宋嘉泰間福建地區刻工。刻有《樂書目錄》宋嘉泰二年刻本，八行，行字不等。

羅裕 南宋嘉泰間浙江建德地區刻工。刻有《東觀餘論》十行二十字。《麗澤論説集録》宋嘉泰四年呂喬年刻本。十行，行二十字。《東萊呂太史文集》宋嘉泰四年呂喬年刻本。十行，行二十字。

羅榮 南宋嘉泰間浙江建德地區刻工。刻有《麗澤論説集録》宋嘉泰四年呂喬年刻本。十行，行二十字。

《東萊呂先生文集》宋嘉泰四年呂喬年刻本。十行，行二十字。

羅諒　南宋淳熙間江西吉安地區刻工。刻有《放翁先生劍南詩稿》宋陸子遹刻本。十行，行二十字。

羅應　南宋淳祐間江西地區刻工。刻有《臨汝先生郡齋讀書志》宋淳祐袁州刻本。十行，行二十字。

關西　南宋乾道間四川地區刻工。刻有《孟子注》八行，行十六字。

關春　南宋嘉定間浙江地區刻工。刻有《歷代故事》宋嘉定刻本。八行，行十六字。

邊皓　南宋紹興間南京地區刻工。刻有《青山集》十行，行二十字。

二十畫

嚴方　南宋淳熙間江西地區刻工。刻有《呂氏家塾讀詩記》宋淳熙九年江西漕台刻本。九行，行十九字。《春秋經傳集解》宋撫州公使庫刻本。十行，行十六字。

嚴定　南宋紹興間浙江建德地區刻工。刻有
《儀禮注》宋紹興嚴州刻本。十四行，二十五字。
《世説新語》宋紹興八年董棻刻本。十行，行二十字。
《藝文類聚》宋紹興嚴州刻本。十四行，行二十七、二十八字。
《劉夢得文集》十二行，行二十一字。外集十三行，行二十二字。

嚴洪　南宋淳熙間江西南昌地區刻工。刻有
《呂氏家塾讀詩記》宋淳熙九年江西漕台刻本。九行，行十九字。

嚴誠　南宋淳熙間江西撫州地區刻工。刻有
《禮記注》宋淳熙四年撫州公使庫刻本。十行，行十六字。
《春秋經傳集解》宋撫州公使庫刻本。十行，行十六字。

嚴詵（或嚴先、嚴銑）　北宋景祐間刻工。刻有
《儀禮疏》十五行，行二十七字。
《新唐書》北宋嘉祐刻本。十四行，行二十三至二十六字。

嚴端　南宋乾道間刻工。刻有《豫章黄先生文集》宋乾道刻本。九行，行十八字。補刻有《史記集解》十行，行十九字。

嚴潤　南宋乾道間刻工。刻有《白氏六帖事類集》十三行，行二十四至二十七字。《豫章黄先生文集》宋乾道刻本，九行，行十八字。

嚴高　南宋紹興間浙江地區刻工。刻有《臨川先生文集》宋紹興二十一年兩浙西路轉運司刻本。十二行，行二十字。

嚴説　南宋紹興間浙江吴興地區刻工。刻有《新唐書》宋紹興刻本。十四行，行二十三至二十六字。

嚴太　南宋淳熙間江西撫州地區刻工。刻有《禮記注》宋淳熙四年撫州公使庫刻本。十行，行十六字。

嚴式　北宋治平間刻工。刻有《類篇》八行，行十六字。

嚴志　南宋初期杭州地區刻工。刻有

《三國志注》十行，行十九字。

《管子注》十二行，行二十二至二十五字。

《揚子法言注》十行，行十八字。

《冲虚至德真經注》十四行，行二十六字。

《白氏文集》十三行，行二十二至二十六字。

《晦庵先生文集》宋淳祐五年刻本。十行，行十九字。

《大廣益會玉篇》十行，行二十字。

《大宋重修廣韻》十行，行二十字。

《宋書》、《北齊書》九行，行十八字。

嚴卓　南宋淳熙間江西撫州地區刻工。刻有

《周易注》宋撫州公使庫刻本。十行，行十六字。

嚴發　南宋初期江蘇地區刻工。刻有

《吴郡圖經續記》九行，行十七至十九字。

嚴忠　南宋初期杭州地區刻工。刻有

《周易正義》宋紹興十五至二十一年刻本。十五行，行二十六、二十七字。

《資治通鑑》宋紹興三年兩浙東路茶鹽司刻

本。十二行，行二十四字。

《国語解》十行，行二十字。

《中興館閣録》九行，行十八字。

《揚子法言注》十行，行十八字。

《世説新語》宋紹興八年董棻刻本。十行，行二十字。

《東坡集》宋乾道刻本。十行，行十八字。

《文選注》宋贛州州學刻本。九行，行十五字。

嚴思敬　南宋淳熙間江西撫州地區刻工。刻有

《周易注》宋淳熙撫州公使庫刻本。十行，行十六字。

《經典釋文》宋淳熙四年撫州公使庫刻本。十行，行十九、二十字。

嚴思明　南宋淳熙間江西撫州地區刻工。刻有

《周易注》宋淳熙撫州公使庫刻本。十行，行十六字。

嚴先　北宋景祐間刻工。刻有

《儀禮疏》十五行，行二十七字。

《新唐書》宋嘉祐刻本。十四行，行二十三至二十六字。

嚴信　南宋紹興間杭州地區刻工。刻有《禮記正義》宋紹興三年兩浙東路茶鹽司刻本。八行，行十六字。《中興館閣録》九行，行十八字。《四分律比丘尼鈔》宋開禧三年刻本。

嚴賀　南宋紹興間浙江紹興地區刻工。刻有《尚書正義》宋紹興三年兩浙東路茶鹽司刻本。八行，行十九字。

嚴智　南宋紹興間杭州地區刻工。刻有《春秋左傳正義》宋慶元六年紹興府刻本。八行，行十六字。《爾雅注》國子監刻本。八行，行十六字。《大廣益會玉篇》十行，行十九字。《宋書》、《魏書》、《北齊書》均九行，行十八字。《文選注》宋贛州州學刻本。九行，行十五字。

嚴鎬　南宋嘉泰間江蘇揚州地區刻工。刻有《注東坡先生詩》宋嘉泰淮東倉司刻景定三年鄭羽補刻本。九行，行十六字。

嚴昌　南宋紹興間浙江地區刻工。刻有

蘇定　南宋嘉定間浙江地區刻工。刻有《資治通鑑綱目》浙江本。八行，行十七字。《資治通鑑綱目》宋嘉定十二年溫陵郡齋刻本。八行，行十七字。

蘇成　南宋淳祐間廣東地區刻工。刻有《義豐文集》宋淳祐三年王旦刻本。十行，行十八字。

蘇興　南宋紹興間杭州地區刻工。刻有《新雕重校戰國策》宋紹興間刻本。十一行，行二十字。

蘇秀　南宋後期蘇州地區刻工。刻有《磧砂藏》六行，行十七字。

蘇四　南宋乾道間四川眉山地區刻工。刻有《蘇文忠公奏議》九行，行十五字。

蘇正　南宋紹熙間四川眉山地區刻工。《東都事略》宋眉山程氏之峰閣刻本。十二行，行二十四字。

蘇勝　南宋刻工。刻有《本草集方》十行，行十六字。

盧洪　南宋淳熙間浙江建德地區刻工。刻有

《通鑑紀事本末》宋淳熙二年嚴陵郡庠刻本。十三行，行二十四至三十字。

盧適　南宋淳熙間浙江建德地區刻工。刻有《通鑑紀事本末》宋淳熙二年嚴陵郡庠刻本。十三行，行二十四至三十字。

盧開三　南宋端平間杭州地區刻工。補刻有《史記集解》十行，行十九字。《後漢書注》宋紹興江南東路轉運司刻本。九行，行十六字。《宋書》、《梁書》、《陳書》、《魏書》均九行，行十八字。

盧顯　南宋嘉定間廣東地區刻工。刻有《通鑑總類》宋潮陽刻本。十一行，行二十三、二十四字。

盧喆　南宋紹興間南京地區刻工。刻有《後漢書注》宋紹興江南東路轉運司刻本。九行，行十六字。

二十一畫

顧永　南宋紹熙間杭州地區刻工。刻有《周易注疏》宋紹熙兩浙東路茶鹽司刻本。

八行，行十九字。
《禮記正義》宋紹興三年兩浙東路茶鹽司刻
本。八行，行十六字。
《古史》十一行，行二十二字。
《資治通鑑綱目》八行，行十七字。
補刻有：
《經典釋文》十一行，行十七字。
《說文解字》十行，行二十字。
《南齊書》、《梁書》、《魏書》、《北齊
書》均九行，行十八字。
顧全　北宋景祐間刻工。刻有
《漢書注》十行，行十九字。
顧仲　南宋初期杭州地區刻工。刻有
《周易正義》宋紹興十五至二十一年臨安府
刻本。十五行，行二十六、二十七字。
《龍龕手鑑》十行，行字不等。
《廣韻》南北宋之際刻。十行，行二十字。
《三國志注》十行，行十九字。
《吳郡圖經續記》九行，行十七至十九字。
補刻有《新唐書》十四行，行二十三至二十六字。

顧其　南宋寶祐間浙江吳興地區刻工。刻有
《通鑑紀事本末》宋寶祐五年趙與𥲅刻本。
十一行，行十九字。
顧明　南宋初期杭州地區刻工。刻有
《説文解字》十行，行二十字。
顧昌　南宋紹興間杭州地區刻工。刻有
《説文解字繫傳》七行，行十四字。
《舊唐書》宋紹興兩浙東路茶鹽司刻本。十
四行，行二十五至二十六字。
顧忠（或署雇忠）南宋初期杭州地區刻工。刻有
《周易正義》宋紹興兩浙東路茶鹽司刻本。
八行，行十九字。
《毛詩正義》宋紹興九年紹興府刻本。十五
行，行二十四至二十六字。
《廣韻》十行，行二十字。
《三國志注》十行，行十九字。
《水經注》十一行，行二十字。
《編年通載》五行，行十七字。
《事類賦注》宋紹興十六年兩浙東路茶鹽司
刻本。八行，行十四至十六字。

《白氏文集》十三行，行二十二至二十六字。

《樂府詩集》十三行，行二十三字。

補刻有：

《儀禮疏》北宋刻，十五行，行二十七字。

《史記集解》北宋刻，十行，行十九字。

《三國志注》十行，行十九字。

顧忠信　南宋紹興間杭州地區刻工。刻有

《後漢書注》宋紹興江南東路轉運司刻本。九行，行十六字。

《宋書》、《魏書》均九行，行十八字。

顧祐　南宋中期杭州地區刻工。刻有

《尚書正義》宋紹興三年兩浙東路茶鹽司刻本。八行，行十九字。

《春秋左傳正義》宋慶元六年紹興府刻本。八行，行十六字。

《論語注疏解經》宋紹興兩浙東路茶鹽司刻本。八行，行十六字。

《孟子注疏解經》宋嘉泰兩浙東路茶鹽司刻本。八行，行十六字。

《説文解字繫傳》七行，行十四字。

《舊唐書》宋紹興兩浙東路茶鹽司刻本。十四行，行二十五至二十六字。

顧宥　南宋紹興間浙江地區刻工。刻有《諸史提要》九行，行十四字。《文選注》宋紹興二十八年明州刻本。十行，行二十至二十二字。《苕溪漁隱叢話後集》十一行，行二十二字。

顧建　南宋中期杭州地區刻工。刻有《資治通鑑綱目》八行，行十七字。補刻有《南齊書》九行，行十八字。

顧玿　南宋淳熙間南京地區刻工。刻有《史記集解》宋紹興淮南路轉運司刻本。九行，行十六字。

顧真　南宋淳熙間南京地區刻工。刻有《史記集解》宋紹興淮南路轉運司刻本。九行，行十六字。

顧恭　南宋中期南京地區刻工。補刻有《史記集解》宋紹興淮南路轉運刻本。九行，行十六字。

顧清　南宋紹定間浙江地區刻工。刻有

《四明志》宋绍定二年刻本。十行，行十八字。
顾祺　南宋寶祐间浙江吴興地區刻工。刻有
《通鑑纪事本末》宋寶祐五年趙與𥲅刻本。
十一行，行十九字。
顾達　南宋绍興间浙江地區刻工。刻有
《尚書正義》宋绍熙三年兩浙東路茶鹽司刻
本，八行，行十九字。
《周禮疏》宋兩浙東路茶鹽司刻本。八行，
行十五至十七字。
《漢書注》宋绍興江南東路轉運司刻本。九
行，行十六字。
《資治通鑑》宋绍興三年兩浙東路茶鹽司刻
本。十二行，行二十四字。
顾暈　南宋嘉定间浙江寧波地區刻工。刻有
《東觀餘論》宋嘉定樓鑰刻本。九行，行
十八字。
顾達　南宋中期杭州地區刻工。刻有
《尚書正義》宋绍熙三年兩浙東路茶鹽司刻
本。八行，行十九字。
《古史》十一行，行二十二字。

《資治通鑑綱目》八行，行十七字。
《四明志》宋紹定二年刻本。十行，行十八字。
《太玄經集注》十行，行十七字。
《台州十類因革論》
補刻有：
《說文解字》十行，行二十字。
《宋書》、《南齊書》、《魏書》均九行，行十八字。

顧濤　南宋紹興間湖北黄岡地區刻工。刻有
《王黄州小畜集》十一行，行二十二字。

顧楷　南宋中後期杭州地區刻工。刻有
《四明續志》宋開慶元年刻本。十行，行十八字。
《編年通載》五行，行十七字。
《西麓詩稿》陳道人書籍鋪刻本。十行，行十八字。

顧淵　南宋初期杭州地區刻工。刻有
《毛詩正義》宋紹興九年紹興府刻本。十五行，行二十四至二十六字。
《經典釋文》十一行，行十七字。
《編年通載》宋乾道刻本。五行，行十七字。

補刻有：

《史記集解》北宋刻遞修本。十行，行十九字。

《漢書注》北宋刻遞修本。十行，行十九字。

顧澄　南宋紹興間杭州地區刻工。刻有

《禮記正義》宋紹興三年兩浙東路茶鹽司刻本。八行，行十六字。

《經典釋文》十一行，行十七字。

《説文解字》十行，行二十字。

《古史》十一行，行二十二字。

《南齊書》、《魏書》均九行，行十八字。

《通典》宋紹興刻本。十五行，行二十五至二十九字。

《攻媿先生文集》九行，行十八字。

補刻有《儀禮疏》十五行，行二十七字。

顧震　南宋中期浙江地區刻工。刻有

《論語纂疏》九行，行二十字。

顧謹　南宋紹興間杭州地區刻工。刻有

《臨川先生文集》宋紹興二十一年兩浙西路轉運司王珏刻本。十二行，行二十字。

顧謹　南宋紹興間杭州地區刻工。刻有

《臨川先生文集》宋紹興二十一年兩浙西路轉運司王珏刻本。十二行，行二十字。補刻有《新唐書》十四行，行二十三至二十五字。

蘭七　南宋慶元間江西吉安地區刻工。刻有《歐陽文忠公集》宋慶元二年周必大刻本。十行，行十六字。

蘭七三　南宋慶元間江西吉安地區刻工。刻有《歐陽文忠公集》宋慶元二年周必大刻本。十行，行十六字。

蘭可　南宋後期江西地區刻工。刻有《隋書》九行，行二十字。

蘭廣　南宋慶元間江西吉安地區刻工。刻有《歐陽文忠公集》宋慶元二年周必大刻本。十行，行十六字。

二十二畫

龔文　南宋淳祐間浙江地區刻工。刻有《晦庵先生文集》宋淳祐五年刻本。十行，行十九字。

龔友　南宋紹興間浙江地區刻工。刻有《文選注》宋紹興二十八年明州刻本。十行，行二十至二十二字。

《文選注》宋贛州州學刻本。九行，行十五字。

龔以達　南宋淳熙間浙寧波地區刻工。刻有

《漢雋》宋淳熙十年象山縣學刻本。九行，小字三十。

龔正　南宋慶元間杭州地區刻工。補刻有

《宋書》、《魏書》均九行，行十八字。

龔成　南宋紹興間湖北常德地區刻工。刻有

《漢書注》宋紹興湖北提舉茶鹽司刻淳熙、紹熙、慶元修本。十四行，行二十六至二十九字。

龔全　南宋淳祐間刻工。刻有

《河南程氏遺書》十行，行二十一字。

龔行成　南宋紹興間湖北地區刻工。刻有

《漢書注》宋紹興湖北提舉茶鹽司刻淳熙、紹熙、慶元修本。十四行，行二十六至二十九字。

龔昇　南宋淳熙間浙江地區刻工。刻有

《漢雋》宋淳熙十年象山縣學刻本。九行，小字三十。

《前漢六帖》十行，行二十字。

龔旻　南宋淳熙間浙江地區刻工。刻有
《漢雋》宋淳熙十年象山縣學刻本。九行，小字三十。
《前漢六帖》十行，行二十字。

龔亮　南宋淳熙間浙江寧波地區刻工。刻有
《漢雋》宋淳熙十年象山縣學刻本。九行，行小字三十。

龔浩　南宋淳祐間浙江地區刻工。刻有
《晦庵先生文集》宋淳祐五年刻本。十行，行十九字。

龔授　南宋淳熙間撫州地區刻工。刻有
《王荊公唐百家詩選》十行，行十八字。

龔進　南宋嘉泰間江西吉安地區刻工。刻有
《文苑英華》宋嘉泰元年至四年周必大刻本。十三行，行二十二字。

龔遂　南宋淳熙間福建地區刻工。刻有
《禹貢論》宋淳熙八年泉州州學刻本。十二行，行二十二字。

龔裘　南宋乾道間江西贛州地區刻工。刻有

《文選注》宋乾道贛州州學刻本。九行，行十五字。

龔整（或署弓整）南宋紹興贛州地區刻工。刻有《古靈先生文集》宋紹興三十年章貢郡齋刻本。十行，行十八字。

龔擇 南宋紹興間浙江紹興地區刻工。刻有《資治通鑑目録》宋紹興二年兩浙東路茶鹽司刻本。行字不等。

龔襲 南宋乾道間江西贛州地區刻工。刻有《文選注》宋乾道贛州州學刻本。九行，行十五字。

鶴翟彥 南宋紹興間杭州地區刻工。刻有《漢書注》宋紹興江南東路轉運司刻本。九行，行十六字。

權司辰 遼太平間北京地區刻工。刻有《妙法蓮華經》馮紹文本。遼太平五年刻。每紙二十六行，行十六字。